Kenneth M. Dymond

CMM® Handbuch

Das Capability Maturity Model®
für Software

Aus dem Amerikanischen übersetzt
von Alessandro Pasté

Geleitwort von Watts S. Humphrey

 Springer

Herausgeber: Process Transition International, Inc., P.O.Box 1988,
Annapolis, MD 21404, USA
E-Mail: spi@processtransition.com
Autor: Kenneth M. Dymond
Übersetzer: Alessandro Pasté
In den Dornen 43, 76756 Bellheim
Michael Wüst
Römerweg 6, 76726 Germersheim
Tel.: 0700–ALPHAMORE, E-Mail: info@alphamore.com 

Titel der amerikanischen Originalausgabe: A Guide to the CMM [(SM)]

© 1998 Process Transition International, Inc., © 1995 Process Inc US
1st Printing May 1995, 10th Printing February 2001
Translations of IDEAL[(SM)]"User's Guide for Software Process Improvement", CMU/SEI-96-HB-001,
© 1996 and "Key Practices of the Capability Maturity Model®, Version 1.1" CMU/SEI-93-TR-25,
© 1993 by Carnegie Mellon University, with special permission from the Software Engineering
Institute.
Accuracy and interpretation of this translation are the responsibility of Process Transition
International, Inc.
The SEI has not participated in this translation.
IDEAL[(SM)]is a service mark of Carnegie Mellon University.
Capability Maturity Model® and CMM® are registered in the U.S. Patent and Trademark Office.

Die Deutsche Bibliothek – CIP-Einheitsaufnahme

Dymond, Kenneth M.:
CMM-Handbuch: das Capability Maturity Model für Software / Kenneth M. Dymond. Geleitw.
von W. S. Humphrey. Ill. von L. Faassen. Aus dem Amerikan. übers. von A. Pasté. - Berlin;
Heidelberg; New York; Barcelona; Hongkong; London; Mailand; Paris; Tokio: Springer, 2002
(Xpert.press)
Einheitssacht.: A guide to the CMM <dt.>
ISBN 978-3-540-67771-0   ISBN 978-3-642-56399-7 (eBook)
DOI 10.1007/978-3-642-56399-7

Dieses Werk ist urheberrechtlich geschützt. Die dadurch begründeten Rechte, insbesondere die der
Übersetzung, des Nachdrucks, des Vortrags, der Entnahme von Abbildungen und Tabellen, der
Funksendung, der Mikroverfilmung oder der Vervielfältigung auf anderen Wegen und der Speiche-
rung in Datenverarbeitungsanlagen, bleiben, auch bei nur auszugsweiser Verwertung, vorbehalten.
Eine Vervielfältigung dieses Werkes oder von Teilen dieses Werkes ist auch im Einzelfall nur in den
Grenzen der gesetzlichen Bestimmungen des Urheberrechtsgesetzes der Bundesrepublik Deutsch-
land vom 9. September 1965 in der jeweils geltenden Fassung zulässig. Sie ist grundsätzlich vergü-
tungspflichtig. Zuwiderhandlungen unterliegen den Strafbestimmungen des Urheberrechtsgesetzes.

http://www.springer.de

© Springer-Verlag Berlin Heidelberg 2002

Ursprunglish erschienen bei Springer-Verlag Berlin Heidelberg New York 2002

Die Interpretation des CMMs, Version 1.1, gibt die persönliche Meinung des Autors wieder und soll
dem Leser als Ausgangsbasis für eine eigene Interpretation, abhängig vom jeweiligen Software-
Prozess, dienen. Autor, Process Transition International, Inc., Übersetzer und Verlag übernehmen
keine Verantwortung oder Haftung für mittelbare, unmittelbare Neben-, Folge- oder andere Schä-
den, die mit der Benutzung des Materials in diesem Handbuch in Zusammenhang stehen.

Die Wiedergabe von Gebrauchsnamen, Handelsnamen, Warenbezeichnungen usw. in diesem
Werk berechtigt auch ohne besondere Kennzeichnung nicht zu der Annahme, dass solche Namen
im Sinne der Warenzeichen- und Markenschutz-Gesetzgebung als frei zu betrachten wären und
daher von jedermann benutzt werden dürften.

Umschlaggestaltung: KünkelLopka, Heidelberg
Satz: perform electronic publishing GmbH, Heidelberg
Illustrationen: Louis Faassen
Gedruckt auf säurefreiem Papier   SPIN: 10770916   33/3142 GF – 543210

Vorwort und Danksagung

Die Piktogrammtechnik im *CMM® Handbuch* entstand bei dem Versuch, ein Problem zu lösen, dem ich als Ausbilder bei Workshops für das Capability Maturity Model® für Software, im Allgemeinen als CMM® bezeichnet, begegnete: Wie vermittelt man im Rahmen eines dreitägigen Workshops Material, das 18 Bereiche und mehr als 300 Praktiken des Software-Engineering-Prozesses umfasst? Auf Grund einer ganzen Reihe von früheren CMM-Workshops wurde mir klar, dass ich einen Weg finden musste, um Prozesse zu veranschaulichen. Aber wie veranschaulicht man einen Prozess?

Die Piktogramme als Lösung des Problems entwickelten sich allmählich aus verschiedenen Quellen. In Workshops stellen meine Kollegen und ich den Teilnehmern häufig die Übungsaufgabe, CMM-Konzepte mit ihrer bevorzugten Diagrammtechnik zu veranschaulichen. Die Diagramme der Beziehungen zwischen den Schlüsselprozessbereichen gehen auf diese Quelle zurück. Die Technik, einfach zu zeichnende Symbole zu verwenden, um Prozesse in Organisationen zu veranschaulichen, ist ziemlich weit verbreitet. Das Buch von Peter Checkland und Jim Scholes[1], dessen Lektüre sich durchaus lohnt, zeigt den Nutzen selbst erstellter Skizzen zur Darstellung menschlicher Interaktionen innerhalb von Organisationen. Aus diesem Buch übernahm ich Symbole wie das menschliche Auge, um Überprüfungen wiederzugeben, und ein Strichmännchen mit einem Heiligenschein, um eine geschulte Person darzustellen. Die Idee, die Piktogramme während eines Assessments oder Audits einzusetzen, um einen Prozess zu verstehen, entstand aus einem lebhaften Gespräch heraus, das ich auf einer Konferenz in Basel mit einem niederländischen ISO 9001-Auditor hatte. Ich erinnere mich an seine hervorragende Technik, doch leider nicht an seinen Namen. (Vielleicht liest er dieses Buch und setzt sich mit mir in Verbindung, damit ich ihm in Zukunft die ihm zustehende Anerkennung zollen kann.)

Indem ich all diese Elemente zusammenfügte, bereitete ich meine eigenen sehr groben Zeichnungen aller Schlüsselprozessbereiche des CMMs vor und testete die Piktogrammtechnik bei einem Workshop in Paris. Dem Feedback der Teilnehmer zufolge schien diese Methode gut zu funktionieren: Sie waren der Meinung, das Wesentliche gut erfassen zu können und gleichzeitig eine nützliche Technik gelernt zu haben, um Prozesse zu veranschaulichen, wenn sie das CMM in ihren Organisationen anwenden.

---

[1] Vgl. Anhang B.

Als ich aus Paris zurückkehrte, erzählte ich meiner Frau Detta von meiner Erfahrung mit den Piktogrammen. Sie schlug mir vor, auf Basis der Zeichnungen ein Handbuch zu schreiben, das jenen als Hilfe dienen solle, die das CMM anwenden. Bis zu diesem Zeitpunkt hatte ich in den Piktogrammen nichts weiter als Overhead-Folien gesehen, die man in Workshops einbinden kann. Wie auch immer, ein auf Piktogrammen basierendes Buch über das CMM könnte Workshop-Teilnehmern ebenso wie jenen helfen, die das CMM auf eigene Faust erlernen möchten. Zur Vorstellung eines Handbuchs gehört ein leicht zu handhabendes Format: eine praktische Größe, um es bei sich zu tragen, spiralgebunden, damit es im aufgeschlagenen Zustand flach aufliegt, und genug Platz für Notizen.[2] Und die Zeichnungen im Handbuch sollten von einem Künstler gestaltet werden (die Teilnehmer in Paris waren mit meinen Zeichenkünsten ein wenig unzufrieden, auch das konnte ich dem Feedback der Teilnehmer entnehmen).

Nun hatte ich bereits eine Struktur des Buches vor Augen (Piktogramme plus erläuternden Text), ein Format (Handbuch) und einen potenziellen Leserkreis (diejenigen, die das CMM erlernen oder anwenden). Die nächste Entscheidung war, wann und wie das Buch hergestellt werden soll; projektbezogen gesprochen: der Zeitplan, die Ressourcen und die Prozesse, die zu berücksichtigen waren. Detta war einverstanden, sich am Buchprojekt zu beteiligen, und zusammen wählten wir eine sehr aggressive Deadline (ebenso wie bei einem Software-Projekt, so dass ich bestimmte Schlüsselprozessbereiche des CMMs schätzen lernte, nämlich Projektplanung, Projektlenkung und -verfolgung, Konfigurations-Management und natürlich das Sonderthema Verpflichtungsprozess[3]).

Ich konnte von Glück sagen, dass Louis Faassen, ein mit uns befreundeter Architekt mit zeichnerischer Begabung, sich bereit erklärte, die Illustrationen zu übernehmen. Und ebenso konnte ich von Glück sagen, dass meine Frau Detta mit ihrem Wissen über das Verlegen und Redigieren die Aufgabe übernahm, die Produktion in die Wege zu leiten, die Inhalte zu redigieren und zu formatieren sowie das Cover zu entwerfen.

Louise Hawthorne, Gründerin der ursprünglichen Process Inc Canada, und Mitgründerin von Process Inc US genehmigte und unterstützte das Buchprojekt.

Meine Geschäftspartnerin Cindi Wise, CMM-Expertin und Mitautorin des ersten CMMs, Version 1.0, und Mitarbeiterin an der Version 1.1, überprüfte den gesamten Text und alle Zeichnungen. Ein ehemaliger Kollege aus unserer Zeit am Software Engineering Institute,

---

[2] Anmerkung des Übersetzers: Der Verlag zog für die deutsche Ausgabe die Ihnen vorliegende Ausstattung vor.

[3] Vgl. Kapitel 2.

George Pandelios, begutachtete einige Kapitel fachmännisch. Bedenken Sie jedoch, dass alle Fehler und Auslassungen im *Handbuch* ganz allein von mir verursacht wurden.

Mein Dank gilt der französischen Niederlassung von Process Transition International, Inc., Objectif Technologie, Annie Combelles, Président-directeur général, und ihrem Geschäftspartner, Patrick Gendre. Zusammen mit ihren Kollegen, besonders Hélène Nàsh, machten sie die Feldversuche mit der Piktogrammtechnik im Rahmen des Workshops in Paris überhaupt erst möglich. (Annie und Patrick stellten außerdem einen Teil des Materials vor.)

Dank schulde ich ebenso den Teilnehmern des Workshops in Paris: Michel Blanchard, Philippe Elinck, Pascal Jansen, Marc Morel-Chevillet, Jeannine Moustafiades und Jean-François Tavernier. Und mein besonderer Dank geht an Antonio Cicu, der auf Grund einer Grippe von seinem Zuhause in Italien aus teilnahm. (Antonio Cicu wurden sowohl Tonbandaufzeichnungen des Workshops in Paris als auch Kopien der Zeichnungen zum Selbststudium zugeschickt.)

Nicht zuletzt möchte ich Watts Humphrey danken, dessen Vision zur Gründung des Process Program am Software Engineering Institute führte und dessen Energie die Verbreitung dieser Technologie in der industrialisierten Welt vorangetrieben hat.

Ken Dymond
Process Transition International, Inc. (vormals Process Inc US)
April 1995

Vorwort zur Übersetzung

Jeder Autor kann sich glücklich schätzen, wenn sein Buch in eine andere Sprache übersetzt wird. In diesem Fall bin ich sehr dankbar dafür, dass dieses Buch, dessen Inhalt zum Großteil zunächst in Workshops in Europa getestet wurde, in deutscher Sprache erscheint. Mein Dank gilt zunächst Christophe Debou, Q-Labs Software Engineering GmbH, der die Übersetzung angeregt hat. Christophe verkörpert für mich den Europäer par excellence: Er besitzt die französische Staatsangehörigkeit, ist der deutschen sowie englischen Sprache mächtig und mit einer Polin verheiratet. Ich begegnete ihm zum ersten Mal, als er 1993 im Rahmen einer internationalen Software-Konferenz in Venedig einen Vortrag hielt. Damals verfügte er bereits über langjährige Erfahrung mit einem multinationalen ESPRIT-Projekt (European Strategic Programme for Research & Development in Information Technology) auf dem Gebiet der Goal-Question-Metric-Methode der Verflechtung von Software-Messungen und Projektmanagement.

Mein Dank gilt weiterhin Alessandro Pasté und Michael Wüst (alphabet & more) für die Übersetzung meines manchmal umgangssprachlichen Amerikanischen ins Deutsche.

Diese deutsche Version entspricht der 10. Auflage des amerikanischen Originals mit zwei zusätzlichen Aktualisierungen.

- In der Einführung wird am Seitenrand die SEI-Website als Quelle für den Bezug des CMMs angegeben.
- Die Abbildung der Reifegradprofile in Kapitel 1 (Abb. 2) zeigt SEI-Daten auf dem Stand von Dezember 2000. Außerdem wurden einige begleitende Textzeilen aktualisiert.

Ken Dymond
Annapolis, Maryland, USA
Mai 2002

Geleitwort

Ganz gleich, ob Sie nun Software-Prozesse beurteilen oder sie verbessern möchten, dieses *Handbuch* sollte Ihnen dabei helfen können, das CMM richtig anzuwenden. Das Verstehen des CMMs ist der Schlüssel zur richtigen Anwendung. Dieses *Handbuch* wird Ihnen helfen, das CMM und seine vielen Bestandteile zu verstehen. Als wir das CMM entwickelten, machten wir uns Sorgen, weil es leicht missbraucht werden könnte. Denn etwas Mächtiges oder Kraftvolles kann immer missbraucht werden. Die Ursache dafür liegt jedoch immer beim Menschen, nicht beim Gegenstand. Die Gefahr dieses Missbrauchs besteht auch beim CMM. Aber es ist ein wunderbares Tool, wenn die Personen, die es nutzen, es verstehen und richtig anwenden.

Das Problem, das bei allem besteht, das eine klare Struktur und Methodik wie das CMM hat, ist, dass man versuchen wird, es auf eine Checkliste zu reduzieren. Man interpretiert den Text des CMMs dann womöglich wörtlich, um darüber zu entscheiden, ob man einen Punkt der Checkliste abhaken kann. Obgleich das eine vernünftige Methode sein kann, das CMM zu nutzen, um einen raschen Überblick über den Prozess einer Organisation zu gewinnen: Das wirkliche Verstehen einer Organisation erfordert sehr viel mehr als nur ein oberflächliches Abhaken von Punkten auf einer Checkliste.

Software-Prozesse können ungeheuer komplex sein. Sie legen fest, wie Personen sich gegenseitig beeinflussen, wenn sie das komplexeste und komplizierteste Produkt aus Menschenhand herstellen. Wenn man diese Arbeit auf eine Checkliste reduziert, wird man zwangsläufig viele entscheidende Aufgaben übersehen. Je nachdem, welche Aufgaben übersehen wurden, kann sich daraus ein Problem ergeben. Sollte ein Assessor nicht darüber informiert werden, könnte er schnell einen falschen Eindruck vom Prozess einer Organisation bekommen.

Will man einen komplexen Prozess verstehen, muss man sich durch alle verwirrenden Details arbeiten, um die entscheidenden Elemente herauszufiltern, die das Wesentliche der Fähigkeit der Organisation verkörpern. Dafür wurde das CMM konzipiert: Als Hilfestellung beim Erkennen dieser entscheidenden Aktivitäten, die Aufschluss über die Leistungsfähigkeit der Organisation geben. Die Hierarchie des CMMs mit ihren fünf Stufen dient dem raschen Ermitteln der Aktivitäten, die korrekt durchgeführt werden müssen, damit die Organisation bestimmte Aufgaben effektiv wahrnehmen kann. Indem man diese Aktivitäten nach ihrer Wichtigkeit einstuft, kann man sich schnell auf die Bereiche konzentrieren, die höchste Priorität genießen sollten.

Probleme tauchen dann auf, wenn man eine Beurteilung zum Äußersten treibt. Dann verliert man die Ziele der Schlüsselprozessbereiche (SPBs) aus den Augen und verliert sich in den Details der Implementierung. Es gibt viele Möglichkeiten, die Ziele des CMMs zu erfüllen und jeder hat seine eigene Methode. Technologien verändern sich ständig und eine statische oder nicht fundierte Betrachtung könnte einer Verbesserung abträglich sein und den Fortschritt aufhalten. Wenn Software-Engineers einen völlig anderen Ansatz für den SPB wählen, dann sollte man überprüfen, ob dieser die Ziele des SPBs erfüllt. Wenn er das tut, reicht das vollkommen aus. Man sollte sich nicht damit aufhalten, wie präzise die Aktivität implementiert wird. Wenn sie ihre Funktion für die Organisation erfüllt, kann man sich auf die aktuellen Probleme konzentrieren.

Ein weiteres Problem ist die Genauigkeit. Manche Organisationen, die ein Projekt ausschreiben, fordern beispielsweise, dass der Prozess der Bieter sich mindestens auf Stufe 3 befindet, bevor sie für einen Vertrag in Betracht gezogen werden können. Was ist mit Stufe 2,85? Wäre es diesen Organisationen lieber, wenn sich der Bieter auf Stufe 3,12 befinden würde? Solche präzisen Einstufungen sind selbstverständlich unsinnig. Obgleich es sinnvoll ist, die Stufe 3-Fähigkeit als Ziel vorzugeben, ist niemand in der Lage, zu bestimmen, ob sich eine Organisation genau auf Stufe 3 befindet oder geringfügig höher oder niedriger. Die Kriterien des CMMs können dabei behilflich sein, die Fähigkeit einer Organisation einzuschätzen, allerdings liefern sie kein perfektes Ergebnis. Aus diesem Grund sahen wir von einem Algorithmus für die Kalkulation von Reifegraden auf drei Dezimale ab. Eine richtige Einschätzung erfordert, dass man die Stärken und Schwächen einer Organisation erkennt und die Schlüsselrisiken berücksichtigt, die diese mit sich bringen. Wie groß ist die Wahrscheinlichkeit, dass eine Schwäche Probleme verursachen wird? Ist dieser SPB entscheidend für das Projekt, und wenn ja, welche seiner Aktivitäten sind die wichtigsten?

Diese Probleme erfordern ein umfassendes Verständnis des CMMs, seines Zwecks und seiner Struktur. Um solche Beurteilungen treffen zu können, muss man das CMM in seiner Gesamtheit betrachten und nicht als Sammlung von SPBs und Aktivitäten. Dabei kann Ken Dymonds *Handbuch* äußerst hilfreich sein. Es ist klein und kompakt und beschreibt die Ziele und Aktivitäten einfach und leicht verständlich. Somit sollte es für jeden eine Hilfe sein, der das CMM anwenden möchte, um eine Organisation zu beurteilen, sie zu verbessern oder für Organisationen, die sich auf eine Beurteilung vorbereiten.

Watts S. Humphrey
Sarasota, Florida, USA
Juni 1995

Inhaltsverzeichnis

Einführung

Das Capability Maturity Model für Software, entstanden am Software Engineering Institute (SEI), wird weltweit angewendet, um die Art und Weise der Software-Herstellung und -Wartung zu verbessern. Das CMM, wie es in der Regel bezeichnet wird, besteht aus zwei Technical Reports des Software Engineering Institute und umfasst mehr als 400 Seiten – ein umfangreiches und komplexes Dokument.

Ich habe das *CMM Handbuch* geschrieben, um die Schlüsselpraktiken des CMMs leichter verständlich zu machen. Dieses *Handbuch* kann hilfreich sein, wenn Sie das CMM im Selbststudium oder im Rahmen des Trainings in einem CMM-Workshop untersuchen möchten. In beiden Fällen sollten Sie ein Exemplar des CMMs griffbereit haben.

Warum sollten Sie als CMM-Anwender sich für dieses *Handbuch* interessieren? Aus zwei Gründen: Das *Handbuch* enthält das Wesentliche des CMMs in Piktogrammen und der begleitende Text zu diesen Piktogrammen liefert eine Interpretation des CMMs. Ich entwickelte dieses Format, um das CMM in Workshops besser erklären zu können. In Kapitel 1 werden Sie feststellen, dass das Verstehen und Interpretieren des CMMs für seine Anwendung unabdingbar sind.

Process Transition International, Inc., bietet, wie zahlreiche Organisationen, einschließlich des Software Engineering Institute, Workshops für das CMM an. Diese Workshops versuchen die gleichen Grundlagen zu vermitteln: Die Struktur des CMMs, den Grundgedanken, dass seine allgemeine Anwendbarkeit für jede Organisation individuell interpretiert werden muss, und, dies ist von entscheidender Wichtigkeit, genug Details für ein Assessment-Team oder ein Prozessverbesserungsteam, um das CMM auf ihre eigenen Software-Prozesse anwenden zu können. Weder ein Workshop noch ein Handbuch kann der Weisheit letzter Schluss sein. Und weder ein CMM-Experte noch eine Organisation kann für sich den Anspruch erheben, die einzig gültige Interpretation des CMMs anzubieten, da es das Produkt von Dutzenden von Mitarbeitern und Hunderten (wenn nicht sogar Tausenden) von Lesern ist. Da es keinen CMM-Lehrstuhl gibt – wie soll es den auch geben, wenn das CMM selbst ein Kapitel enthält, in dem gesagt wird, dass das Dokument interpretiert werden muss? –, kann niemand die einzig gültige Bedeutung des CMMs präsentieren.

Das SEI bezieht finanzielle Mittel von der amerikanischen Bundesregierung und steht unter Verwaltung der Carnegie Mellon University in Pittsburgh, Pennsylvania, USA. Sein Ziel ist es, die Software-Praktiken in den Vereinigten Staaten zu verbessern.

In diesem *Handbuch* biete ich Ihnen meine Interpretation des CMMs an, die sich auf die Erfahrung stützt, die ich im Rahmen von Assessments und Prozessverbesserungsprogrammen in diversen geschäftlichen und technischen Kontexten sowie als Ausbilder in CMM-Workshops in fünf Staaten (Frankreich, Deutschland, Kanada, Spanien und USA) gesammelt habe. Allerdings sollten Sie sich darüber im Klaren sein, dass die Interpretation in diesem *Handbuch* lediglich die Meinung einer Einzelperson zu einem Dokument ist, an dem viele Personen beteiligt waren. Jeder Erstanwender des CMMs, der sich genauer damit befasst und seine Erfahrungen bei der Anwendung sammelt, wird seine eigene Interpretation entwickeln. Und ich hoffe, dass dieses *Handbuch* dem Leser dabei eine Hilfe sein wird.

Die meisten Beispiele, die ich im *Handbuch* bespreche, basieren auf meiner Erfahrung als Mitglied von Assessment-Teams. Diese Beispiele beschreiben, welches Bild sich einem Assessor bieten sollte, wenn die *Durchzuführenden Aktivitäten* implementiert und die Ziele des Schlüsselprozessbereichs (SPB) im Wesentlichen erfüllt wurden.[1]

Ziel des Handbuchs

Alle Zitate aus dem CMM finden Sie unter Mark C. Paulk et al., 1993 (vgl. Anhang B). Die amerikanischen Technical Reports des CMMs stehen auf der SEI-Website zum Download bereit: http://www.sei.cmu.edu

In seinem Artikel „A Method for Assessing the Software Engineering Capability of Contractors" und in Kapitel 3 seines Buchs „Managing the Software Process" beschreibt Watts Humphrey Assessments (vgl. Anhang B). Die SEPG und ihre Aufgaben werden im Werk von Priscilla Fowler und Stan Rifkin behandelt (vgl. Anhang B).

Dieses *Handbuch* wurde geschrieben, um die Inhalte des CMU/SEI-93-TR-25 zu erläutern, das sich mit den Schlüsselpraktiken befasst. Die Verweise auf das CMM im *Handbuch* beziehen sich auf Version 1.1 der zwei Technical Reports von 1993, die schlicht als 93-TR-24 und 93-TR-25 bezeichnet werden. Alle Zieldefinitionen an den Seitenrändern wurden aus dem CMU/SEI-93-TR-25 zitiert, mit freundlicher Genehmigung der Carnegie Mellon University und des Software Engineering Institute.

Das Ziel dieses *Handbuchs* ist die Beschreibung der Implementierungspraktiken, die das CMM als „Durchzuführende Aktivitäten" bezeichnet, und zwar für *alle* Schlüsselprozessbereiche auf allen Stufen, und die Beschreibung der so genannten „Weiteren SPB-Indikatoren" (*Durchzuführende Aktivitäten*, *Weitere SPB-Indikatoren*, Schlüsselprozessbereiche und andere Komponenten werden in Kapitel 1, Teil 2: Struktur des CMMs, behandelt). Dieses *Handbuch* behandelt nicht die Mechanismen für die Anwendung des CMMs, es erwähnt sie nur: die Software-Prozess-Assessments und die Software-Engineering-Prozessgruppen (letztere sind eine Art Prozessverbesserungsteam). Ebenso behandelt es nicht, wie und warum das CMM entstand, d. h. seine Geschichte.

---

[1] Vgl. Kapitel 1, Teil 2: Struktur des CMMs.

Struktur des Handbuchs

Das erste Kapitel dieses *Handbuchs* liefert Hintergrundinformationen zum Verständnis der grundlegenden Konzepte, auf denen das CMM basiert (Teil 1), und über die Struktur des CMMs (Teil 2). Meine Absicht ist, mit Kapitel 1 die aufschlussreiche Erörterung im 93-TR-24 zu ergänzen und eine etwas andere Betrachtungsweise zu liefern. Die darauf folgenden vier Kapitel des *Handbuchs* stellen den detaillierten Inhalt von Stufe 2, Stufe 3, Stufe 4 und Stufe 5 vor.

Die Kapitel zu den Reifegraden werden durch Piktogramme ergänzt, die die Schlüsselprozessbereiche (und bestimmte andere Themen) illustrieren. Der Begriff „Piktogramm" beschreibt hier ein Diagramm, das aus Bildelementen bzw. Symbolen besteht.[2] Die Piktogrammsymbole sind eine Art von Katalog über die Einwohner, die das CMM bewohnen. Beispielsweise sind manche Symbole Ideogramme, wie das menschliche Auge, das auf die Bewertung einer Aktivität hinweist. Ein Mitarbeiter wird durch ein Strichmännchen und ein geschulter Mitarbeiter durch ein Strichmännchen mit Heiligenschein dargestellt. (Pascal Jansen, der an einem CMM-Workshop in Paris teilnahm, schlug vor, man solle einen Senior Manager als Strichmännchen mit einem Dollarzeichen darstellen, denn schließlich unterstehen die Ressourcen für die Prozessverbesserung der Verantwortung des Senior Managers.) Ein Risiko wird durch ein Damokles-Schwert, das an einem Faden hängt, dargestellt. Andere Symbole ähneln Workflow-Diagrammen.

Ich habe mich absichtlich gegen eine formelle Methode oder Notation in den Piktogrammen entschieden, wie z. B. die objektorientierte Analyse, da solche Methoden möglicherweise nicht jedem, der das *Handbuch* verwendet, vertraut sind. Ich hoffe, dass die Leser des *Handbuchs* ihre eigene Art von Piktogrammen entwickeln, um das CMM zu interpretieren.

Es gibt zwei Arten von Piktogrammen, um SPBs zu illustrieren: die Betrachtung der Ziele und die Betrachtung der Zielaktivitäten. Die Betrachtung der Ziele zeigt die wesentlichen Aspekte eines SPBs und somit die Merkmale einer Organisation, deren Software-Prozess diesen SPB vollständig umgesetzt hat. Die Betrachtung der Zielaktivitäten stellt zwischen allen SPB-Zielen und den „Durchzuführenden Aktivitäten", die diesen SPB implementieren, eine Verbindung her.[3]

Jede Betrachtung der Ziele und Betrachtung der Zielaktivitäten eines SPBs wird von ein oder zwei Seiten erläuterndem Text begleitet. Im

---

[2] Vergleichen Sie hierzu Anhang A.

[3] Beachten Sie, dass das CMM nicht festlegt, welche *Durchzuführenden Aktivitäten* zu welchen Zielen eines SPBs gehören. Dies ist bei einem Großteil der Ziele der meisten SPBs offensichtlich. Das SEI verwendet in seinen Assessment-Trainings ein bewährtes Zuordnungsschema. In den meisten Fällen folgen die Betrachtungen der Zielaktivitäten im *Handbuch* diesem Zuordnungsschema. Wenn das *Handbuch* sich von diesem unterscheidet, mache ich im Text darauf aufmerksam.

Rahmen mancher SPBs gehe ich auf die „Weiteren SPB-Indikatoren"[4] ein, und zwar dann, wenn das Schema der relevanten CMM-Elemente eine ungewöhnliche Variante aufweist, die für ein Assessment-Team hervorgehoben werden sollte.

Nachdem die Piktogramme zu allen SPBs einer Stufe behandelt sind, präsentiere ich zwei zusammenfassende Betrachtungen dieser Stufe: Zunächst werden die „Prozess-Assets"[5] betrachtet, die durch die Implementierung der SPBs erzeugt werden, und dann werden die „Beziehungen" untersucht, die zwischen den SPBs einer Stufe bestehen. Das Piktogramm der Beziehungen zwischen den SPBs einer Stufe vermittelt einen Eindruck darüber, wie ein Reifegrad aussehen könnte. Das Piktogramm der Prozess-Assets zeigt den Assessment-Teams, welche guten Praktiken sie vorfinden könnten, und gibt Verbesserungsteams eine Vorstellung von den besten Praktiken, die sie in der gesamten Organisation verbreiten können.

Nach den zusammenfassenden Betrachtungen präsentiere ich Ihnen einige Übungen für Workshops oder das Selbststudium. Die Übungen am Ende der Kapitel geben dem Leser dieses *Handbuchs* die Möglichkeit, das Material des jeweiligen Kapitels zu einem Gesamtbild zusammenzufügen. Ganz gleich, ob Sie dieses *Handbuch* für das Selbststudium oder in einem Workshop verwenden, Sie sollten möglichst viele der Übungen bearbeiten. In einem Workshop sind die Übungen unentbehrlich. Sie sind nach Schwierigkeitsgrad eingestuft: „Anfänger", „Fortgeschrittene" und „Experten". Die Übungen für Anfänger eignen sich für CMM-Neulinge und erfordern, dass der Text des CMMs verstanden wurde. Die Übungen für Fortgeschrittene verlangen die Anwendung der CMM-Konzepte auf Organisationen und setzen eine gewisse Sicherheit im Umgang mit bestimmten SPBs und Reifegraden voraus. In den Übungen für Experten gilt es, Querverbindungen zwischen SPBs verschiedener Stufen herzustellen, oder sie behandeln besonders schwierige Implementierungsprobleme bei der Prozessverbesserung. Die Übungen der vierten Kategorie, „Philosophisch" (oder „Metaphysisch"), sind nicht unbedingt besonders schwierig, führen allerdings sehr wahrscheinlich zu ausgedehnten Debatten (besonders zwischen CMM-Ausbildern). Sie eignen sich somit bestens für Diskussionsrunden an langen Abenden vor einem warmen Kaminfeuer.

Nutzen Sie Ihre gesamte Erfahrung und Lernfähigkeit, um das CMM zu meistern. Lesen Sie den Text des CMMs (sprachliche Analyse), schauen Sie sich die Piktogramme an (räumliche Analyse und Analyse der Beziehungen), stellen Sie meine Interpretation in Frage

---

[4] Vgl. Kapitel 1, Teil 2: Struktur des CMMs.
[5] Vgl. Kapitel 2, Zusammenfassung: Prozess-Assets auf Stufe 2.

(kritische Komponente), zeichnen Sie ihre eigenen Diagramme (Muskelgedächtnis) und machen Sie die Übungen (Synthese).

Bitte beachten Sie, dass die Piktogramme und das *Handbuch* nur die Schwerpunkte der SPBs behandeln. Wenn das *Handbuch* alles abdecken würde, was ich über das CMM und die SPBs sagen wollte, dann wäre es umfangreicher und komplexer als das eigentliche CMM.

Das Kapitel zu den SPBs der Stufe 2 enthält zwei Sonderthemen. Im ersten Sonderthema, das an den Schlüsselprozessbereich Anforderungs-Management anschließt, gehe ich auf einige mögliche Interpretationen der folgenden Formulierung im CMM ein: „der Software zugewiesene Systemanforderungen". Das andere Sonderthema, der Verpflichtungsprozess, folgt auf die ersten drei SPBs von Stufe 2 und greift ein Thema auf, das sich aus diesen ergibt.

Anhang A ist eine Erklärung der Symbole. Anhang B ist eine Bibliografie jener Werke, die im *Handbuch* erwähnt werden. Anhang C enthält u. a. die Abkürzungen, die ich verwendet habe, um in den Piktogrammen Platz zu sparen.

Tipps für die Lektüre des CMMs

Das CMM verwendet allgemein gültige Begriffe für Abteilungen von Organisationen und für Software-Engineering-Artefakte und -Aktivitäten – z. B. Projektleiter, Senior Manager, formelle Pläne, Software-Qualitätssicherung. Die meisten Organisationen verwenden ganz andere Begriffe für diese Dinge (wie ich immer wieder bei CMM-Workshops feststelle) und die konkrete Anwendung des CMMs erfordert zunächst einmal eine Übersetzung seiner allgemein gültigen Terminologie auf den Sprachgebrauch der eigenen Organisation. Kapitel 4 des 93-TR-25, „Interpretation des CMMs", wird Ihnen bei dieser Übersetzung eine große Hilfe sein.

Das Format, in dem das CMM die Schlüsselpraktiken darstellt, erleichtert es Ihnen, schnell auf Informationen zuzugreifen.[6]

Die Ziele aller SPBs werden in Anhang A des 93-TR-24 aufgeführt. Die *Durchzuführenden Aktivitäten* aller SPBs sind in Anhang C des 93-TR-25 wiedergegeben. (Der zweite Teil in Kapitel 1 dieses *Handbuchs* über die Struktur des CMMs erläutert Ziele und *Durchzuführende Aktivitäten*.)

Version 1.0 des CMMs wurde 1991 mit den gleichen TR-Nummern (TR-24 und TR-25) veröffentlicht. Die Unterschiede zwischen der Version 1.1 von 1993 und der früheren Version 1.0 wurden im Juli 1993 in einem Artikel des IEEE-Magazins *Software* erläutert.[7] Die Änderun-

---

[6] Vgl. Erklärung des Formats: 93-TR-25, S. O-33.
[7] Vgl. Paulk et al., 1993.

gen waren größtenteils Verdeutlichungen, um die Version 1.1 für die Verwendung noch einfacher zu gestalten.

Mein abgegriffenes Loseblatt-Exemplar des Dokuments der Schlüsselpraktiken (93-TR-25) habe ich am Anfang eines jeden Kapitels mit Registerkarten aus Pappe versehen. Auf den Reitern der Registerkarten habe ich die Reifegrade notiert (Wiederholbar, Definiert etc.). Auf der Vorderseite jeder Registerkarte befindet sich ein Inhaltsverzeichnis, das die SPBs der jeweiligen Stufe mit Seitenangaben aufführt. Diese Registerkarten helfen mir dabei, die richtigen Seiten schnell zu finden. Es ist sinnvoll, solche Registerkarten anzufertigen, sollte Ihre Ausgabe des CMMs nicht über solche verfügen.

Das CMM ist ein lebendes Dokument, das sich, wie der Software-Prozess, den es behandelt, mit der Zeit fortentwickelt. Der Kreis des CMMs schließt sich mit Ihnen, dem Anwender (wieder ein Zeichen für die Gründlichkeit des CMMs), denn Ihnen wird ein Formular angeboten, mit dem Sie Vorschläge zur Verbesserung des CMMs einreichen können. Dieses Formular ist auf der letzten Seite des 93-TR-25 zu finden und beschreibt, wie Sie dem SEI Ihre Kommentare zukommen lassen können. In diesem Sinne wäre auch ich Ihnen dankbar, wenn Sie mir Ihre Ideen oder Kommentare zu diesem *Handbuch* mitteilen würden. Bitte schreiben Sie mir an die Adresse des Herausgebers.

Ken Dymond, Process Transition International, Inc.

Kapitel 1
Grundlegende Konzepte und Struktur des CMMs

Teil 1: Grundlegende Konzepte

> *Ideen sind überall, Wissen jedoch ist rar.*
> Thomas Sowell, amerikanischer Sozial-
> und Wirtschaftswissenschaftler

> *Wenn du nicht weißt, wohin du gehst,*
> *kann es dir passieren, dass du woanders landest.*
> Yogi Berra, amerikanische Baseball-Legende

Was ist das CMM? Es ist ein Modell, das beschreibt, wie sich Praktiken des Software-Engineerings in Organisationen unter bestimmten Bedingungen entwickeln:

- Die Arbeitsschritte werden als Prozess organisiert und betrachtet.
- Die Entwicklung des Prozesses wird systematisch geleitet.

Wie alle Modelle ist das CMM abstrakt, zudem basiert es auf Erfahrungswerten. Genauer gesagt ist das CMM eine Sammlung von Software-Engineering-Praktiken innerhalb eines evolutionär geprägten Rahmenwerks, um jene Prozesse ständig zu verbessern, die für die Entwicklung und Wartung von Software verwendet werden. Somit beinhaltet das CMM einen Anreiz für Veränderung, im Gegensatz zu einem statischen Standard wie der ISO 9001:1987[1] für Qualitätsmanagementsysteme (International Organization for Standardization). Diese Norm ist dadurch wirkungsvoll, dass sie ein Minimum an praktischen Richtlinien vorgibt, die eine Organisation befolgen sollte. Im Gegensatz dazu ist das CMM ein dynamisch-progressiver Standard, der eine Organisation dazu befähigt, ihre aktuellen Software-Praktiken kontinuierlich weiter zu verbessern.

Es gibt mehrere Methoden, den abstrakten Teil des CMMs zu veranschaulichen. Abbildung 1 (*Entwicklung des Software-Engineering-Prozesses*) unterstreicht den Aspekt der Verbesserung in Stufen. Die

---

[1] Anmerkung des Übersetzers: Bei Drucklegung: ISO 9001:2000.

fünf Stufen oder Reifegrade des Software-Prozesses sind die wichtigsten Merkmale des Modells. (Den Reifegraden liegt eine komplexere Struktur zugrunde, welche im zweiten Teil dieses Kapitels erläutert wird.)

Die Reifegrade werden in der Regel verwendet, um entweder mit einem einzelnen Wort oder einer Zahl den Reifegrad einer Organisation zu beschreiben.[2] Als *Initial* bezeichnet man den Software-Prozess einer Organisation auf Stufe 1, auf Stufe 2 ist ihr Software-Prozess *Wiederholbar*, auf Stufe 3 *Definiert*, auf Stufe 4 *Geleitet* und auf Stufe 5 *Optimierend*.

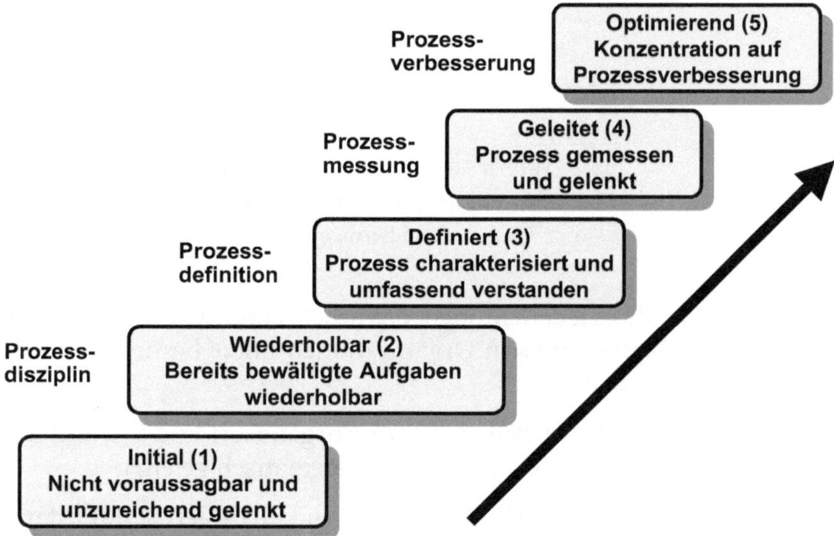

Abbildung 1: Entwicklung des Software-Engineering-Prozesses

Gewöhnlicherweise werden die fünf Stufen als Charakteristika dessen betrachtet, was den Software-Prozess auf jeder einzelnen Stufe ausmacht. Auf Stufe 1 ist der Software-Prozess ad hoc und wird nur wenig gelenkt, da keine besondere Leitung dafür existiert. Der Prozess ist oftmals das instabile Resultat einer ganzen Reihe von Einflüssen.[3]

Der Software-Prozess der Stufe 1 ist recht weit verbreitet: 32,2 % der Software-Entwicklungsorganisationen, die dem Software Engineering Institute (SEI) ihre Assessment-Daten übermittelten, befinden sich auf Stufe 1.[4] Somit wird ein hoher Anteil der Software weltweit von Organisationen auf Stufe 1 hergestellt. Sich auf Stufe 1 zu befinden, be-

---

[2] Da dieses *Handbuch* als Ergänzung des CMMs gedacht ist, werde ich die fünf Reifegrade und die dazugehörigen Prozessmerkmale nicht bis ins Detail beschreiben, sondern verweise Sie auf Kapitel 2 des 93-TR-24.

[3] Vgl. Abb. 3: *Einflüsse auf den Software-Prozess.*

[4] Vgl. Abb. 2: *Profil der Prozessreife.*

deutet nicht, dass eine Organisation nicht in der Lage ist, gute Software herzustellen. Aber es bedeutet, dass die Kosten, sowohl unter finanziellem als auch personellem Aspekt, für Hersteller und Kunden zu hoch sind. Assessment-Teams beobachten immer wieder, dass Software-Praktiker diesen Zustand zum Ausdruck bringen, indem sie von „unerträglichen Schmerzen" sprechen. Damit meinen sie verpasste Deadlines, Arbeit unter Zeitdruck, Überstunden und durchgearbeitete Wochenenden sowie sehr viel Nacharbeit. Die komplette Liste der Beschwerden ist allerdings sehr viel länger.

Hersteller, die mit Stufe 1-Prozessen arbeiten, stellen de facto gute Software her, doch in der Regel müssen sie dazu Prozessunzulänglichkeiten überwinden. Dies gelingt ihnen nur mit nahezu heldenhaften Anstrengungen. Sie müssen gegen den Prozess ankämpfen (oder ihn erst Schritt für Schritt definieren).

Auf Stufe 2, *Wiederholbar*, untersteht der Prozess einer Prozessdisziplin, so dass erfolgreiche Projekte in Bezug auf Kosten, Zeitplan und Anforderungen die Norm darstellen.

Auf Stufe 3, *Definiert*, sind die wesentlichen Voraussetzungen für einen erfolgreichen Software-Prozess bekannt und werden organisationsweit erfüllt. Der Prozess der Organisation ist als Standard definiert und in sich konsistent.

Auf Stufe 4, *Geleitet*, wurde der organisationsweite Prozess der Stufe 3 implementiert, damit er in seiner Gesamtheit verstanden und gelenkt werden kann.

Und auf Stufe 5, *Optimierend*, ist der zuverlässige Ablauf des Software-Prozesses Routine und ermöglicht es den Beteiligten, sich auf eine kontinuierliche Prozessverbesserung zu konzentrieren. Um zum Ausdruck zu bringen, dass sich eine Organisation auf Stufe 5 ständig fortentwickelt, wird hier absichtlich das Gerundium „optimierend" verwendet.

Was macht einen Prozess aus und warum sollte man sich mit ihm beschäftigen?

Mit „Prozess" meine ich schlicht und einfach die Abfolge von Schritten, die nötig sind, um ein erwünschtes Resultat zu erzielen.[5] Im Bereich der Software definiert sich der Prozess als ein „... Zusammenspiel von Aktivitäten, Methoden und Veränderungen, die Menschen durchführen, um Software und die damit verbundenen Produkte zu entwickeln und zu warten ..." (93-TR-24, S. 3).

Wie im unten stehenden Dreieck verdeutlicht wird, setzt jedes Vorhaben den Einsatz von drei Elementen voraus: Personal, Prozess und

---

[5] Vgl. *Concise American Heritage Dictionary*, 1987.

Technologie.[6] Ohne das Personal, das sowohl die Schritte des Prozesses ausführt als auch die Tools und die Technologie verwendet, wird kein Ergebnis erzielt werden, ganz gleich, ob es sich um das Produkt Software oder einen Mannschaftssport wie Fußball handelt. (In der produzierenden Industrie würde noch ein weiteres Element benötigt, das Material.)

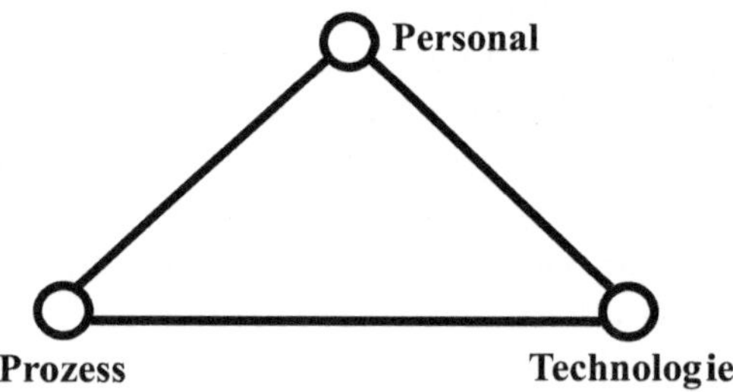

Das CMM beschäftigt sich intensiv mit dem Prozessaspekt dieses Dreiecks. Technologie und Personal sind ebenso wichtig – ohne diese Elemente wird es kein Produkt geben. Allerdings entwickelt sich die Technologie unaufhaltsam weiter.[7] Auch Modelle, die sich näher mit Personal beschäftigen, wie die Organisationsentwicklung, das Total Quality Management (TQM) und das Reifegradmodell Human Resources, welches vom SEI entwickelt wurde, existieren bereits. Was das dritte Element des Dreiecks (Prozess) anbelangt, sind es folgende Probleme, die erfahrungsgemäß mit Software-Produkten auftauchen: Zu spät geliefert, zu teuer, fehlerhaft, versprochen, aber nie geliefert („Vaporware") etc. Die Ursachen dafür sind meist prozessbedingt. Die Beseitigung dieser Ursachen scheint daher den vielversprechendsten Ansatzpunkt des Dreiecks darzustellen, zumindest scheint das für die Achtziger- und Neunzigerjahre zu gelten.

Die vier Prinzipien des CMMs
Obwohl das CMM ein komplexes Dokument ist, basiert es auf vier einfachen Konzepten:

1. Weiterentwicklung ist möglich und benötigt Zeit.

   Es gibt einen systematischen Ansatz zur Verbesserung des Prozesses der Software-Herstellung und -Wartung. Dabei wird der Prozess betrachtet und das Augenmerk auf das Beheben der prozessbedingten Probleme gelenkt.[8] Die Prozessbetrachtung steht im

---

[6]   Dave Kitson (SEI) bewies diesen Zusammenhang (und zeichnete das Dreieck) in den frühen Jahren der Prozessarbeit am SEI, als sich das CMM noch in der Entwicklung befand.

[7]   Vgl. Redwine und Riddle, 1985.

Gegensatz zur Patentlösung (z. B. „Wir stellen die besten Leute ein" – ihr Mitbewerber könnte diese wieder von ihrer Organisation abwerben oder „Wir investieren in die beste integrierte Tool-Umgebung" – meist nur die teuerste Möglichkeit, Shelfware zu kaufen.). Um eine Analogie aus dem Sport zu verwenden: Auch ein Trainer, der eine Mannschaft aufstellt, führt zunächst eine Prozessbetrachtung durch. Er berücksichtigt mehrere Faktoren, u. a. folgende: das Potential der Spieler, welche Trainingsmethoden ihre Leistung steigern können und wie viel Zeit dafür notwendig ist, welche grundlegenden Fähigkeiten für eine Leistungssteigerung vorhanden sein müssen, die Ressourcen (zur Verfügung stehende Trainingseinheiten und Ausrüstung), die Ziele der Mannschaft (Wettkämpfe oder Spiele) und die Stärken und Schwächen der gegnerischen Mannschaften. Der Trainer beobachtet, wie sich die Mannschaft mit der Zeit entwickelt und setzt Ziele für diese Entwicklung. Vergleichen Sie die Prozessbetrachtung des Trainers mit der einer Gruppe von Freunden, die sich an einem Sonntag Nachmittag zum Fußball spielen trifft. Letztere folgt einem strikten Ad-hoc-Prozess.

2. Die Prozessreife wird über verschiedene voneinander unterscheidbare Phasen definiert.

Die Stufen des CMMs sind Indikatoren für Prozessreife und -fähigkeit. Prozess-Assessments, die von 1987 bis 1990 nach der SEI-Methode durchgeführt wurden, ergaben, dass das Prinzip der Reifegrade tatsächlich auf reale Organisationen zutrifft. Damals war das CMM nicht viel mehr als ein Entwurf der fünf Reifegrade und ein Fragebogen zu Software-Praktiken.[9] Diese Prozess-Assessments aus der Zeit vor dem CMM, wie wir es heute kennen, zeigen somit, dass sich auf allen Stufen Beispiele für Software-Prozesse finden lassen. Ergebnisse aus über Tausenden von Assessments, die das SEI von 1996 bis einschließlich Dezember 2000 durchführte[10], zeigen, dass sich mehr als zwei Drittel der Organisationen über Stufe 1 befinden. Und Vergleiche mit ähnlichen SEI-Daten aus früheren Jahren beweisen, dass Organisationen, die das CMM systematisch anwenden, in höhere Reifegrade aufsteigen. (Die Methode des Software-Prozess-Assessment bestimmt zum einen den Reifegrad einer Organisation und zum anderen sorgt sie für die Unterstützung der Prozessverbesserung durch das Personal.[11])

---

[8] Eine „Prozessbetrachtung" ist nach meiner Definition der Vorgang, während dem festgestellt wird, wie alle Phasen, Aufgaben und beteiligten Personen beim Erreichen eines Ergebnisses miteinander verknüpft sind. Wenn das Ergebnis physischer Natur ist, muss zudem noch das Material berücksichtigt werden.

[9] Vgl. Humphrey und Sweet, 1987.

[10] Vgl. Abb. 2: *Profil der Prozessreife*.

[11] Vgl. Watts Humphrey, *Managing the Software Process*, Kapitel 3.

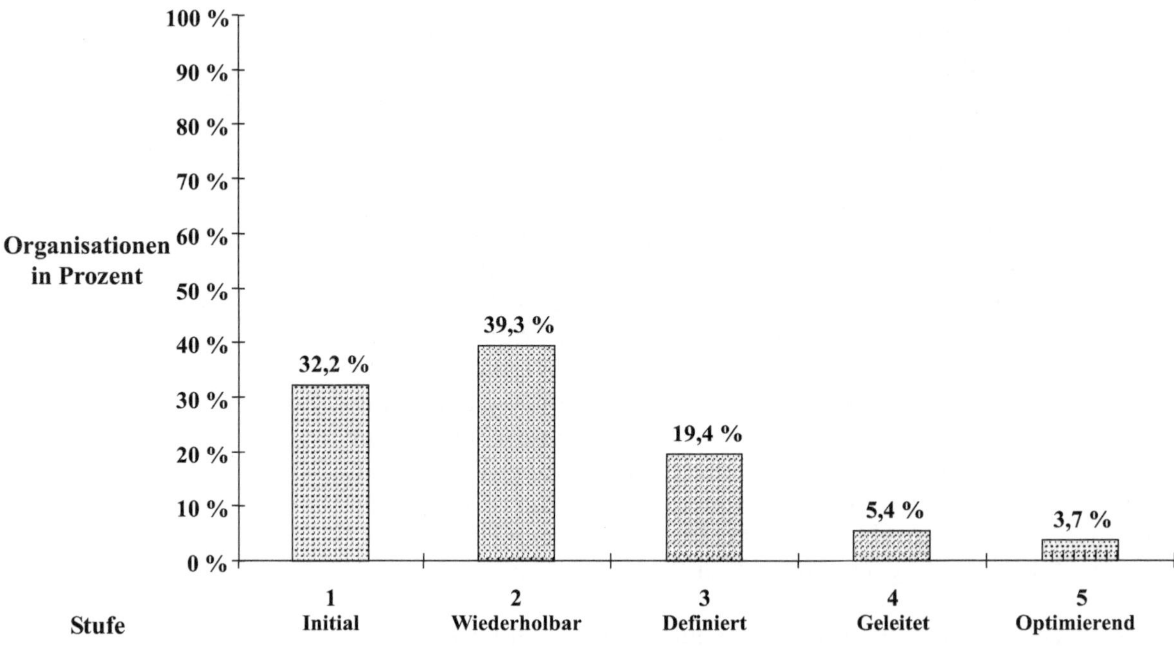

Dieses Diagramm basiert auf Assessment-Daten aus 1012 Organisationen, 302 Unternehmen und 4783 Projekten, die dem SEI im Zeitraum von 1996 bis einschließlich Dezember 2000 übermittelt wurden. 32,7 % dieser Organisationen und Unternehmen haben ihren Sitz außerhalb der USA. Diese Daten wurden der SEI-Präsentation „Process Maturity Profile of the Software Community 2000 Year End Update", März 2001, http://www.sei.cmu.edu, entnommen.

Abbildung 2: Profil der Prozessreife (Assessments bis einschließlich Dezember 2000)

3. Entwicklung impliziert, dass bestimmte Aufgaben Priorität genießen müssen.

Die Prozessdisziplin in Projekten (die das Ergebnis von Stufe 2-Praktiken ist) muss erst erreicht werden, bevor der Software-Prozess die Voraussetzungen von Stufe 3 erfüllt und organisationsweit definiert werden kann. Und der Einsatz eines Prozessstandards in der Organisation muss erst zur Routine geworden sein und die Erfahrung aus den Messdaten von Stufe 2 und Stufe 3 muss vorhanden sein, bevor das umfassende Verständnis des Software-Prozesses von Stufe 4 erreicht werden kann. Die Software-Praktiken der Stufen 2, 3 und 4 müssen erst zur Routine geworden sein und nahezu automatisch ablaufen, bevor sich die Organisation auf einen hochqualitativen Prozess und eine hohe Produktqualität konzentrieren kann, die, in der Theorie, charakteristisch für Stufe 5 sind.

4. Prozessreife wird nachlassen, wenn ihre Pflege vernachlässigt wird.

Jene unter uns, die bereits einige Assessments durchgeführt haben und viele Stufe 1-Projekte kennen gelernt haben (und jene unter uns, die ihr Leben damit verbracht haben, in Stufe 1-Organisationen

Software zu produzieren) kennen die verbreitete Redensart: "Früher haben wir das [Planung, Tests, Qualitätssicherung oder Trainings etc.] besser gemacht, aber dann ging es nur noch bergab."[12] Innovationen können umgesetzt werden, normalerweise von Spitzenleuten, wenn diese sich mit aller Kraft darum bemühen; doch sobald diese Spitzenleute befördert werden oder die Organisation verlassen, gehen die Innovationen meist verloren. Nachhaltige Veränderungen setzen permanente Anstrengungen voraus.

Wie verändert sich der Software-Prozess?

Es gibt viele Faktoren, die über den Software-Prozess einer Organisation entscheiden.

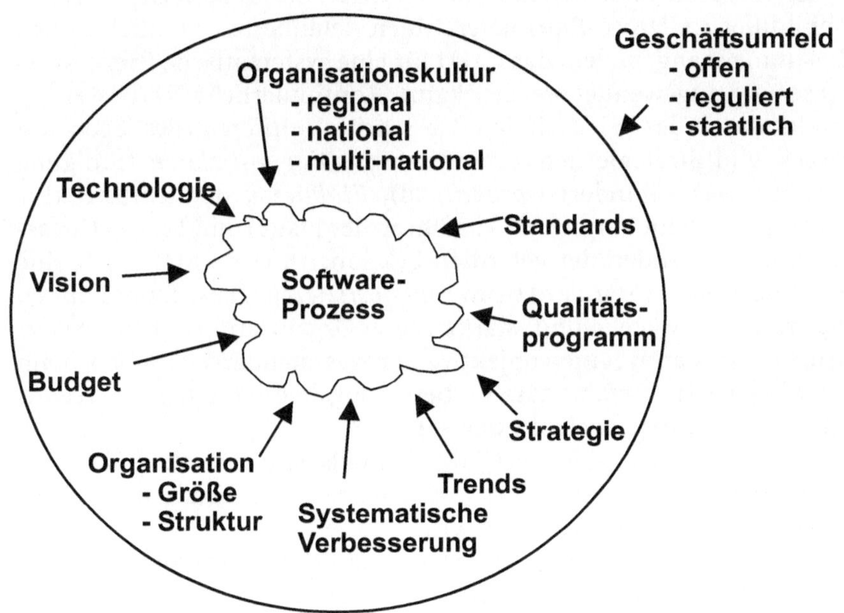

Abbildung 3: Einflüsse auf den Software-Prozess

Das Diagramm in Abbildung 3 (*Einflüsse auf den Software-Prozess*) stellt den Software-Prozess als Amöbe dar: Die Form unterliegt ständiger Veränderung, da die Faktoren den Prozess immer wieder in verschiedene Richtungen lenken. Wenn diese Einflüsse nicht bewusst kontrolliert verwaltet werden, ist der resultierende Software-Prozess nur das Ergebnis eines willkürlichen und vorübergehenden Gleichgewichts. Das Geschäftsumfeld scheint ein wichtiger Faktor zu sein – z. B. ob die Organisation auf dem offenen Markt vertreten ist, in ei-

---

[12] Zusätze in eckigen Klammern stammen ausnahmslos vom Autor.

nem regulierten Wirtschaftssektor (Telefongesellschaften etc.) oder in einem Markt für Regierungskunden und -lieferanten mit seinen politischen und regulativen Einflüssen.[13]

Einer der einflussreichsten Faktoren ist zudem die systematische Verbesserung. Ohne sie würde der Software-Prozess wahrscheinlich nur Standard sein, der kleinste gemeinsame Nenner der anderen Faktoren. Um den Software-Prozess zu leiten und zu lenken, muss die systematische Verbesserung selbst alle anderen Faktoren lenken, in Abhängigkeit von ihnen agieren oder sich erfolgreich gegen sie verteidigen. Wie geschieht das? Es scheint nur einen Weg zu geben, und diesen beschreitet die japanische Industrie seit über 40 Jahren äußerst erfolgreich auf der Grundlage des Deming-Zyklus Plan-Do-Check-Act (Planen-Durchführen-Prüfen-Handeln).[14]

Es existieren verschiedene Darstellungen dieses einfachen Zyklus. Abbildung 4 (*IDEAL-Rad*) liefert einen detaillierten Einblick in den Zusammenhang, in dem das CMM für eine systematische Prozessverbesserung angewendet werden kann. Kontinuierliche Verbesserung erfolgt durch das Wiederholen der Schritte *Initiieren* (Festlegen von Zweck und Strategie der Veränderung), *Diagnostizieren* (Einigung darüber, was verändert werden soll), *Etablieren* der Infrastruktur (Teams und Pläne), *Agieren* (Ausführen der Pläne) und *Lernen* (Erfassen und Verwenden der gelernten Lektionen). Das CMM spielt eine wichtige Rolle als Standard beim *Diagnostizieren*, denn damit können die Prozessschwächen und -stärken einer Organisation bestimmt werden.[15] Es ist wichtig, einen objektiven Prozessstandard zu haben, denn sonst besteht die Gefahr, dass Verbesserungsbemühungen von Trends und Patentlösungen gelenkt werden.

Beim *Etablieren* spielt das CMM ebenfalls eine zentrale Rolle, denn es definiert die Ziele, die mit einem Prozess zur kontinuierlichen Verbesserung erreicht werden müssen.

Eine erfolgreiche Prozessverbesserung erfordert jedoch sehr viel mehr als lediglich das CMM. Alle Schritte des IDEAL-Rads müssen abgeschlossen werden. Das bedeutet, dass ein Teil der wertvollen Ressourcen der Organisation von gewinnbringenden Aktivitäten abgezogen und zur Prozessverbesserung umgeleitet wird, um dort langfristig zum Einsatz zu kommen.

Ganz gleich, ob das CMM nun als Prozessstandard für Assessments oder für eine systematische Verbesserung eingesetzt wird, das Modell muss individuell interpretiert, d. h. an die besonderen Umstände und Prozesseinflüsse der anwendenden Organisation angepasst, werden. Der Zweck dieses *Handbuchs* ist demnach, dem Anwender den Zu-

---

[13] Vgl. Jean-Claude Derian, *America's Struggle for Leadership in Technology*.
[14] Vgl. Deming, 1982.
[15] Vgl. Kapitel 3, *Organisationsweiter Prozessfokus*.

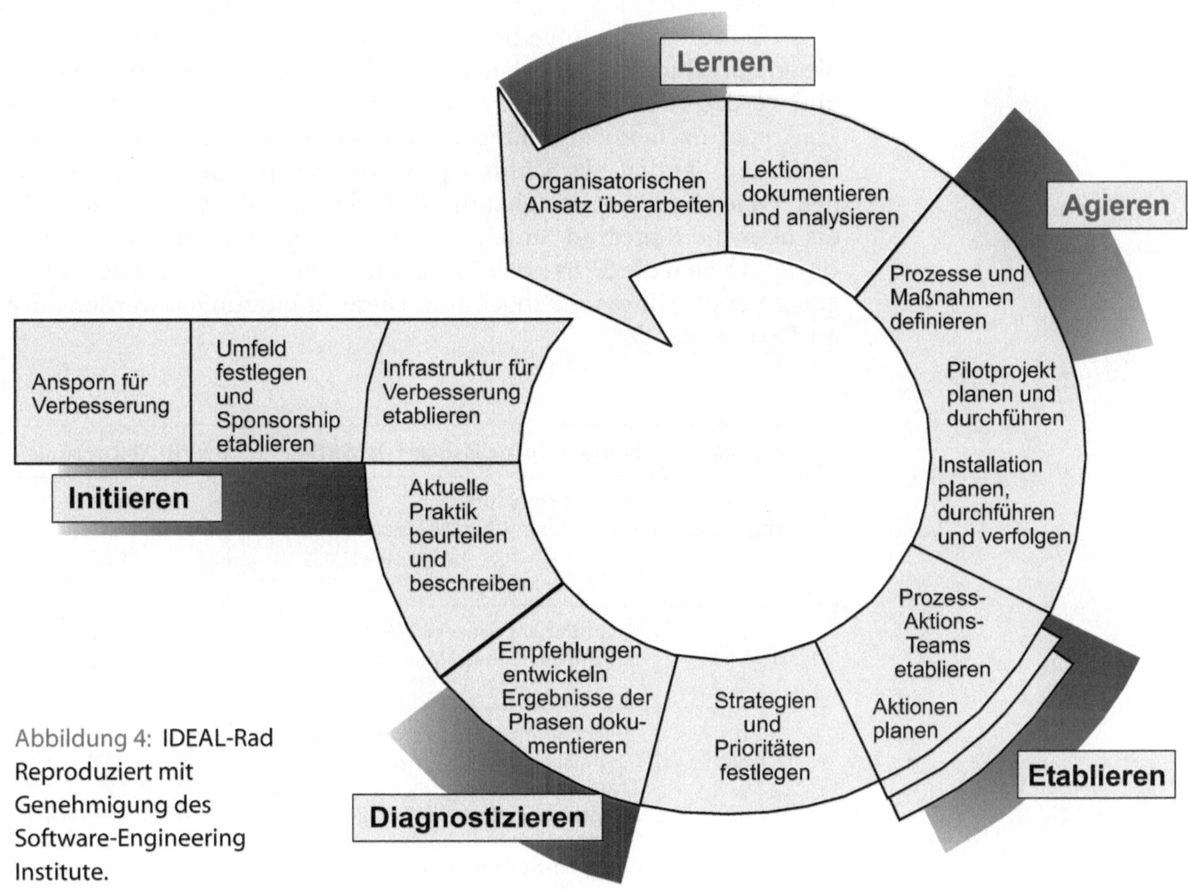

Abbildung 4: IDEAL-Rad Reproduziert mit Genehmigung des Software-Engineering Institute.

gang zum CMM mit einer einfachen und anschaulichen Interpretation zu erleichtern. Der zweite Teil dieses Kapitels behandelt die Struktur des CMMs und wird die Grundlagen liefern, mit denen das Modell interpretiert werden kann.

Teil 2: Struktur des CMMs

Durch die Struktur des CMMs wird die komplexe und unüberschaubare Menge an Praktiken in einige Kategorien unterteilt.

Wie bereits in Teil 1 (Grundlegende Konzepte) erwähnt wurde, stellen die fünf Reifegrade die strukturellen Hauptmerkmale des CMMs dar. Die Definition der jeweiligen Reifegrade kann ebenso informell wie im vorausgegangenen Abschnitt (Teil 1) ausfallen. Auf Stufe 2 zum Beispiel untersteht der Software-Prozess einer Prozessdisziplin und ist größtenteils wiederholbar.

Jeder Reifegrad kann ebenso praxisnah definiert werden, d. h., er setzt sich jeweils aus einer Sammlung von Praktiken zusammen. In Organisationen, die einen bestimmten Reifegrad erreicht haben, sind die entsprechenden oder gleichwertige Praktiken ein Teil der Routine und werden effektiv in den Prozess miteinbezogen. Die für den Reifegrad spezifischen Sammlungen von Software- und Management-Praktiken werden als Schlüsselprozessbereiche oder SPBs bezeichnet.[16] Wie in der unten stehenden Tabelle dargestellt, gibt es 18 SPBs, die über die Reifegrad-Stufen 2, 3, 4 und 5 verteilt sind. Auf Stufe 1, *Initial*, spielen die SPBs noch keine Rolle. Die 18 SPBs sind den Reifegraden zugeordnet und abgekürzt. Diese Abkürzungen werden auch im Text verwendet.

Reifegrad	Schlüsselprozessbereich (SPB)	SPB-Abkürzung
5 Optimierend	Fehlervermeidung Technologie-Change-Management Prozess-Change-Management	FV TCM PCM
4 Geleitet	Quantitatives Prozess-Management Software-Qualitäts-Management	QPM SQM
3 Definiert	Organisationsweiter Prozessfokus Organisationsweite Prozessdefinition Trainingsprogramm Integriertes Software-Management Software-Produkt-Engineering Gruppen-Koordination Peer-Review	OPF OPD TP ISM SPE GK PR
2 Wiederholbar	Anforderungs-Management Software-Projektplanung Software-Projektlenkung und -verfolgung Software-Qualitätssicherung Software-Konfigurations-Management Software-Unterauftragnehmer-Management	AM SPP SPLV SQS SKM SUM

---

[16] Vgl. 93-TR-25, Abschnitt 2.3.

Jeder SPB setzt sich aus Schlüsselpraktiken zusammen, deren Durchführung zeigt, dass der SPB in einer Organisation implementiert ist.[17] Diagramm 1 (*Schlüsselpraktiken per SPB, CMM, Version 1.1*) zeigt die Anzahl an Schlüsselpraktiken in jedem SPB. Beispielsweise umfasst das *Anforderungs-Management* (*AM*) 12 Schlüsselpraktiken, die *Software-Projektplanung* (*SPP*) die meisten mit 25 und die *Peer-Reviews* (*PR*) die wenigsten mit 9. Die Gesamtanzahl der Schlüsselpraktiken jeder einzelnen Stufe ist im oberen Teil des Diagramms angegeben (121 auf Stufe 2, 108 auf Stufe 3 etc.) und die Gesamtanzahl aller Schlüsselpraktiken wird durch die Kurve angezeigt und kann an der Skala rechts abgelesen werden. Diese Kurve zeigt, dass das CMM insgesamt 316 Praktiken beinhaltet. Eine beträchtliche Summe an Praktiken, um Stufe 5 zu erreichen (und um dort zu bleiben)!

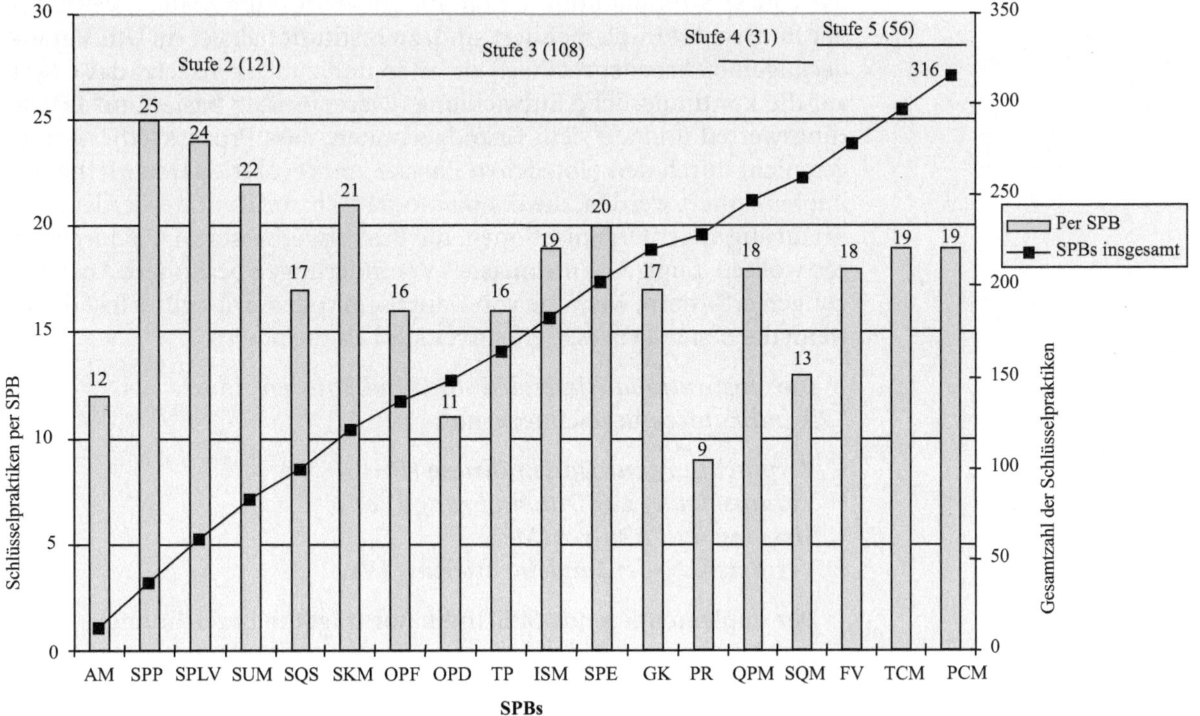

Diagramm 1:
Schlüsselpraktiken per SPB, CMM, Version 1.1

---

[17] Der Eindruck, das CMM hätte eine Vorliebe für das Wort „Schlüssel", rührt daher, dass das Modell nicht alle Software-Praktiken abdeckt, sondern nur diejenigen, die für die *Verbesserung* der Prozessfähigkeit von Bedeutung sind. Obwohl beispielsweise die Codierung beim *Produzieren* von Software unabdingbar ist, hat sie, aus Sicht des CMMs, nicht so großen Einfluss auf die systematische *Verbesserung* des Software-Produktionsprozesses wie etwa das *Anforderungs-Management*.

Zwei weitere wichtige Strukturelemente sollten bei der Anwendung des CMMs berücksichtigt werden: SPB-Indikatoren (Sammlungen von Schlüsselpraktiken) und Ziele.[18] Die Schlüsselpraktiken sind in fünf Kategorien angeordnet, die im CMM als SPB-Indikatoren bezeichnet werden. Jeder Schlüsselprozessbereich beinhaltet alle fünf SPB-Indikatoren und mindestens eine Schlüsselpraktik per SPB-Indikator. Die SPB-Indikatoren ermöglichen die Umsetzung der SPB-Ziele. Die Bezeichnungen der SPB-Indikatoren sind folgende: *Verpflichtung zur Durchführung (Du)*, *Voraussetzung zur Durchführung (Vo)*, *Durchzuführende Aktivitäten (Ak)*, *Messung und Analyse (Me)* und *Verifizierung der Implementierung (Ve)*.

Mit der Unterteilung in SPB-Indikatoren grenzt das CMM die Schritte für die eigentliche Prozessverbesserung von den Schritten ab, die notwendig sind, um die erreichte Prozessverbesserung aufrechtzuerhalten und sie in den Ablauf zu integrieren. Tatsächlich zielen vier der fünf Arten von SPB-Indikatoren darauf ab, die Prozessaktivitäten, welche in der fünften Art implementiert sind, zu institutionalisieren. Um Veränderungen in Arbeitsprozessen zu leiten und zu lenken, setzt das CMM auf die kontinuierliche Entwicklung. Dieser Ansatz basiert auf Erfahrungswerten und auf dem Grundgedanken, dass Prozessverbesserungen nicht durch den plötzlichen Einsatz von revolutionären Methoden implementiert werden, die dann automatisch zur Routine werden. Die Erfahrung vieler Organisationen, die Prozessverbesserungen durchsetzen wollten, zeigt, dass die meisten Veränderungen besondere Anstrengungen erfordern, wenn sie von Dauer sein sollen. Dies gilt selbst dann, wenn die neuen Prozesse effektiver sind als die alten.

Die *Institutionalisierenden SPB-Indikatoren* (auch als *Weitere SPB-Indikatoren* bezeichnet) sind:

- *Verpflichtung zur Durchführung (Du)*
- *Voraussetzung zur Durchführung (Vo)*
- *Messung und Analyse (Me)*
- *Verifizierung der Implementierung (Ve)*

Der implementierende SPB-Indikator trägt die Bezeichnung:

- *Durchzuführende Aktivitäten (Ak)*

Die Schlüsselpraktiken der Art *Verpflichtung zur Durchführung* demonstrieren die Absicht der Organisation, die damit verbundenen SPBs zur Routine zu machen. Sie sind gewöhnlich eine vom Topmanagement unterzeichnete organisatorische Richtlinie. Schlüsselpraktiken der Art *Voraussetzung zur Durchführung* gewährleisten, dass Ressourcen (für gewöhnlich Zeit und Geld) verfügbar sind, um die anderen Praktiken auszuführen. Außerdem sorgen sie dafür, dass die

---

[18] Vgl. die folgende Abbildung (*Detaillierte Darstellung der Struktur des CMMs*).

Detaillierte Darstellung der Struktur des CMMs

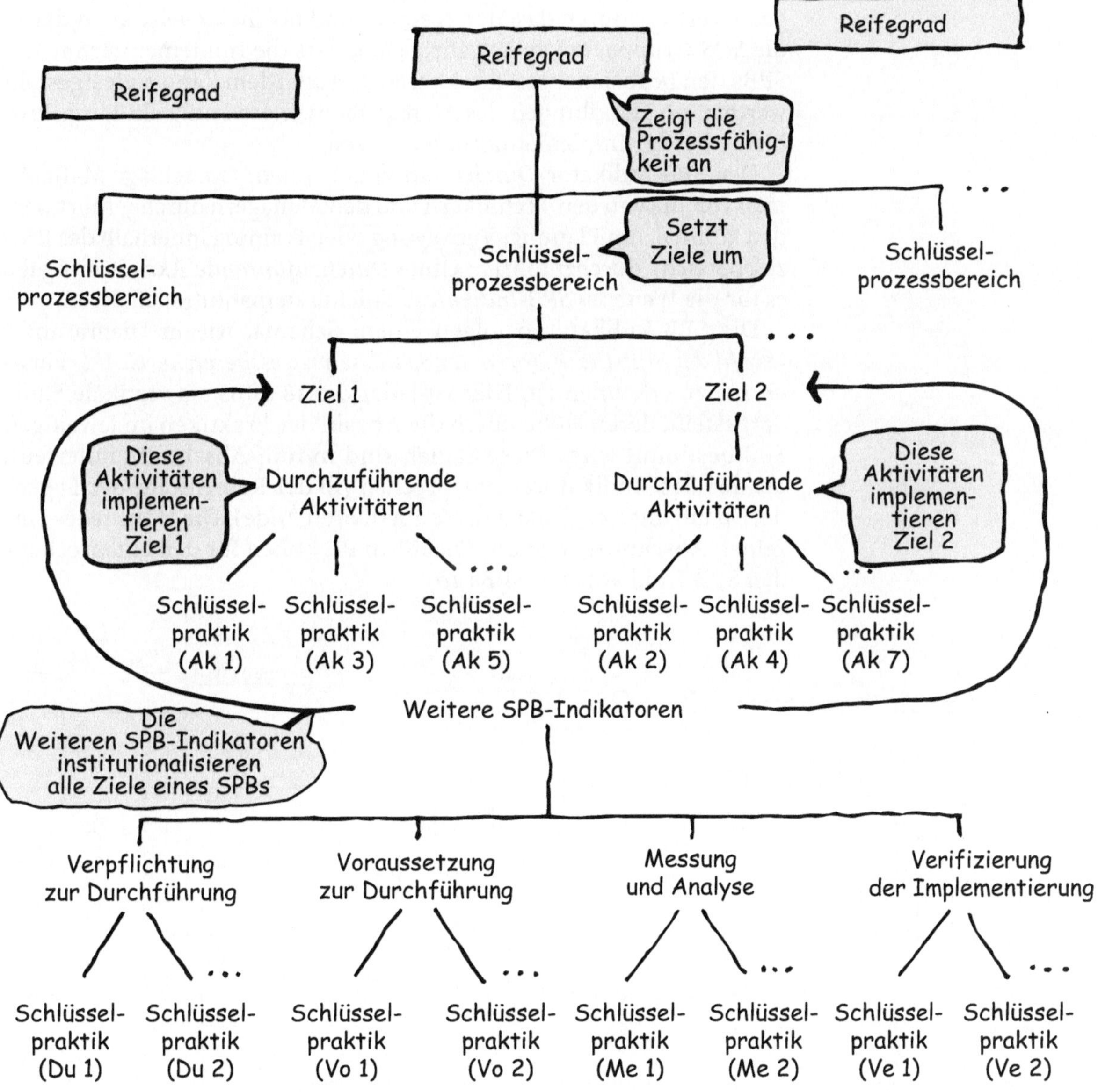

Voraussetzungen für weiterbildende Maßnahmen, wie z. B. Trainings, gegeben sind. Der SPB-Indikator *Messung und Analyse* gewährleistet, dass der Status der SPB-Praktiken bekannt ist. Der SPB-Indikator *Verifizierung der Implementierung* schließlich erfordert eine regelmäßige Bewertung durch das Management und normalerweise auch durch die *SQS*-Gruppe, um zu gewährleisten, dass die Implementierung der SPBs den beabsichtigten Effekt erzielt. Außerdem kann so festgestellt werden, ob Handlungen des Managements notwendig sind, um Probleme bei der Implementierung zu lösen.

Der SPB-Indikator *Durchzuführende Aktivitäten* schlägt Maßnahmen vor, die von den Technikern und den Managern durchgeführt werden können, um Planung, Verfolgung oder Training innerhalb des Prozessbereichs durchzuführen. Ohne *Durchzuführende Aktivitäten* gäbe es für die *Weiteren SPB-Indikatoren* nichts zu institutionalisieren.

Die SPB-Indikatoren folgen einem Schema, wie in Diagramm 2 (*Profil der SPB-Indikatoren der Schlüsselprozessbereiche, CMM, Version 1.1*) zu erkennen ist. Hier ist jeder der 18 SPBs als vertikale Säule dargestellt, deren Höhe durch die Anzahl der Praktiken im jeweiligen SPB bestimmt wird. Diese Säulen sind in fünf Abschnitte unterteilt, die den SPB-Indikatoren entsprechen (in der Reihenfolge der Legende, *Du* am unteren Ende und *Ve* am oberen Ende). Die Höhe jedes einzelnen Abschnitts zeigt die Anzahl an Praktiken für den entsprechenden SPB-Indikator des SPBs an.

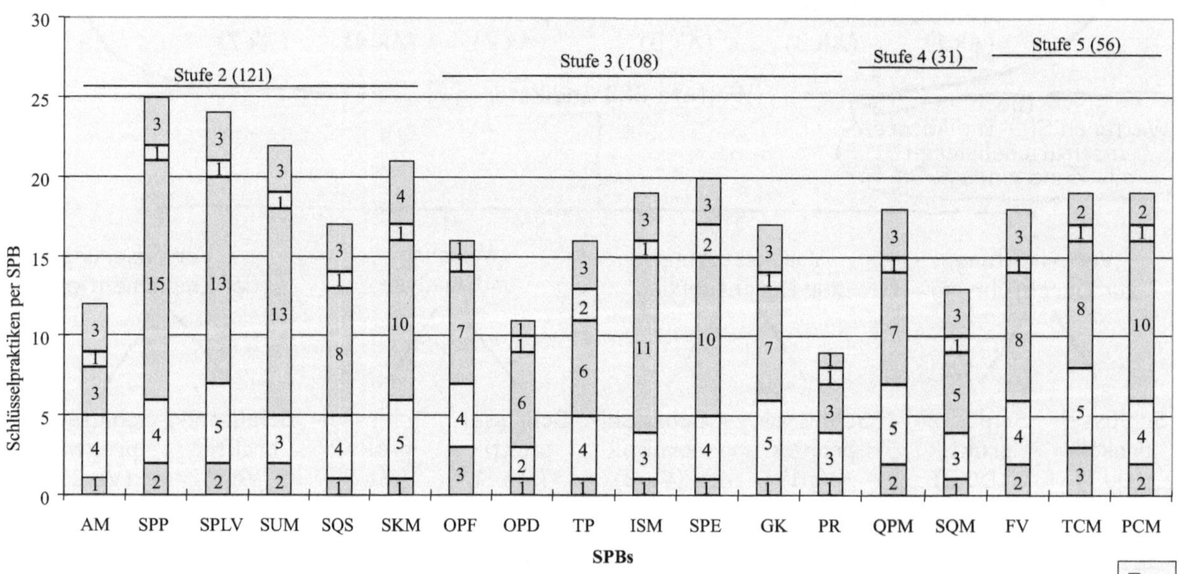

Diagramm 2: **Profil der SPB-Indikatoren der Schlüsselprozessbereiche CMM, Version 1.1**

In Diagramm 2 ist zu erkennen, dass der SPB-Indikator *Durchzuführende Aktivitäten* in den meisten Fällen den Großteil der Praktiken eines SPBs beinhaltet. *Verpflichtung zur Durchführung (Du)* und *Messung und Analyse (Me)* beinhalten meist nur eine Praktik und *Voraussetzung zur Durchführung (Vo)* und *Verifizierung der Implementierung (Ve)* im typischen Fall drei oder vier Praktiken. Im späteren Verlauf dieses *Handbuchs* wird im Rahmen der Behandlung der SPBs immer dann das Gewicht auf die *Institutionalisierenden SPB-Indikatoren* gelegt, wenn das Schema eine ungewöhnliche Variante aufweist (z. B. die hohe Anzahl von drei Praktiken für die *Verpflichtung zur Durchführung* in den Schlüsselprozessbereichen *OPF* und *TCM*).

(Jetzt könnte es hilfreich sein, das CMM zur Hand zu nehmen und die Übung am Ende dieses Kapitels durchzuführen.)

Die *Institutionalisierenden SPB-Indikatoren* vermitteln eine Vorstellung davon, mit welcher Gründlichkeit, ja sogar Beharrlichkeit, das CMM vorgeht, um sicherzustellen, dass eine Innovation von Dauer ist. Die Software-Engineers zahlreicher Organisationen und Regierungsorganisationen, die zum CMM beigetragen haben, erkannten, wie schnell es passieren kann, dass Bemühungen um Qualitäts- oder Prozessverbesserungen im Sand verlaufen. Die *Institutionalisierenden SPB-Indikatoren* dienen dazu, die Integration und Dauerhaftigkeit von geeigneten Praktiken zu gewährleisten.

Die *Verpflichtung zur Durchführung* macht die Absicht der Organisation deutlich, die Aufgaben im SPB zu erfüllen. Allerdings kennen wir aus unserer Erfahrung mit Prozess-Assessments Hunderte von Beispielen für organisatorische Richtlinien mit der Unterschrift des CEOs, die nicht umgesetzt wurden. Benötigt wird zudem die *Voraussetzung zur Durchführung* (Zeiteinteilung im Projektzeitplan sowie Ressourcen, Personal und finanzielle Mittel). Doch das allein reicht immer noch nicht aus, um die Praktiken dauerhaft zu implementieren. Der Status der Aktivitäten in jedem SPB muss gemessen, eine Prozessbetrachtung derselben vorgenommen und ihr Beitrag zur Organisation beurteilt werden. Mit anderen Worten, Informationen müssen gesammelt werden, um der Organisation den Return on Investment durch die verbesserten Praktiken aufzuzeigen. Doch das alles ist noch immer keine Garantie für Beständigkeit, wenn die Praktiken nicht regelmäßig vom Management bewertet werden. Das Management unterstreicht mit dem SPB-Indikator *Verifizierung der Implementierung* die Tatsache, dass die Praktiken des SPBs wichtig genug sind, um regelmäßig auf der Liste der Bewertungen des Topmanagers zu erscheinen. (In Kapitel 2 folgt ein detailliertes Beispiel dafür, wie diese *Weiteren SPB-Indikatoren* in einer besonderen „Betrachtung der Ziele mit den *Institutionalisierenden SPB-Indikatoren*" im Rahmen des *Anforderungs-Managements* auf einen SPB angewendet werden.)

Das letzte Strukturelement, auf das ich hier noch hinweisen möchte, sind die Ziele der SPBs. Die Ziele werden stets als Ergebnisse angegeben, niemals als Aktivitäten. Beispielsweise lautet Ziel 3 der *Software-Projektplanung*: „Die beteiligten Personen und Gruppen vereinbaren ihre Verpflichtungen in Bezug auf das Software-Projekt." Es lautet nicht „Meetings werden einberufen, in deren Rahmen die beteiligten Personen und Gruppen ihre Verpflichtungen vereinbaren". Diese ergebnisorientierte Zieldefinition beschreibt ein sichtbares Merkmal einer Organisation, die den SPB effektiv implementiert hat. Beispiele dafür, wie die Ziele erreicht werden können, liefern die Schlüsselpraktiken, die den fünf SPB-Indikatoren zugeordnet sind.

Die Schlüsselpraktiken von *Durchzuführende Aktivitäten* bzw. gleichwertige Praktiken führen zum Erreichen der Ziele der SPBs. Ein Assessment-Team beobachtet, ob die im Ziel beschriebenen Auswirkungen im Software-Prozess der betreffenden Organisation erkennbar sind. Verbesserungsteams bemühen sich darum, die Praktiken des SPBs durchzuführen, um die Ziele zu erreichen. Die Assessment-Teams und Verbesserungsteams, d. h. alle, die das CMM in der eigenen Organisation anwenden, müssen die CMM-Praktiken an die eigene Umgebung anpassen. Denn das CMM ist eben nur ein Modell und somit allgemeiner Natur.

Nachdem die abstrakte Betrachtung des CMMs beendet ist, werden nun die empfohlenen Praktiken im konkreten Fall behandelt. Wir beginnen mit den sechs SPBs der Stufe 2.

(Übungen)

Übungen: Stufe 1

Übung 1.1 (Anfänger):
Weitere SPB-Indikatoren

Werfen Sie einen Blick auf die neun Praktiken zur *Verpflichtung zur Durchführung* des SPBs der Stufe 2 und notieren Sie sich die Gemeinsamkeiten.[19] Gehen Sie analog vor bei den übrigen drei *Weiteren SPB-Indikatoren*: *Voraussetzung zur Durchführung, Messung und Analyse,* und *Verifizierung der Implementierung.* (Übergehen Sie *Durchzuführende Aktivitäten* – diese werden umfassend in den Piktogrammen der Stufen 2 bis 5 behandelt.) Nachdem Sie diese Übung gemacht haben, werden Sie die Muster oder Themen erkennen, die in den *Weiteren SPB-Indikatoren* aller SPBs wiederkehren.

---

[19] Vgl. 93-TR-25, S. L2-2 bis L2-73.

Kapitel 2

Reifegrad-Stufe 2: Der wiederholbare Prozess

Wenn eine Organisation Stufe 2 erreicht hat, ist der Software-Prozess wiederholbar und unterliegt einer Prozessdisziplin. Projektleiter sind in der Lage, angemessene Schätzungen und Projektpläne zu realisieren. Anhand dieser Pläne können sie die Projektdurchführung konsistent verfolgen und lenken. Die besten Software-Praktiken sammeln sich auf Projektebene. Die Arbeitsweise unterscheidet sich spürbar von jener der Stufe 1-Organisationen. Anlässlich eines Assessments sagten CMM-Anwender zu diesem Unterschied: „Bitte sorgen Sie dafür, dass wir nicht auf Stufe 1 zurückfallen."

Auf dieser Stufe muss bereits Erlerntes nicht wiederholt werden und zudem hat die Organisation bereits grundlegende Vorgehensweisen implementiert, durch die sie ihren Prozess verbessern kann.

Natürlich habe ich aus meinen Fehlern gelernt, und ich bin mir sicher, dass ich sie genau so wiederholen könnte.

Peter Cook, britischer Komiker, in seiner
Rolle als Sir Arthur Strebe-Greebling

... unsere Absicht ist präskriptiv; wir streben bessere Praktiken an und haben die marginalen Verbesserungen im Visier.

Richard E. Neustadt und Earnest R. May,
*Thinking in Time: The Uses of History
for Decision-Makers.*

Entwickeln Sie einen Plan. Führen Sie ihn durch.

Watts Humphrey

(AM)

Anforderungs-Management (AM)

Betrachtung der Ziele

Das *Anforderungs-Management (AM)* steht in allen SPBs an erster Stelle. Aus meiner Sicht ergibt sich diese Stellung daraus, dass die Lenkung der Anforderungen wahrscheinlich den entscheidenden Faktor bei der Stabilisierung des Software-Prozesses von Stufe 1 darstellt. Nur ein stabiler Software-Prozess macht Erfolg wiederholbar.

Wenn Sie den Text zu diesem SPB im 93-TR-25 nachlesen, fällt Ihnen sicherlich auf, dass die Betonung eher auf dem *Management* als auf der Erstellung der Anforderungen liegt. Der Grund dafür ist meiner Meinung nach folgender: Die Probleme mit dem *Anforderungs-Management*, die immer wieder im Rahmen von Assessments zur Sprache kommen, sind darauf zurückzuführen, dass es eher an der Lenkung der Weitergabe der Anforderungen an die Software-Gruppe mangelt, als an der Fähigkeit der Software-Gruppe, die Anforderungen zu analysieren. Ohne diese Lenkung könnte der Eindruck entstehen, dass die Software-Gruppe Anforderungen von überall (Senior Management, Kunden, Marketing etc.) implementieren muss, ganz gleich, welche Auswirkungen dies auf das Produkt haben wird. „Viele Köche verderben den Brei" und nicht gelenkte Anforderungen führen zu verspäteten Produktlieferungen und schlechter Qualität.

Dieser SPB beinhaltet nur zwei Ziele und zwölf Praktiken. Doch lassen Sie sich davon nicht täuschen: Effektives *Anforderungs-Management* ist leichter gesagt als getan.

Ziel 1 enthält eine erklärungsbedürftige Formulierung: „der Software zugewiesene Systemanforderungen". Das CMM verwendet diesen Ausdruck, um den allgemeinsten Einsatz von Software abzudecken – nämlich wenn die Software nur Teil eines größeren Systems mit vielen Hardwarekomponenten ist, für die keine Software benötigt wird. Solche Systeme kommen u. a. in folgenden Bereichen zur Anwendung: Bordelektronik (in Flugzeugen oder Raketen), Kommunikation (in Satelliten oder in der Telefonie) und Prozesskontrolle (in der Produktion).

Ziel 1: Die der Software zugewiesenen Systemanforderungen werden gelenkt, um eine Baseline für das Software-Engineering und -Management zu erstellen.

Bei kleineren Systemen oder Systemen ohne Hardware (außer Computern) sind die „der Software zugewiesenen Systemanforderungen" mit den Software-Anforderungen identisch. In der Betrachtung der Ziele sind die Anforderungen wahrscheinlich Systemanforderungen und Teil von Ziel 1. In Ziel 1 bewertet und genehmigt die Software-Engineering-Gruppe die Anforderungen und erstellt mit diesen eine Baseline, die dann die Grundlage für das Software-Engineering und -Management ist.

AM: Betrachtung der Ziele

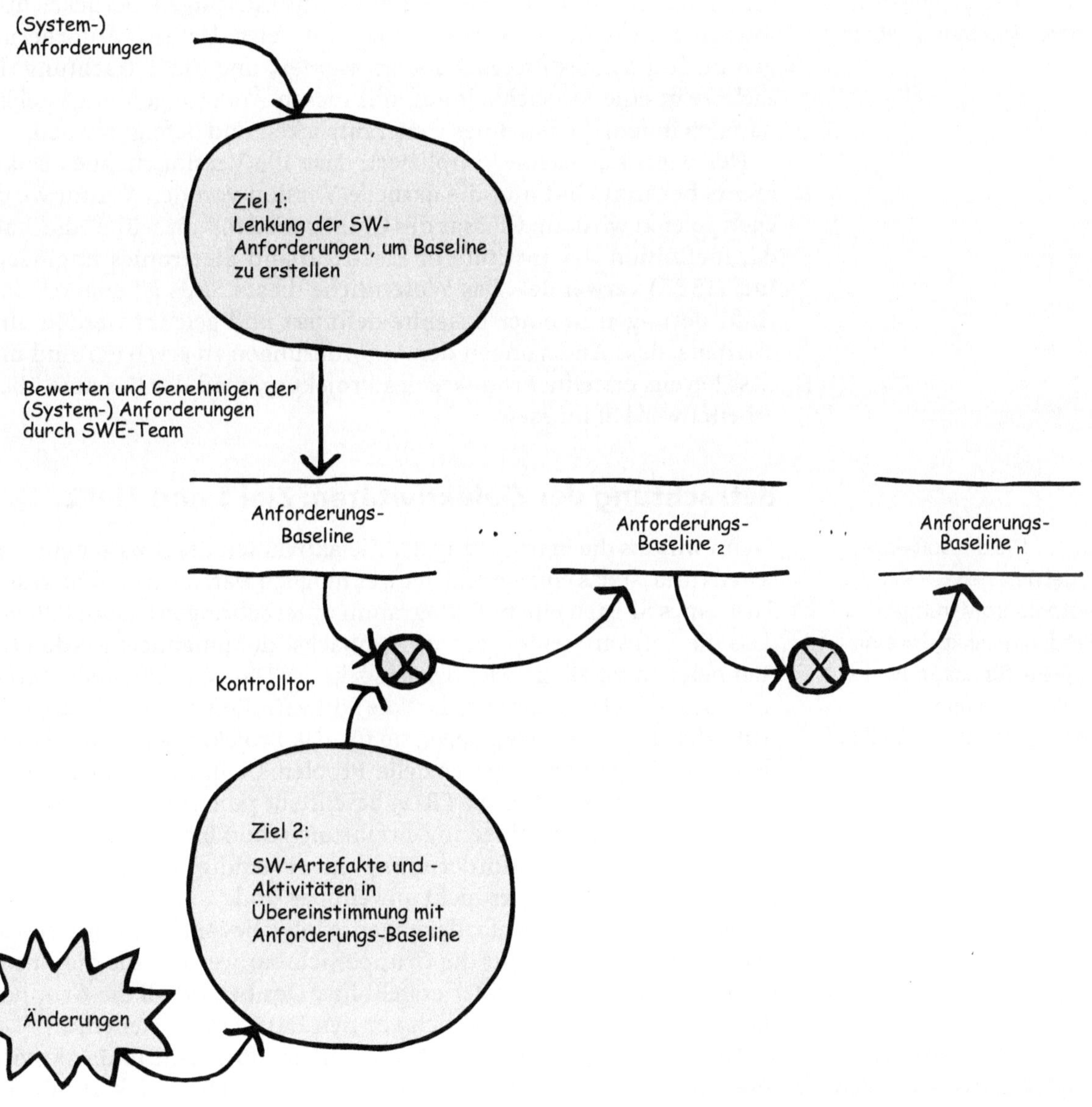

Ziel 2: Software-Pläne,
-Produkte und -Aktivitäten
werden mit den der
Software zugewiesenen
Systemanforderungen in
Übereinstimmung gebracht.

Während Ziel 1 sich mit der Erstellung der Anforderungs-Baseline befasst, antizipiert Ziel 2 Änderungen der Anforderungen und veranlasst weitere Projektbereiche, diese Änderungen zu berücksichtigen: Bei allem, was zum Projekt gehört – Pläne, Produkte und Aktivitäten –, sollen die Änderungen der Software-Anforderungen berücksichtigt werden. Es scheint so, wie das Piktogramm zeigt, dass sich Anforderungen im Laufe eines Projekts ändern *werden*, und die Betrachtung der Ziele zeigt eine Möglichkeit auf, mit diesen Änderungen umzugehen, nämlich indem die Baselines weiterentwickelt und befolgt werden.

Der Begriff „Baseline" impliziert, dass alle Versionen eines Dokuments bekannt sind und die aktuelle Version von den Verantwortlichen gelenkt wird. Im Glossar des CMMs[1] wird für „Baseline" die Standarddefinition des Institute of Electrical and Electronics Engineers, Inc. (IEEE) verwendet. Das Wesentliche dieses SPBs ist erstens, dass Anforderungen in einer Baseline definiert und gelenkt werden, und zweitens, dass Änderungen der Anforderungen zu erwarten sind und dass bereits erstellte Produkte des Projekts gemäß der Baseline überarbeitet werden müssen.

Betrachtung der Zielaktivitäten: Ziel 1 und Ziel 2

Ziel 1: Die der Software
zugewiesenen
Systemanforderungen
werden gelenkt, um eine
Baseline für das Software-
Engineering und
-Management zu erstellen.

Wenn wir uns die Betrachtung der Zielaktivitäten des *AMs* genauer ansehen (dies ist das einzige Mal, dass es möglich war, die Aktivitäten aller Ziele eines SPBs in einem Piktogramm unterzubringen), dann fällt auf, dass die Software-Anforderungen zunächst dokumentiert werden (im Rahmen von *Vo 2*). Ein wichtiger Aspekt der *Durchzuführenden Aktivität 1* (die zu Ziel 1 gehört) ist, dass die Software-Engineering-Gruppe die Anforderungen bewertet, *bevor* sie für das Projekt übernommen werden. Die Gruppe sucht potenzielle Probleme einer Implementierung der Anforderungen. Das 93-TR-25 beschreibt potenzielle Probleme als solche, die aus der Engineering-Erfahrung schon hinreichend bekannt sind, nämlich dass Anforderungen unvollständig, zweideutig, nicht testbar, inkonsistent oder nicht anwendbar sind.[2]

Die Bewertung der Anforderungen erfolgt, bevor sie akzeptiert werden, so dass Probleme für die Gruppe sichtbar werden, die die Anforderungen für die Entwickler erstellt hat. Das betrifft all die Gruppen, die im Software-Prozess zeitlich vor den Entwicklern stehen.

Ziel 2: Software-Pläne,
-Produkte und -Aktivitäten
werden mit den der
Software zugewiesenen
Systemanforderungen in
Übereinstimmung gebracht.

Ziel 2 beinhaltet, dass die Software-Pläne, -Produkte und -Aktivitäten (mit anderen Worten: alle Komponenten des Projekts) mit den Software-Anforderungen in Übereinstimmung gebracht werden müssen. Ziel 2 wird mit zwei Aktivitäten implementiert. Im CMM heißt es schlicht, die Software-Engineering-Gruppe verwendet die Software-

---

[1] Vgl. 93-TR-25, S. A-4.
[2] Vgl. 93-TR-25, S. L2-6 f.

AM: Betrachtung der Zielaktivitäten (Ziel 1 und Ziel 2)

Ziel 1: Die der Software zugewiesenen Systemanforderungen werden gelenkt,
um eine Baseline für das Software-Engineering und -Management zu erstellen.

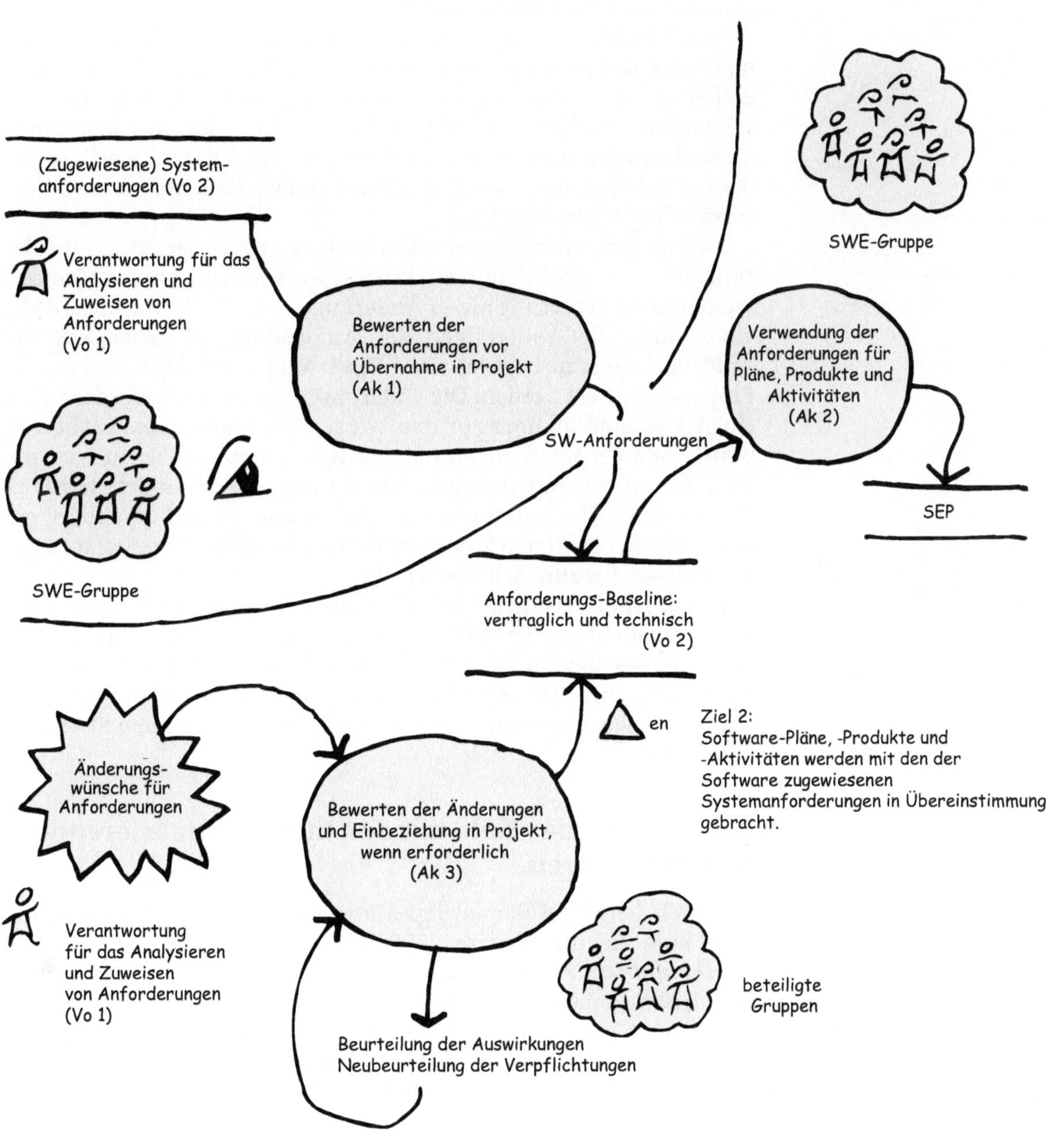

Anforderungen als Basis für Pläne, Produkte und Aktivitäten. Diesbezüglich liefert das CMM nicht viel an Information und möglicherweise werden manche Zusammenhänge vorausgesetzt. Wir werden in später folgenden SPBs feststellen, dass mit „Produkte" in diesem Zusammenhang nicht nur die Endprodukte für den Kunden gemeint sind, sondern auch die Zwischenprodukte.

Beachten Sie, dass die Anforderungs-Baseline, hier in Verbindung mit Ziel 2 und *Vo 2*, auch Anforderungen an Technik und Engineering enthalten muss. Zusätzlich muss die Baseline nichttechnische bzw. vertragliche Anforderungen (von Angestellten des amerikanischen Verteidigungsministeriums manchmal als „programmatische" Anforderungen bezeichnet) wie z. B. Liefertermine, Meilensteine und Vertragsbedingungen enthalten.

Ak 3 spiegelt wider, dass es tatsächlich zu Änderungen der Anforderungen kommen wird, und ein Prozess wird erstellt, der das Management und die Steuerung dieser Änderungen erlaubt. Durch diese Aktivität sollen die Änderungen der Anforderungen, genau wie die Anforderungen zu Beginn, einer Bewertung unterzogen und in das Projekt integriert werden. Die Unterpraktiken zu *Ak 3* erfordern zum einen Assessments, um zu prüfen, wie sich die Änderungen auf bereits bestehende Verpflichtungen auswirken, und zum anderen müssen die Verpflichtungen mit den beteiligten Gruppen verhandelt werden.[3] Dann werden die Änderungen der Anforderungen dokumentiert, geplant, an die Beteiligten kommuniziert und, um die Effektivität zu gewährleisten, bis zum Schluss verfolgt.

Der Begriff „Verpflichtung" hat in diesem Zusammenhang eine besondere Bedeutung für Watts Humphrey, der das Programm zur Prozessverbesserung am SEI gründete und dessen Vision das CMM erst möglich machte. Auf seine Vorstellung eines „Verpflichtungsprozesses" werde ich eingehen, nachdem ich die nächsten beiden SPBs vorgestellt habe.

Betrachtung der Ziele mit den Institutionalisierenden SPB-Indikatoren

Bevor ich den SPB *Anforderungs-Management* abschließe, möchte ich noch kurz auf die *Weiteren SPB-Indikatoren* eingehen, welche die *Durchzuführenden Aktivitäten* institutionalisieren. Im weiteren Verlauf dieses *Handbuchs* werde ich die *Weiteren SPB-Indikatoren* nur noch dann besprechen, wenn sie von ihrem regelmäßigen Schema abweichen, um dann die Unterschiede deutlich zu machen. (Ich bespreche die *Weiteren SPB-Indikatoren* nicht bis ins Detail, um zu verhindern, dass dieses *Handbuch* den Umfang des CMMs bekommt.) Rufen

---

[3] Vgl. *Activity 3* im 93-TR-25, S. L2-7 f.

Sie sich das Diagramm aus Kapitel 1, Teil 2 (Struktur des CMMs) in Erinnerung, in dem die Anzahl der Aktivitäten in den SPB-Indikatoren per SPB dargestellt wurde.

Im nächsten Piktogramm wird wieder die Betrachtung der Ziele des *Anforderungs-Managements* aufgegriffen; neu sind hier die *Weiteren SPB-Indikatoren*, die durch Symbole dargestellt werden. Das *Anforderungs-Management* hat genau wie jeder andere SPB auch die Praktik der *Verpflichtung zur Durchführung*, die beinhaltet, dass eine organisatorische Richtlinie vorgibt, wie der SPB umzusetzen ist.[4] Typisch für diese organisatorische Richtlinie ist, dass sie die Dokumentation der Änderungen verlangt (mündlich vereinbarte Anforderungen sind keine gute Praktik!), und festgelegt, wer die Bewertung dieser Anforderungen vornimmt: nämlich die anderen beteiligten Gruppen (u. a. aus den Bereichen Tests, System-Engineering, Software-Engineering und Dokumentation).

Die *Voraussetzung zur Durchführung* umfasst vier Praktiken. *Vo 1* besagt, dass für jedes Projekt eine Stelle geschaffen wird, die für die Zuordnung von Systemanforderungen zu Software verantwortlich ist. Da das CMM von einem größeren System ausgeht, weist es darauf hin, dass dies nicht in den Verantwortungsbereich der Software-Gruppe fällt, sondern stattdessen eine Grundvoraussetzung für ihre Arbeit ist.[5] Ganz gleich, wie viele Mitarbeiter an einem Projekt beteiligt sind und ob eine System-Engineering-Gruppe existiert oder nicht, die verantwortliche Stelle für den Entwurf der Anforderungen muss existieren.

Wie bereits erwähnt, erfordert *Vo 2*, dass die Anforderungen dokumentiert werden.

Vo 3 gibt vor, dass geeignete Ressourcen und finanzielle Mittel für das *Anforderungs-Management* bereitgestellt werden sollen. Ressourcen sind Personen, die Experten für Anwendungsgebiete und Software-Engineering sind. Die Ressourcen können auch Tools für das *Anforderungs-Management* sein. Eine derartige *Voraussetzung zur Durchführung* ist im CMM als SPB-Indikator nahezu überall vorhanden.

Vo 4 hat zum Inhalt, dass das Software-Personal im Umgang mit Anforderungen geschult wird.

Die beiden SPB-Indikatoren *Verpflichtung zur Durchführung* und *Voraussetzung zur Durchführung* vermitteln einen Eindruck darüber, wie gründlich das CMM vorgeht, um sicherzustellen, dass die Praktiken eines SPBs zur Routine werden. Die alleinige Existenz von organisatorischen Richtlinien reicht nicht aus – die meisten Stufe 1-Organisationen, die dem SEI aus Assessments bekannt sind, verfügen über eine Menge von organisatorischen Richtlinien, die vorschreiben, dass

---

[4]　Vgl. *Commitment 1* im 93-TR-25, S. L2-2.
[5]　Vgl. Kommentar zu *Ability 1* im 93-TR-25, S. L2-3.

AM: Betrachtung der Ziele mit den Institutionalisierenden SPB-Indikatoren

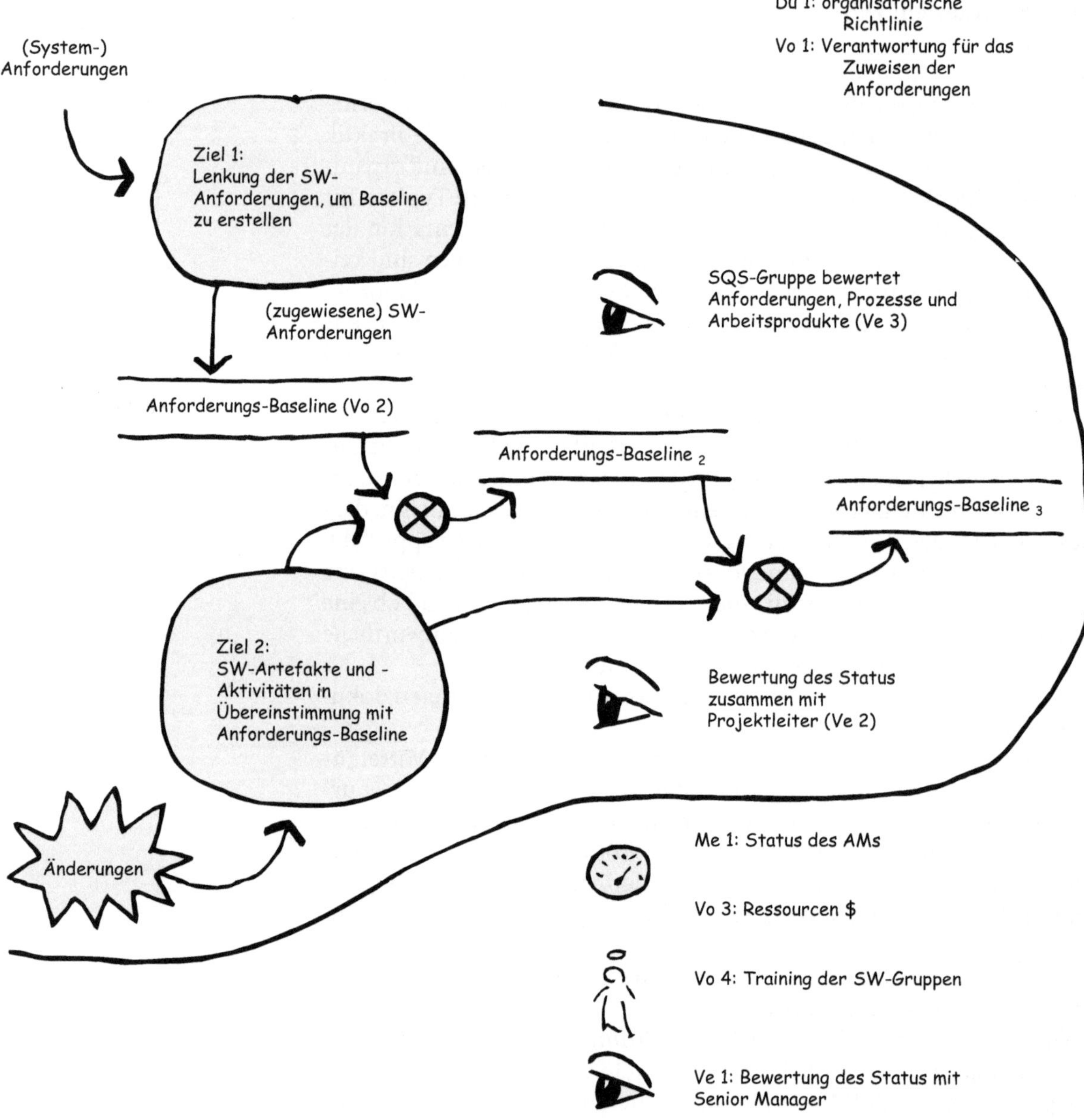

gute Praktiken zum Einsatz kommen. Allerdings ist es mit organisatorischen Richtlinien nicht einmal ansatzweise getan. Auch die Anforderungen müssen dokumentiert werden, inklusive der vertraglichen und programmatischen Anforderungen. Da die Software-Gruppe die Anforderungen bewertet, muss sie sich auch dieser nichttechnischen Anforderungen bewusst sein. Verantwortung muss übertragen werden, um die Software-Anforderungen zu erstellen. Außerdem müssen Ressourcen und finanzielle Mittel bereitgestellt werden – ohne Personal, Geld und Zeit kann das *Anforderungs-Management* nicht durchgeführt werden, selbst wenn es eine organisatorische Richtlinie gibt und das Personal mit Aufgaben betraut wird. Neben dem Bereitstellen von Ressourcen und finanziellen Mitteln muss das Software-Personal im Umgang mit Anforderungen geschult werden.

Doch auch mit den SPB-Indikatoren *Verpflichtung zur Durchführung* und *Voraussetzung zur Durchführung* ist nicht automatisch gewährleistet, dass die Praktiken des SPBs zur Routine werden. Die Dauerhaftigkeit der Praktiken wird außerdem noch durch zwei *Weitere SPB-Indikatoren* sichergestellt. *Messung und Analyse* beinhaltet eine einzige Praktik, die besagt, dass Messungen vorgenommen werden, um den Status der Aktivitäten des jeweiligen SPBs festzustellen. Jeder weitere SPB hat die gleiche Praktik der *Messung und Analyse*. Im Rahmen des *Anforderungs-Managements* besteht die *Messung und Analyse* u. a. darin, zu überprüfen, ob die Anforderungen bewertet und akzeptiert worden sind und welches Ausmaß die Änderungsaktivitäten haben. Die Praktik der *Messung und Analyse* ist Teil dessen, was man als „Prozessbetrachtung" definieren könnte. Die Organisation sammelt bei jedem Projekt Daten zum *Anforderungs-Management* – diese sind für die jeweiligen Projekte von Nutzen, doch außerdem können so historische Daten zusammengetragen werden, um zukünftige Projekte zu planen. Um es kurz zu machen: die Organisation erfährt so mehr über ihren Software-Prozess.

Außer *Verpflichtung zur Durchführung*, *Voraussetzung zur Durchführung* und *Messung und Analyse* gibt es noch einen Typ der *Institutionalisierenden SPB-Indikatoren*: *Verifizierung der Implementierung*. Für das *Anforderungs-Management* spielen diesbezüglich drei Praktiken eine Rolle (alle SPBs haben mindestens eine Praktik der *Verifizierung der Implementierung*, die meisten haben drei). *Ve 1* erfordert, dass die Aktivitäten des *Anforderungs-Managements* in regelmäßigen Abständen zusammen mit dem Senior Management einer Bewertung unterzogen werden. Im Rahmen von *Ve 2* werden diese Aktivitäten in regelmäßigen Abständen und zusätzlich bei Bedarf zusammen mit dem Projektleiter einer Bewertung unterzogen. *Ve 3* beinhaltet, dass die *SQS*-Gruppe eine Bewertung des Prozesses und der Arbeitsprodukte, die im Umgang mit den Anforderungen notwendig sind, durchführt und die Bewertungsergebnisse kommuniziert. Die

Bewertungen von *Ve 2* und *Ve 3* erfolgen im Rahmen des Projekts selbst, deshalb befinden sie sich im Piktogramm innerhalb der Projektgrenzlinie.

Beachten Sie, dass *Ve 1* die Beteiligung der Senior Manager zu einem angemessenen Zeitpunkt des Software-Prozesses voraussetzt. Aus Assessments ging hervor, dass sich Senior Manager in den meisten Fällen zu wenig mit Software-Aktivitäten befassen, um ein Projekt angemessen überwachen zu können. Dies hat normalerweise zwei Nachteile: Der positive Beitrag der Software zur Organisation wird vom Management zuweilen nicht erkannt, und es mangelt an der nötigen Unterstützung für die Verbesserung der Software-Prozesse durch das Management. *Ve 1* soll dazu beitragen, dies zu vermeiden. Der Nutzen von *Ve 2* ist wahrscheinlich offensichtlicher, da der Projektleiter selbstverständlich über den Fortschritt in Bezug auf die Anforderungen Bescheid wissen muss. Im Fall eines größeren Systems, bei dem ein anderer Teil einer Organisation ein organisationsweites *Anforderungs-Management* durchführt, gewährleistet *Ve 2* zudem, dass der Projektleiter die benötigten Informationen erhält.

<table><tr><td>(Sonderthema)</td></tr></table>

Sonderthema: Die Entstehung von Anforderungen

Während der Besprechung des SPBs *Anforderungs-Management* haben die Teilnehmer von CMM-Workshops an diesem Punkt oft ein Problem mit der Formulierung „der Software zugewiesene Systemanforderungen". Sie wissen nicht, wie sie das CMM für die eigene Organisation interpretieren sollen, die doch in den meisten Fällen von der im CMM beschriebenen Größenordnung abweicht. „Was ist, wenn ich keine ‚der Software zugewiesenen Systemanforderungen' habe?" „Wendet meine Organisation das CMM korrekt an?"

Um diese Fragen zu beantworten, ist es sinnvoll, die verschiedenen Wege aufzuzeigen, über die Software-Anforderungen für ein Projekt relevant werden können. Ein Diagramm des Software Engineering Institute soll dies veranschaulichen. Meine Kollegen und ich bezeichnen dieses Schaubild manchmal als „Kunden-Diagramm". Wir beginnen rechts unten mit der Software-Engineering-Gruppe, den Entwicklern. Sie erhalten ihre Anforderungen von verschiedenen Stellen, die je nach Größe der Organisation und deren Geschäftsumfeld variieren.

Gehen wir zunächst von einem sehr umfangreichen System aus. Da gibt es zunächst einmal den Anwender; das kann ein Matrose auf einem Schiff sein oder ein jeder von uns, der einen Geldautomaten bedienen möchte. Unsere Bedürfnisse (oder Systemanforderungen) geben wir nicht direkt an die Organisation weiter, die die Software entwickelt hat. Diesen Schritt nimmt uns die Organisation ab, die da-

Sonderthema:
Die Entstehung von Anforderungen

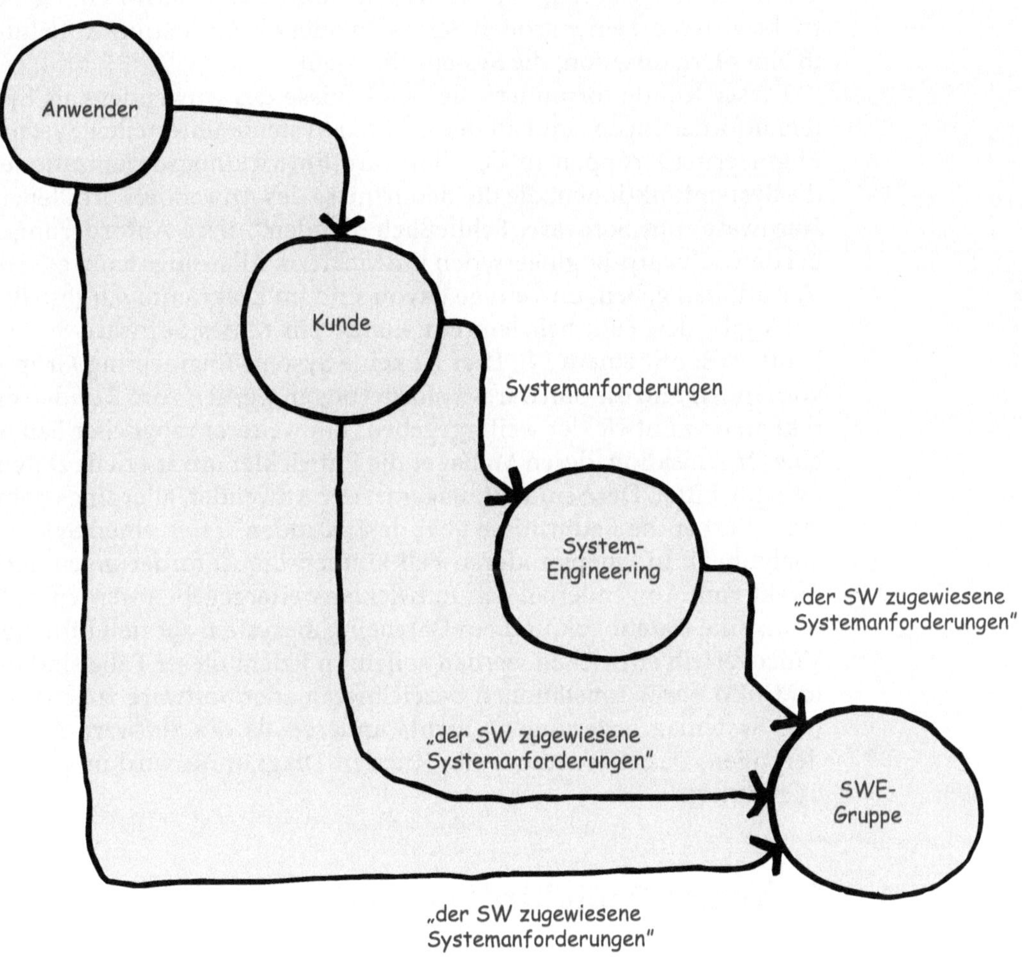

Basierend auf Schulungsmaterialien des Software Engineering Institute.
Mit Genehmigung der Carnegie Mellon University.

für bezahlt, dass das System entwickelt wird. Das CMM sagt nichts darüber aus, wie gut oder schlecht dabei unsere Bedürfnisse vertreten werden. Im Diagramm ist diese Organisation der Kunde. Das kann ein Marineadmiral sein, der eine Mannschaft befehligt, die für den Erwerb des Systems zuständig ist; der Kunde kann auch die Abteilung Betriebswirtschaft einer großen Bank sein oder die Marketing-Abteilung in einer Organisation, die Systeme herstellt.

Dieser Kunde formuliert die Bedürfnisse des Anwenders als Systemanforderungen. Im Fall der größten Systeme unterteilen System-Engineering-Gruppen in den Software-Entwicklungsorganisationen die Systemfunktionen, die die Bedürfnisse des Anwenders erfüllen, in Hardware und Software. Schließlich „landen" diese Anforderungen bei den Software-Engineers, den Entwicklern. Allerdings kann es viele Variationen geben, und einige davon sind im Diagramm dargestellt.

Es gibt den Fall, bei dem ein Kunde ein reines Software-System kauft, z. B. mit einem PC. Hier ist keine System-Engineering-Gruppe vorhanden und die Software-Anforderungen werden vom Kunden direkt an den Entwickler weitergegeben. Ein weiterer möglicher Fall ist eine Organisation, deren Manager die Entwickler um spezielle Datenberichte bittet. Der Senior Manager ist der Anwender, allerdings kommuniziert er die Bedürfnisse über den „Kunden" (z. B. einen Systemanalytiker). In einem anderen Fall können die Anforderungen auch direkt vom Anwender an den Entwickler weitergegeben werden, z. B. wenn eine Datenbank und ein Dateneingabesystem speziell für einen Videoverleih entwickelt werden sollen. In jedem dieser Fälle sind die im CMM etwas umständlich bezeichneten „der Software zugewiesenen Systemanforderungen" nichts anderes als die Software-Anforderungen. Das Wesentliche des Kunden-Diagramms wird im 93-TR-25 erläutert.[6]

(SPP)

Software-Projektplanung (SPP)

Betrachtung der Ziele

Der nächste SPB von Stufe 2, *Software-Projektplanung*, hat mit 25 Praktiken mehr Praktiken als jeder andere SPB. Dieser SPB geht auf eine ganze Reihe von Problemen bei Software-Projekten ein. Zunächst gilt es, sich mit der Betrachtung der Ziele zu befassen. Es gibt drei Ziele.

---

[6] Vgl. *Commitment to Perform* unter *Requirements Management*, S. L2-2.

SPP: Betrachtung der Ziele

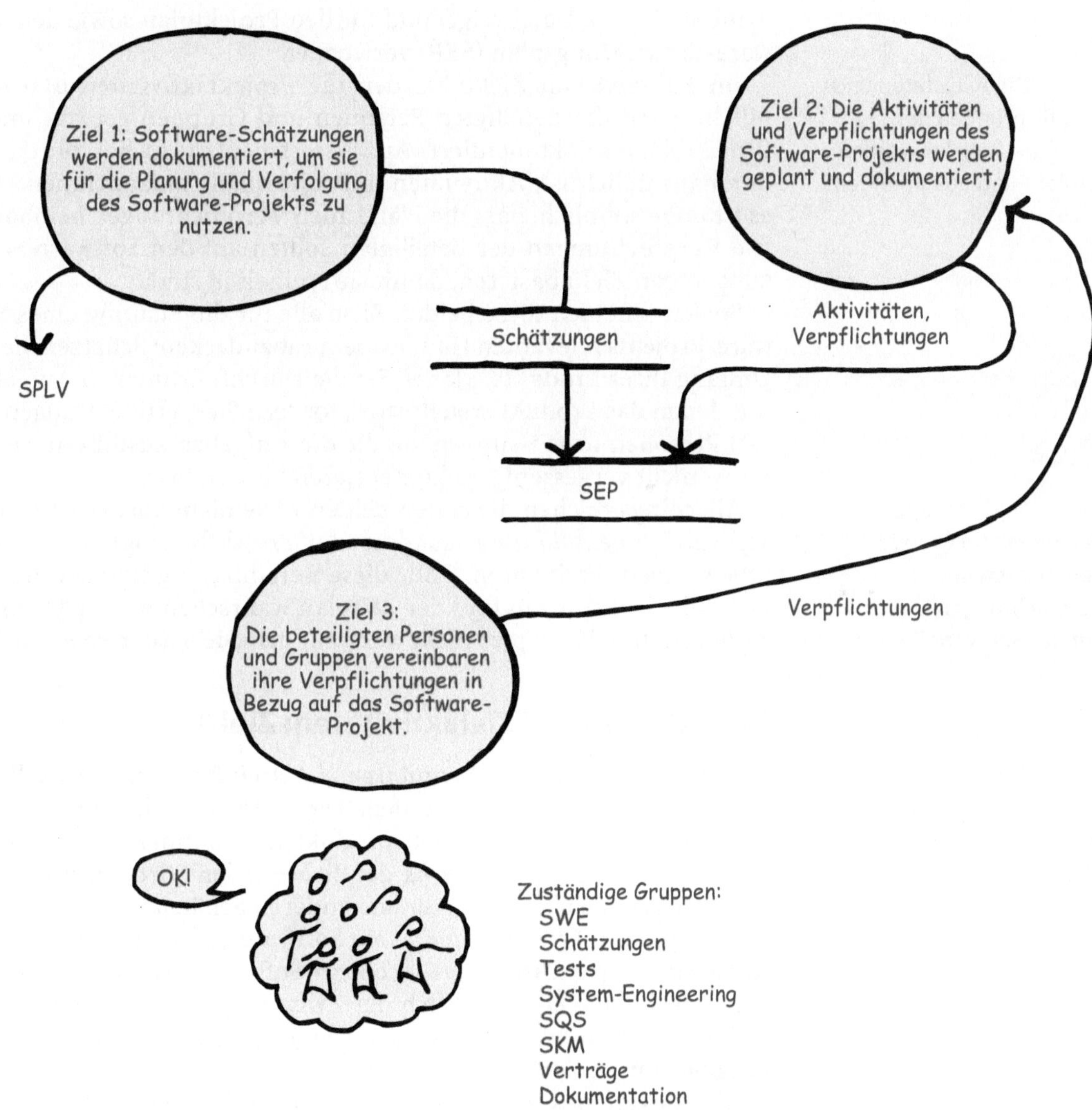

Ziel 1: Software-Schätzungen werden dokumentiert, um sie für die Planung und Verfolgung des Software-Projekts zu nutzen.

Die in Ziel 1 beschriebenen Software-Schätzungen beziehen sich auf Umfang, Zeitplan, Aufwand etc., wie in der Betrachtung der Zielaktivitäten noch erläutert werden wird. Beachten Sie, dass im Piktogramm ein Pfeil auf den SPB *Software-Projektlenkung und -verfolgung* (*SPLV*) weist, um aufzuzeigen, dass die Schätzungen dort auch verwendet werden. Die Schätzungen werden erarbeitet, dokumentiert (wie das Symbol für eine Datei zeigt) und für den Projektplan sowie den Software-Entwicklungsplan (SEP) verwendet.

Ziel 2: Die Aktivitäten und Verpflichtungen des Software-Projekts werden geplant und dokumentiert.

Im Rahmen von Ziel 2 werden die Projektaktivitäten und -verpflichtungen der beteiligten Personen und Gruppen geplant und in Projektplänen dokumentiert. Aus Assessments geht hervor, dass es durchaus üblich ist, Aktivitäten in Projektpläne aufzunehmen, doch es ist ungewöhnlich, dass die Pläne auch Verpflichtungen beinhalten. Die Verpflichtungen der Beteiligten sollten auf den Software-Schätzungen von Ziel 1 basieren, damit sie realistisch sind.

Soweit scheinen diese beiden Ziele alle für die Planung eines Software-Projekts relevanten Hauptaspekte abzudecken: Schätzen Sie den Umfang Ihres Produkts, planen Sie die Durchführung von Aufgaben, mit denen das Produkt erstellt wird, fordern Sie Verpflichtungen von den Personen bzw. Gruppen an, die die Aufgaben ausführen werden und – nicht vergessen! – dokumentieren Sie den Plan.

Ziel 3: Die beteiligten Personen und Gruppen vereinbaren ihre Verpflichtungen in Bezug auf das Software-Projekt.

Allerdings reichen die ersten beiden Ziele nicht aus. Der Kern der *Software-Projektplanung* ist, dass die Projektbeteiligten ihre Verpflichtungen vereinbaren. Ohne diese Vereinbarung sind der Projektplan, die Schätzungen und der Zeitplan wahrscheinlich nicht durchzuführen und das Papier nicht wert, auf dem sie geschrieben sind.

Betrachtung der Zielaktivitäten: Ziel 1

Ziel 1: Software-Schätzungen werden dokumentiert, um sie für die Planung und Verfolgung des Software-Projekts zu nutzen.

Ziel 1 beinhaltet fünf *Durchzuführende Aktivitäten*. Zunächst soll *Ak 9* etwas genauer betrachtet werden. Diese Aktivität hat die Größenschätzung von Software-Arbeitsprodukten zum Inhalt. Wie im weiteren Verlauf dieses *Handbuchs* deutlich werden wird, sind Größenschätzungen die Grundlage für alle anderen Schätzungen.

In der CMM-Terminologie ist ein Software-Arbeitsprodukt das Resultat eines Prozessschrittes in einem Software-Projekt – nicht nur Software-Code – einschließlich der Zwischenprodukte, die nicht zur Lieferung bestimmt sind. Software-Produkte hingegen sind zur Lieferung bestimmt.

Ak 9 besagt, dass die Größenschätzungen der Zwischen- und Endprodukte, ebenso wie die Schätzungen der Änderungen ihrer Größe, nach einem dokumentierten Verfahren erfolgen. In diesem *Handbuch* verwende ich ein besonderes Symbol, um auszudrücken, dass ein Ergebnis „nach einem dokumentierten Verfahren erzielt" wurde: ein Rechteck mit abgerundeten Ecken mit der Abkürzung DokV. Der An-

SPP: Betrachtung der Zielaktivitäten

Ziel 1: Software-Schätzungen werden dokumentiert, um sie für die Planung und Verfolgung des
Software-Projekts zu nutzen.

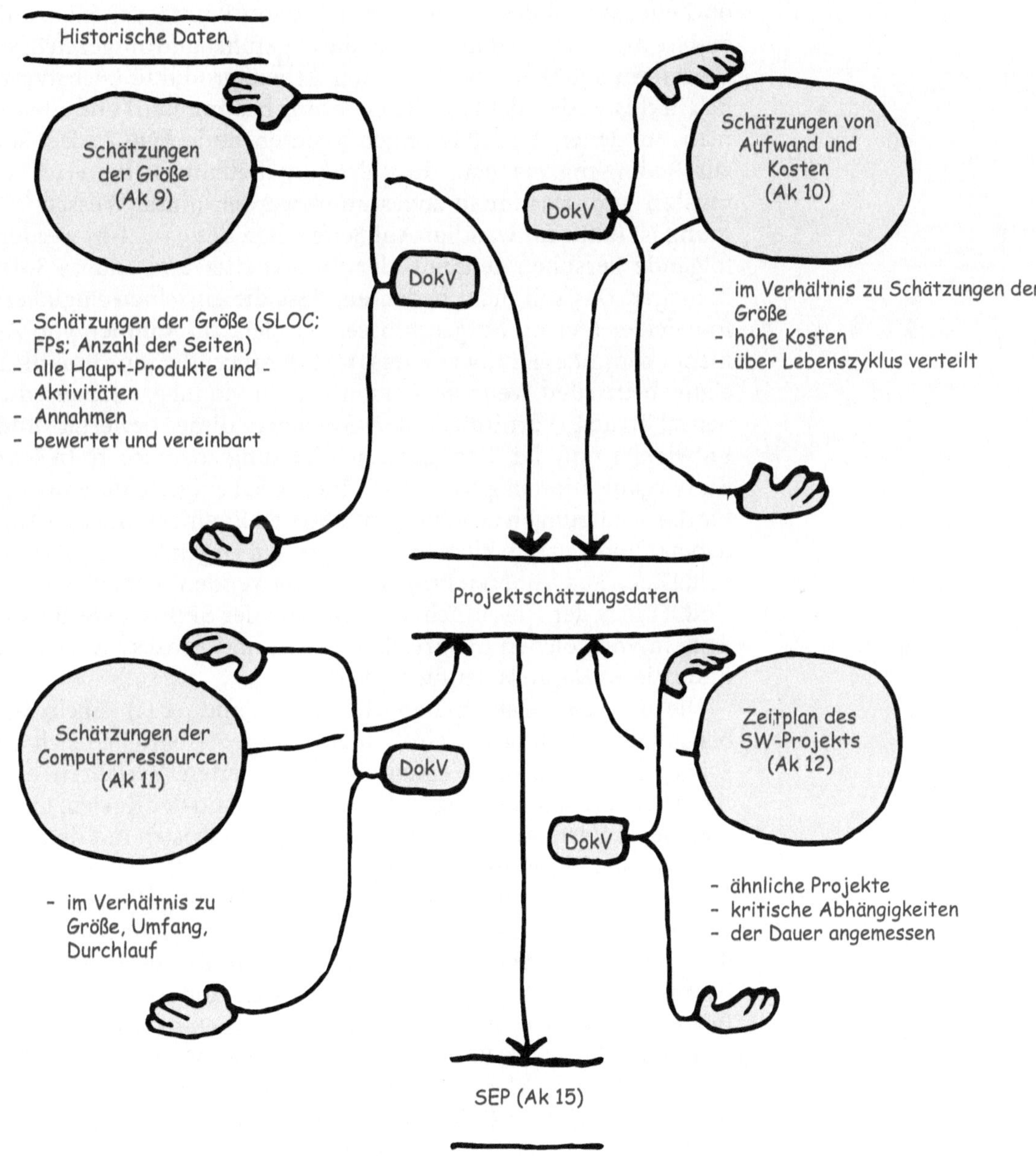

wendungsbereich des Verfahrens wird mit skizzierten Armen dargestellt, die eine Auflistung eines Teils der Inhalte des Verfahrens „einklammern".

Das DokV-Symbol zu *Ak 9* umschließt einige der wichtigsten Merkmale des Verfahrens zur Größenschätzung. Die Größenschätzungen, ob Zeilenanzahl des Quellcodes, Function Points, Seitenanzahl oder andere metrische Daten, werden durchgeführt und aufgezeichnet. Das Verfahren sollte alle bedeutenden Arbeitsprodukte (selbstverständlich inklusive der nicht für die Lieferung bestimmten) und alle Annahmen, auf denen die Schätzungen basieren, abdecken. Zudem sollte es zur Bedingung machen, dass Größenschätzungen bewertet werden müssen und dass ihnen zugestimmt werden muss. Wessen Zustimmung ist dafür notwendig? Auf Seite L2-22 des 93-TR-25 werden z. B. folgende Personen genannt: der Projektleiter und andere Software-Manager. Das soll nicht bedeuten, dass die einzelnen Engineers und Entwickler hiermit ausgeschlossen werden. Im Rahmen von Assessments kommt es häufig vor, dass CMM-Anwender eine Praktik als geeignet beurteilen, wenn die Person, die ein Modul produziert, die Größenschätzung vornimmt, der Manager diese bewertet und der Entwickler und der Manager der Schätzung zustimmen. In sehr großen Organisationen gibt es u. U. eine eigens eingerichtete Gruppe, die für die Schätzungen zuständig ist und den Engineer und den Manager dabei unterstützt. In kleinen wie in großen Organisationen ist es sinnvoll, Daten aus früheren Projekten zu verwenden, wenn sie vorhanden sind. (Eines der wesentlichen Merkmale der SPBs von Stufe 2 ist der Aufbau von solchen historischen Daten und Prozess-Assets, wie am Ende dieses Kapitels deutlich wird.)

Die anderen Zielaktivitäten (*Ak 10*, *Ak 11* und *Ak 12*) ähneln der eben behandelten Praktik der Größenschätzung. Sie beziehen sich alle auf Schätzungen, die nach einem dokumentierten Verfahren erfolgen. *Ak 10* behandelt Schätzungen des Aufwands und der Kosten. Ein Merkmal dieses Verfahrens ist, dass Aufwand und Kosten mit den Größenschätzungen in Zusammenhang stehen.

Das CMM geht ausdrücklich auf die Bedeutung der Größe ein und spiegelt damit die fundierte These von Software-Engineers wider, dass der Umfang einer Software einer der besten Indikatoren für die übrigen Parameter eines Software-Projekts (Kosten und Zeitplan) ist. Dieses Prinzip ist die Basis für die meisten auf Parametern basierenden Schätzungsmodelle, wie z. B. das Constructive Cost Model (COCOMO), das in Barry Boehms Klassiker *Software Engineering Economics* beschrieben wird. Es gibt unzählige Größeneinheiten (sogar Komplexität könnte als Größeneinheit herangezogen werden), doch ganz gleich, für welche Maßeinheiten sich eine Organisation entscheidet, es ist wichtig, dass sie diese konsistent verwendet, damit sie eine Datenbank mit historischen Daten aufbauen kann. Weitere wichtige Elemente der Aufwands- und Kostenanalyse sind: die Erfassung anderer bedeutender Kosten (z. B. Overhead und Reisekosten), die Dokumentation der Annahmen und die Verteilung von Kosten und Aufwand über den Projektlebenszyklus.

Im Rahmen von *Ak 11* werden für das Projekt die kritischen Computerressourcen nach einem dokumentierten Verfahren geschätzt. Zu den kritischen Computerressourcen zählen Speicher, CPU-Nutzung, Kommunikation oder Kapazität des Eingabe-/Ausgabekanals. *Ak 11* hat wahrscheinlich bei umfangreichen Systemen die höchste Relevanz – z. B. in der Telefonie oder bei eingebetteten Chips in der Bordelektronik eines Flugzeugs oder bei der Signalverarbeitung. In diesen Fällen kann die Implementierung von *Ak 11* Engpässe beim Durchsatz verhindern.

Ak 11 mag zwar nicht für die Erstellung eines reinen Software-Produkts für den PC oder Laptop des Anwenders gelten. Allerdings ist im CMM nachzulesen: „Gleichgültig, wie umfangreich das System ist, berücksichtigen Sie die Computerressourcen." Ein guter Ratschlag, der – der teilweise sehr schlechten Antwortzeit nach zu urteilen – offenbar bei der Entwicklung so mancher Software, die bei der Produktion dieses *Handbuchs* zum Einsatz kam, nicht beherzigt wurde.

Die vierte Aktivität im Rahmen von Ziel 1, *Ak 12*, steht im Zusammenhang mit der Erstellung des Projektzeitplans anhand eines dokumentierten Verfahrens. Einige der in diesem Verfahren enthaltenen Punkte sind: Vergleich mit ähnlichen Projekten, Einsatz geeigneter Zeitvorgaben für Aufgaben, kritische Abhängigkeiten (von Lieferanten, von anderen Aufgaben, evtl. von einer Lieferung von Komponenten) und selbstverständlich die Relation des Zeitplans zur extrem wichtigen Größenschätzung. Beachten Sie, dass hier feststehende, vorgefertigte Zeitpläne nicht behandelt werden, obgleich diese den Assessment-Teams zufolge das häufigste Prozessproblem bei Stufe 1-Organisationen darstellen. Feststehende Zeitpläne sind zwar ein Problem, aber eines, dem man nicht ausweichen kann. Das gilt nicht nur im Software-Bereich, sondern in der gesamten Industrie. Vorgeschriebene Liefertermine sind nicht zu vermeiden, doch wie im Rahmen des Verpflichtungsprozesses klar werden wird, zielen große Teile der Stufe 2 auf das Management von Bedingungen ab, die feststehende Zeitpläne mit sich bringen.

Noch ein paar abschließende Worte zur Betrachtung des Ziels der Schätzung. Alle Schätzungen sollten auf den historischen Daten der Organisation (wenn verfügbar) aufbauen, aufgezeichnet werden (*Ak 15*) und als Grundlage für die Erstellung des Software-Entwicklungsplans dienen. Aber was ist mit all diesen Verfahren? Ist das nicht übertrieben? Vergessen Sie nicht, dass das CMM entwickelt wurde, um auf die größte Dimension von Entwicklungsprogrammen anwendbar zu sein. Diese bringen Kosten von Millionen von US-Dollar und Hunderte oder Tausende von Mannjahren an Aufwand mit sich. Doch ebenso ist das CMM auf alle anders dimensionierten Entwicklungsprojekte anwendbar und muss dafür in jeder Organisation neu interpretiert bzw. individuell auf sie zugeschnitten werden. Praktiken wie diese vier Schätzungsaktivitäten, die im Normalfall in Verfahren eingebunden sind, würden beispielsweise in einem kleinen Projekt ohne Verfahren durchgeführt werden. Stattdessen würde eine Checkliste für die Erstellung von Schätzungen verwendet werden. Diese Checkliste würde wahrscheinlich die Schätzungen von Größe, Aufwand, Zeitplan, Kosten und möglicherweise auch Computerressourcen beinhalten. Projektleiter würden die Checkliste zu Hilfe nehmen, um bei der Erstellung des Projektplans keine wichtigen Punkte zu vergessen. Und um eine Prozessverbesserung zu ermöglichen, würde die Checkliste daran erinnern, dass die Schätzungen aufgezeichnet werden müssen, damit sie später für die Projektverfolgung und die Schätzungen von zukünftigen Projekten genutzt werden können.

Betrachtung der Zielaktivitäten: Ziel 2

Ziel 2: Die Aktivitäten und Verpflichtungen des Software-Projekts werden geplant und dokumentiert.

Sechs der 15 *Durchzuführenden Aktivitäten* dienen zur Umsetzung von Ziel 2, das in der Betrachtung der Ziele noch so einfach erschien.

Zunächst möchte ich auf *Ak 2* eingehen: „Mit der Software-Projektplanung wird im frühen Stadium und parallel zur Gesamtprojektplanung begonnen".[7] Das CMM geht hier von einer großen Organisation für Software-Entwicklung aus, bei der das Software-Projekt nur ein Teil eines größeren Projekts ist. *Ak 5* besagt, dass ein geeigneter Software-Lebenszyklus für das Projekt etabliert oder verwendet werden sollte. Was „geeignet" ist, wird hier nicht eindeutig definiert, das CMM gibt allerdings Beispiele wie die Wasserfall-Methode, Serienbau, Prototyping. (Auf Stufe 3 wird im Rahmen des SPBs *Integriertes Software-Management* deutlich werden, dass der geeignete Projektlebenszyklus von der organisationseigenen Standardbeschreibung eines typischen Projekts abgeleitet wird.) *Ak 14* beinhaltet, dass die Entwicklungssupport-Umgebung des Projekts (Software-Engineering-Einrichtungen und Tools) in Betracht gezogen werden muss.

Ak 8 verweist auf das *Software-Konfigurations-Management*, da diese Aktivität besagt, dass das Projekt Arbeitsprodukte (vorläufige und endgültige) kennzeichnet, die das Projekt im weiteren Verlauf lenken muss. Diese Aktivität befasst sich mit der Bestimmung der Art von Arbeitsprodukten; wie die Arbeitsprodukte für das *Software-Konfigurations-Management* bestimmt werden, wird im *SKM* erläutert.[8]

---

[7] Vgl. 93-TR-25, S. L2-17.
[8] Vgl. *Activity 4*, 93-TR-25, S. L2-79.

SPP: Betrachtung der Zielaktivitäten

Ziel 2: Die Aktivitäten und Verpflichtungen des Software-Projekts werden geplant und dokumentiert.

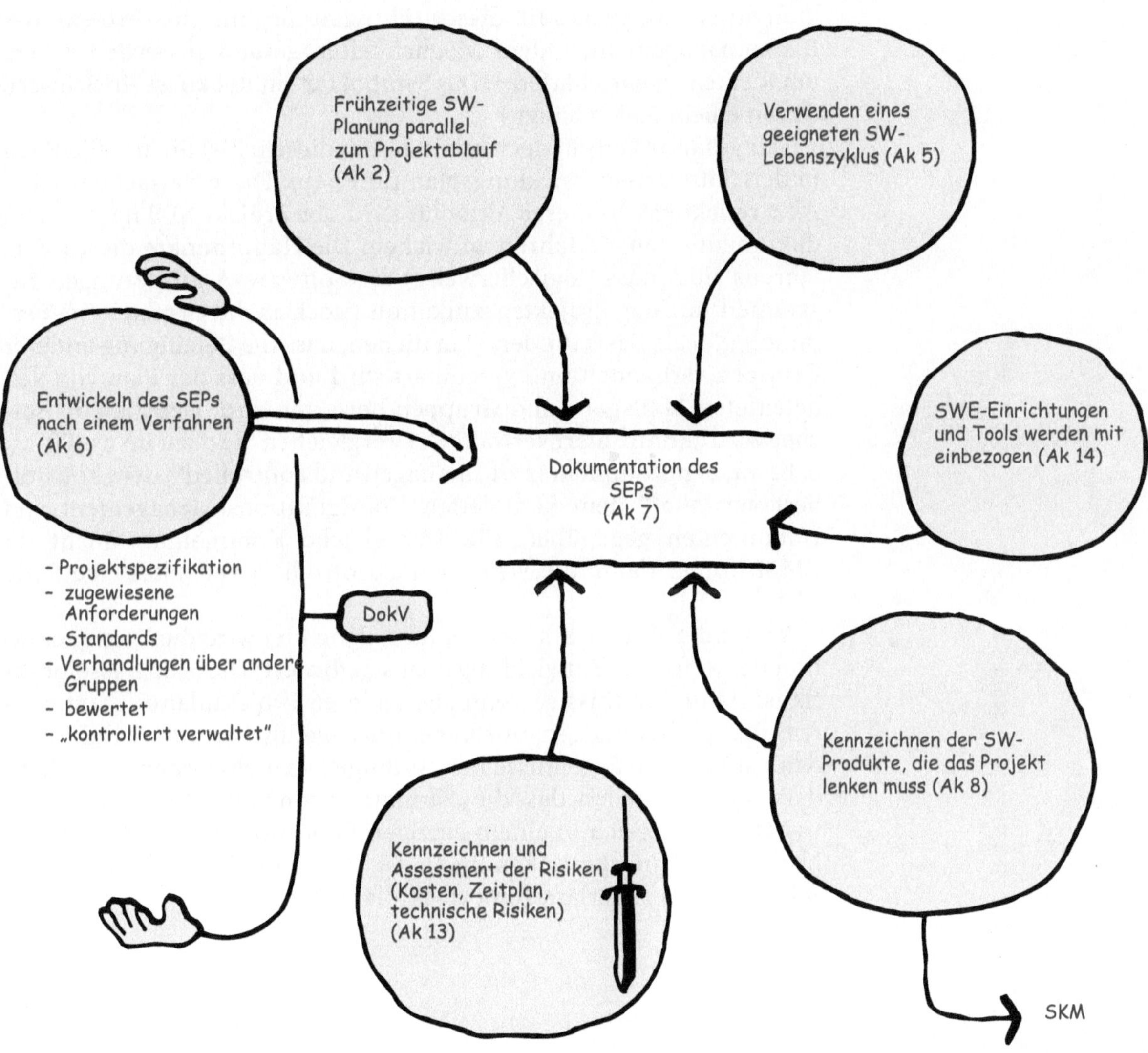

Ak 13 behandelt das Risiko-Assessment und beschreibt, dass nicht nur technische Risiken (wie z. B. Machbarkeit des Engineerings), sondern auch programmatische Risiken (entstanden auf Grund von Kosten, Zeitplänen oder Ressourcen) gekennzeichnet, beurteilt und dokumentiert werden. Mit dieser Aktivität beginnt im Projekt das Risikomanagement, indem Möglichkeiten gefunden werden sollen, um Risiken zu entschärfen.[9] (Das Symbol für ein Risiko ist ein Schwert, das an einem Faden hängt.)

Der gesamte Output der Aktivitäten zu diesem Ziel fließt schließlich in den Software-Entwicklungsplan (SEP) ein. Diese Tatsache wird in *Ak 6* reflektiert: In dieser Aktivität wird der Projekt-SEP nach einem dokumentierten Verfahren entwickelt. Die Hauptpunkte dieses Verfahrens sind, dass (logischerweise) die Software-Anforderungen zusammen mit der Projektspezifikation (noch mehr Großsystem-Terminologie) als Basis für den Plan dienen, dass die Beteiligung anderer Gruppen verhandelt und vereinbart wird und dass der Plan von den beteiligten Managern und Gruppen bewertet wird. Der Plan als solcher wird „kontrolliert verwaltet". (Vergleichen Sie dazu im 93-TR-25, S. L2-14, den Kommentar zu „managed and controlled", der „kontrolliert verwaltet" dem kompletten Konfigurations-Management von Dokumenten gegenüberstellt. Der gleiche Kommentar taucht im CMM immer dann auf, wenn von „kontrolliert verwaltet" die Rede ist.)

Vollendet wird dieses Ziel mit *Ak 7*, denn hier wird die Dokumentation des Software-Entwicklungsplans gefordert. Diese Schlüsselpraktik ist dann überflüssig, wenn alle anderen Projektplanungsaktivitäten, die ich bereits genannt habe, durchgeführt worden sind, denn dann sind deren Ergebnisse bereits aufgezeichnet worden. *Ak 7* dient dazu, sicherzustellen, dass die „Sammlung von Plänen" aus diesen Aktivitäten schließlich in einem einzigen Repository abgelegt wird. Die Liste dieser Unterpraktiken im 93-TR-25[10] stellt ein gutes Inhaltsverzeichnis eines zuverlässigen Projektplans dar.

---

[9] Diese Aktivität beschreibt nicht, wie Risiken erkannt werden. Risikomanagement bei Software-Projekten wird immer mehr ein Thema im Software-Engineering. Neben anderen Organisationen ist auch das SEI in diesem Bereich aktiv. Die Methode des Software Engineering Institute zur Erkennung der Risiken bei Software-Projekten nutzt Techniken des Software-Prozess-Assessments und eine Klassifizierung, d. h. eine umfangreiche Checkliste der Risikoquellen. Es ist daher davon auszugehen, dass spätere Versionen des CMMs wegen der größeren Erfahrung besser auf den Bereich Risikomanagement eingehen können.

[10] Vgl. S. L2-19 und L2-20.

Betrachtung der Zielaktivitäten: Ziel 3

Meiner Meinung nach bilden die Aktivitäten von Ziel 3 den Mehrwert des CMMs zu den gängigen guten Praktiken in der Projektplanung. *Ak 1* hat zum Inhalt, dass die Software-Engineering-Gruppe an den Vorgesprächen zum Projekt teilnimmt. Diese Aktivität geht wieder von einem größeren System aus, bei dem Software nur einen Teil des Projekts ausmacht. Dabei ist es vorgekommen, dass – obgleich Software ein entscheidender Bestandteil war – die Software-Gruppe im frühen Stadium der Projektplanung nicht beteiligt wurde. Wenn dies passiert, dann bietet sich der Software-Gruppe keine Möglichkeit, die Software-Anforderungen zu bewerten, außerdem können in diesem Fall keine Verhandlungen über den Zeitplan auf Basis der Engineering-Inhalte und der Produktgröße erfolgen. Laut den Assessments passierte dies in Organisationen aller Größen. Das Entscheidende an *Ak 1* ist, dass die Entwickler bereits im frühen Projektstadium zu Wort kommen sollten.

Ak 3 gewährleistet, dass während der gesamten Projektdauer weiter geplant wird und die Software-Engineering-Gruppe die Pläne auf Projektebene bewertet. Beachten Sie auch hier, dass ein Projekt mehr als nur Software umfassen kann. Bei jedem Projekt, auch wenn es sich lediglich um die Entwicklung von Software handelt, kann es zu vielen Änderungen kommen, die sich auf die Software auswirken. Deshalb muss die Software-Gruppe in die Überarbeitung des Plans einbezogen werden.

Die wahrscheinlich wichtigste Praktik dieses Ziels ist *Ak 4*: Verpflichtungen des Software-Projekts gegenüber Gruppen außerhalb der Organisation werden zusammen mit dem Senior Management nach einem dokumentierten Verfahren bewertet. Zu dieser Praktik liefert das CMM überraschend wenig Zusatzinformationen, genauer gesagt, überhaupt keine. Ich will versuchen, einen Teil dessen, was in dieser Praktik impliziert wird, herauszuarbeiten, wenn ich später im Rahmen von Stufe 2 auf den Verpflichtungsprozess zu sprechen komme.

Das Ziel von *Ak 4* ist, dass Verpflichtungen gegenüber dem Kunden auf vernünftigen Plänen basieren. In Organisationen mit nahezu chaotischen Software-Prozessen ist es meist der Senior Manager, der Verpflichtungen mit Außenstehenden eingehen muss, meist auf einer Grundlage, die nicht auf vernünftigen Schätzungen und Planungspraktiken basiert. Dies kann zu Terminüberschreitungen und fehlerhaften Produkten führen.

Die drei Zielaktivitäten dieses SPBs sind eine Art Knigge für Gruppen außerhalb der eigentlichen Software-Herstellung für den Umgang mit dem Software-Personal, das für gewöhnlich nur Entscheidungsempfänger ist. Die Aktivitäten gleichen diesen Umstand durch eine Art von Höflichkeitscode aus. Und gleichzeitig verfügt die Software-Gruppe mit diesen Praktiken des CMMs über ein weiteres Argument für den Aufbau eines wiederholbaren Software-Prozesses.

> Ziel 3: Die beteiligten Personen und Gruppen vereinbaren ihre Verpflichtungen in Bezug auf das Software-Projekt.

SPP: Betrachtung der Zielaktivitäten

Ziel 3: Die beteiligten Personen und Gruppen vereinbaren ihre Verpflichtungen in Bezug auf das Software-Projekt.

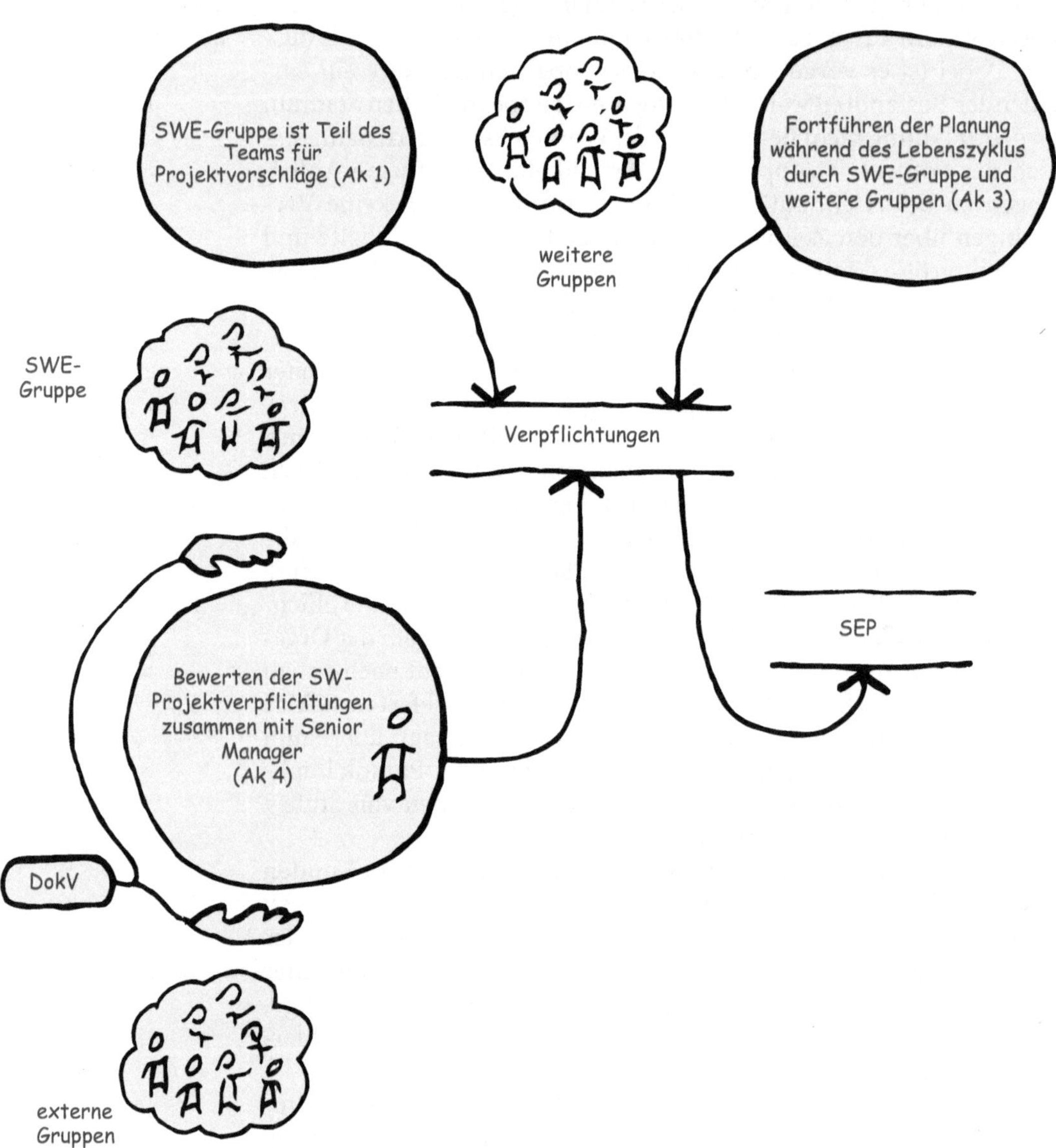

Software-Projektlenkung und -verfolgung (SPLV)

Betrachtung der Ziele

Software-Projektlenkung und -verfolgung (SPLV) ist der nächste SPB der Stufe 2. Die Praktiken dieses Prozessbereichs ermöglichen einen Einblick in die Aktivitäten und den Status des Projekts. Weiterhin ermöglichen sie, die Projektaktivitäten zu überwachen und Lenkungsmaßnahmen zu ergreifen. Die Praktiken nutzen den Software-Entwicklungsplan des Projekts als Basis für Überwachung und Lenkung. Wenn erforderlich, führen sie zu angepassten Verpflichtungen. Die *SPLV* beinhaltet nahezu die gleiche Anzahl an Praktiken wie die *Software-Projektplanung*, nämlich 24 und hat drei Ziele.

Der Begriff „Projekt" wird in keinem dieser drei Ziele verwendet, doch wie später in der Betrachtung der Zielaktivitäten deutlich werden wird, sind es die Projekte, die diese Ziele bzw. Merkmale beinhalten. Demzufolge erscheint der Software-Entwicklungsplan im Zentrum des Piktogramms. Die Schätzungen, mit denen die Ziele und Meilensteine des Projekts gemäß Plan definiert wurden, werden in einem Diagramm dargestellt. Der aktuelle Fortschritt, d. h. die *Ist-Werte*, wird gemessen, aufgezeichnet und auf der Zeitachse mit den Schätzungen verglichen.

> **Ziel 1:** Ist-Werte und Leistungen werden mit den Software-Plänen verglichen.

Ziel 2 beschreibt, was erwartet werden kann, wenn die Ist-Werte mit den Schätzungen verglichen werden. Abweichungen treten auf und bei auffälligen Abweichungen werden Korrekturmaßnahmen durchgeführt und *bis zum Schluss kontrolliert verwaltet*. Die Betonung liegt hier auf *bis zum Schluss kontrolliert verwaltet*, um zu zeigen, dass das CMM in diesem Fall von Effektivität ausgeht. Korrekturmaßnahmen durchzuführen allein reicht nicht aus – sie müssen auch den erwarteten Effekt erzielen. Die getroffenen Maßnahmen sollten sich auf die Aktivitäten und Produkte des Software-Projekts auswirken.

> **Ziel 2:** Korrekturmaßnahmen werden durchgeführt und bis zum Schluss kontrolliert verwaltet, wenn die erzielten Ergebnisse und Leistungen in bedeutendem Maße von den Software-Plänen abweichen.

Diese Änderungen der Verpflichtungen von Ziel 3 werden im aktualisierten Software-Entwicklungsplan aufgezeichnet. Und wenn Verpflichtungen mit Außenstehenden eine Rolle spielen, unterzieht der Senior Manager diese einer Bewertung.[11]

> **Ziel 3:** Änderungen der Software-Verpflichtungen werden von den beteiligten Personen und Gruppen vereinbart.

Betrachtung der Ziele mit den Praktiken der Voraussetzung zur Durchführung

Bevor ich die Betrachtung der Ziele abschließe, möchte ich noch kurz auf die Praktiken der *Voraussetzung zur Durchführung* eingehen. Dieser SPB beinhaltet fünf dieser Praktiken, kein anderer SPB hat mehr.

---

[11] Vgl. *Software-Projektplanung, Ak 4.*

SPLV: Betrachtung der Ziele

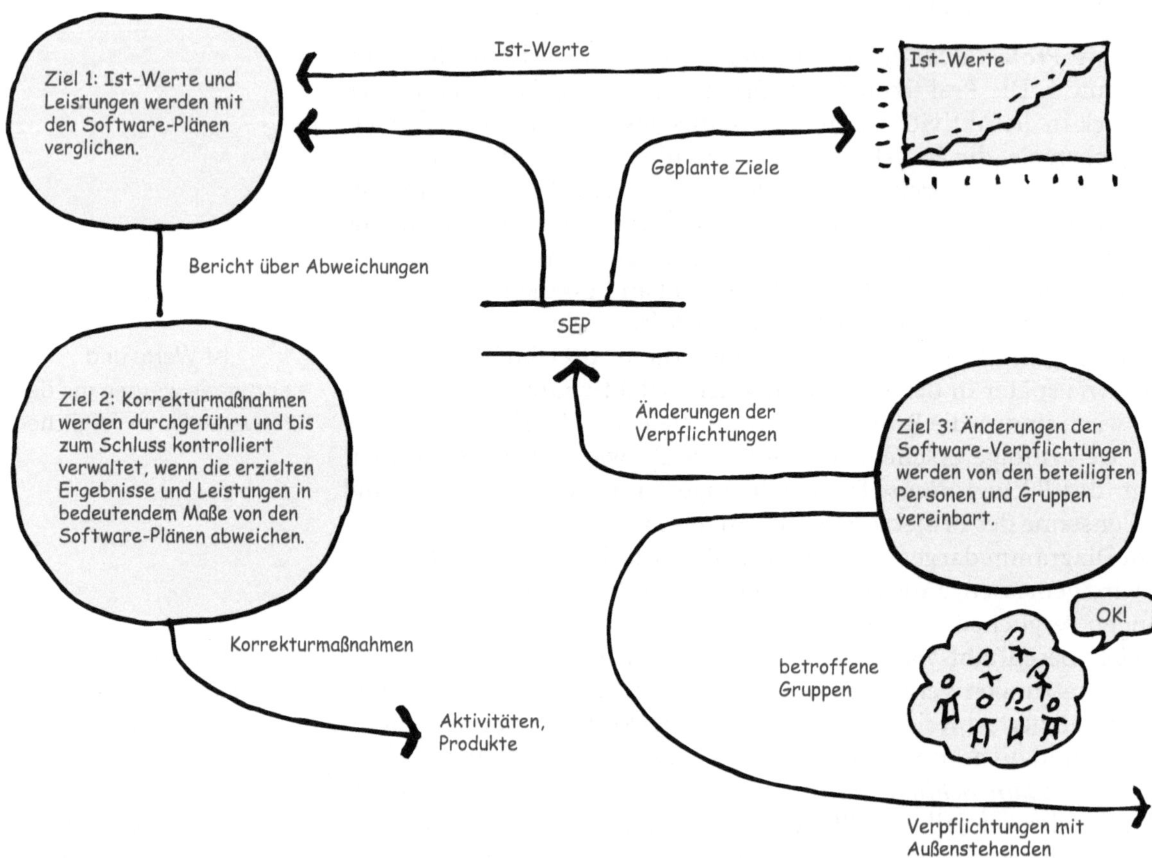

SPLV: Betrachtung der Ziele mit den Praktiken der Voraussetzung zur Durchführung

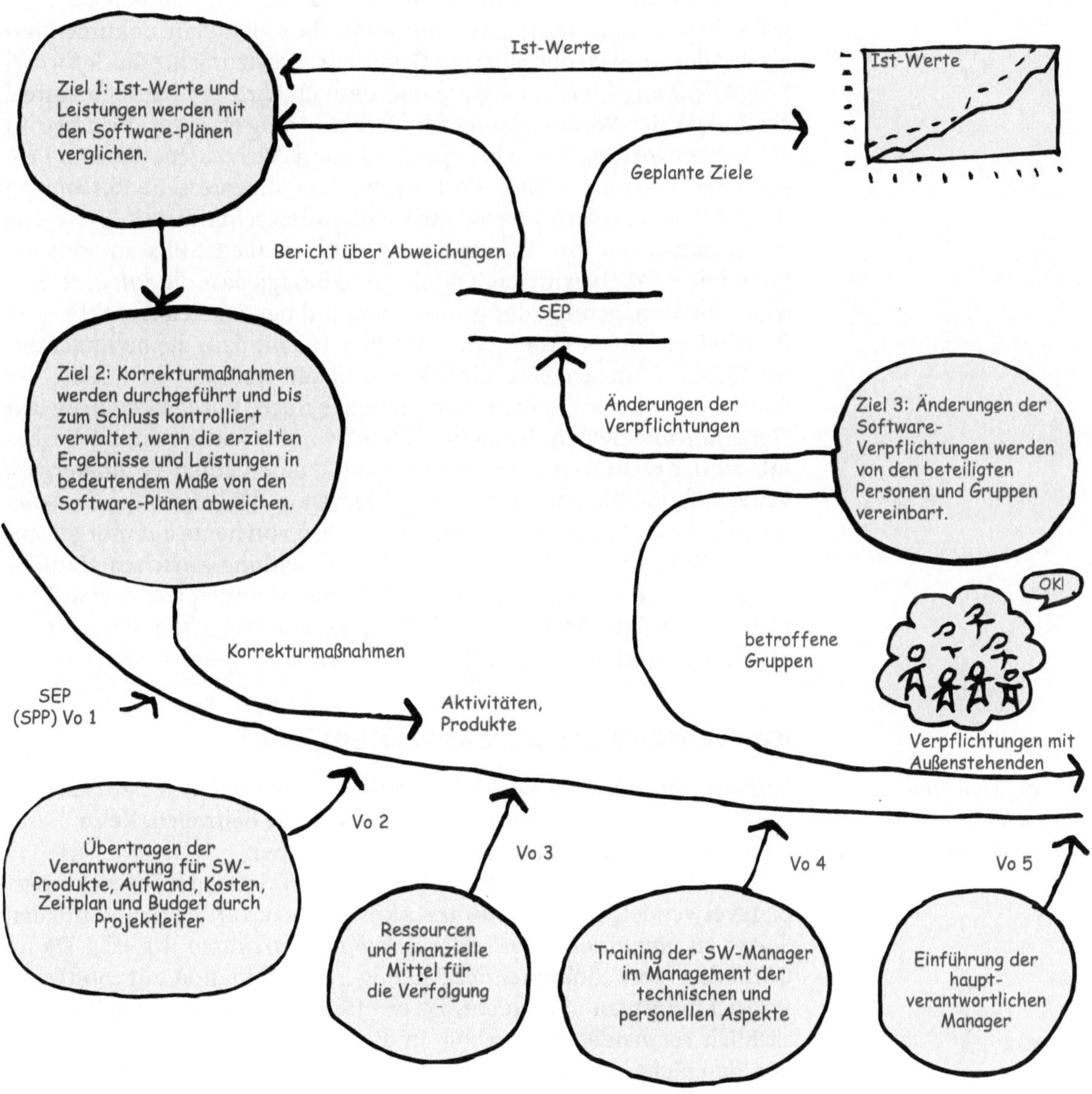

Meist haben SPBs drei oder vier Praktiken unter *Voraussetzung zur Durchführung*. Welche Praktiken sind hier also zusätzlich relevant?

Vo 1 besagt, dass der Software-Entwicklungsplan dokumentiert und genehmigt ist. Das erscheint redundant, da *Ak 7* im Rahmen der *Software-Projektplanung* bereits erforderte, dass der Plan dokumentiert wird. Allerdings ist der SEP eine Grundvoraussetzung für die *Software-Projektlenkung und -verfolgung* und deshalb wird er hier noch einmal als Praktik der *Voraussetzung zur Durchführung* erwähnt. *Vo 2* betrifft die Verantwortung für Arbeitsprodukte und Aktivitäten, die vom Projektleiter übertragen wird. *Vo 3* besagt, dass angemessene Ressourcen für die Verfolgung von Aktivitäten vorhanden sein müssen. Diese drei *Voraussetzungen zur Durchführung* sind in allen SPBs so weit gebräuchlich. *Vo 4* betrifft das Training und besagt, dass die Software-Manager im Management der technischen und personellen Aspekte eines Projekts geschult wurden. *Vo 5* hat zum Inhalt, dass die hauptverantwortlichen Manager eine Einführung in die technischen Inhalte des Software-Projekts erhalten. Die letzten beiden *Voraussetzungen zur Durchführung* dienen der „Ausbildung" von Projektleitern, im Gegensatz zu der recht weit verbreiteten Praktik, einen guten Techniker von heute auf morgen zum Manager zu erklären und zu erwarten, dass dieser sich die notwendigen Fähigkeiten ebenso von heute auf morgen aneignet. Beachten Sie im CMM die Unterscheidung zwischen „Einführung", *Vo 5*, und „Training", *Vo 4*.[12] (Meiner Meinung nach verstößt es nicht gegen das CMM, wenn die hauptverantwortlichen Manager ein „Training" statt nur einer „Einführung" erhalten.)

Betrachtung der Zielaktivitäten: Ziel 1

Ziel 1: Ist-Werte und Leistungen werden mit den Software-Plänen verglichen.

Software-Projektlenkung und -verfolgung beinhaltet 13 *Durchzuführende Aktivitäten*, die zum Erreichen der Ziele beitragen. Zehn dieser Aktivitäten tragen zum Erreichen von Ziel 1 bei.

Zunächst wird in *Ak 1* „ein dokumentierter Software-Entwicklungsplan verwendet, um die Software-Aktivitäten zu verfolgen und um den Status zu *kommunizieren*" (*Hervorhebung durch den Autor*).[13] Da im CMM das Wort „dokumentiert" häufig in Kombination mit „Software-Entwicklungsplan" auftaucht, ist es offensichtlich, dass der Plan tatsächlich verwendet werden soll. In dieser Aktivität wird deutlich, dass der Plan nicht nur die Grundlage für die Verfolgung des Fortschritts ist – daher der Bedarf an Aktivitäten, Schätzungen, Arbeitsprodukten und Meilensteinen –, sondern auch eingesetzt wird, um den Status zu kommunizieren. Dies impliziert, dass der Plan sich permanent weiterentwickelt (mit den Änderungen aktualisiert wird) und an die beteiligten

---

[12] Vgl. 93-TR-25, Appendix B.
[13] Vgl. 93-TR-25, S. L2-33.

SPLV: Betrachtung der Zielaktivitäten

Ziel 1: Ist-Werte und Leistungen werden mit den Software-Plänen verglichen.

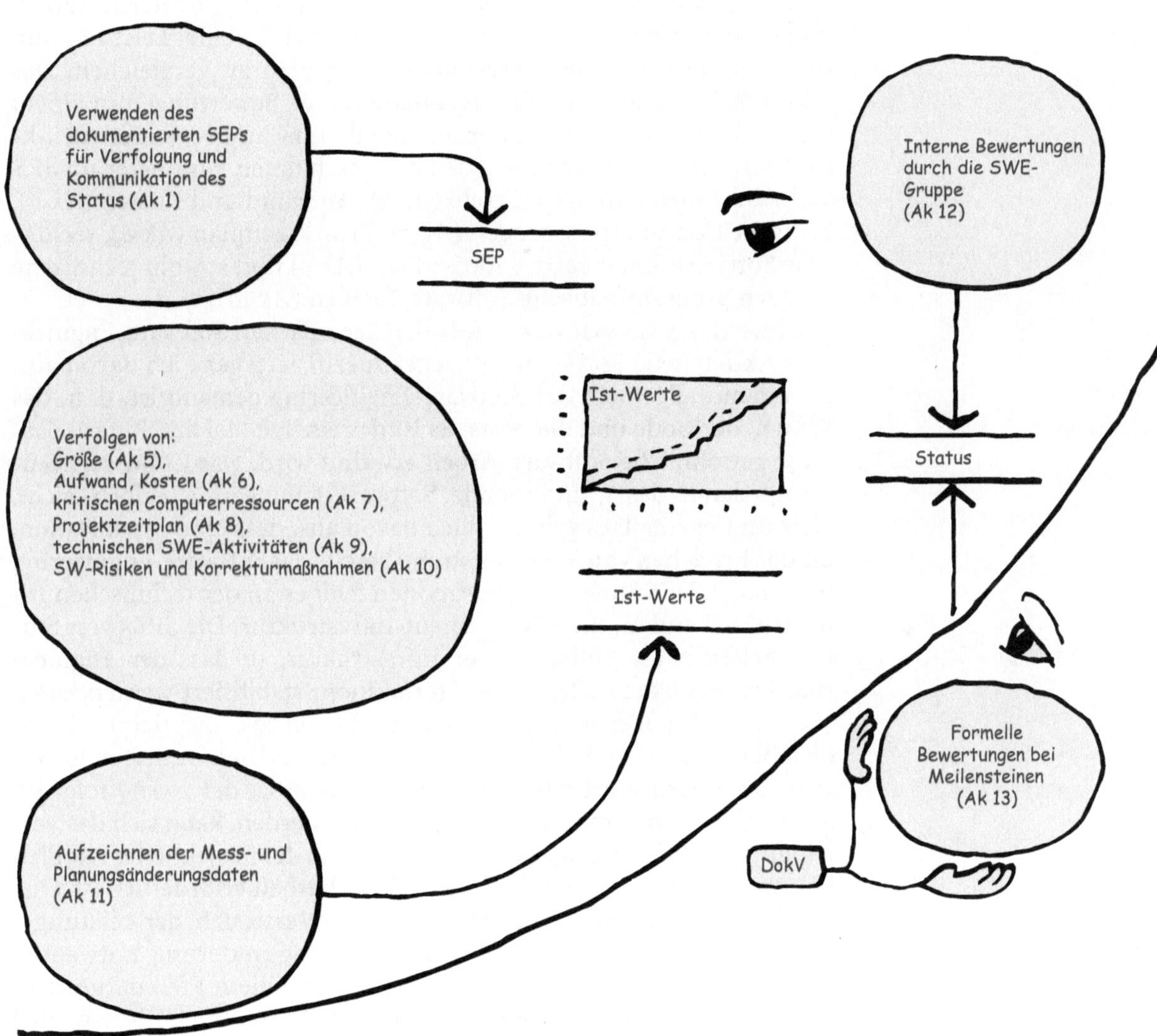

Gruppen weitergeleitet wird. Hier gleicht das CMM der ISO 9001:1987 Qualitätsmanagementsysteme (Abschnitt 4.4.2): „Die Pläne müssen diese [Entwicklungs-] Tätigkeiten beschreiben oder auf sie Bezug nehmen und dem Entwicklungsfortschritt angepasst werden."

Ak 12 besagt, dass die Software-Engineering-Gruppe interne Bewertungen durchführt, um technischen Fortschritt, Pläne, Leistung und Probleme mit dem Software-Entwicklungsplan zu vergleichen. Das Piktogramm zeigt, dass die Ergebnisse dieser Bewertungen in einem Status-Repository abgelegt werden. Es gibt im CMM verschiedene Aktivitäten der Verfolgung für jeden der geschätzten Parameter im SPB *Software-Projektplanung*: Größe (*Ak 5*), Aufwand und Kosten (*Ak 6*), kritische Computerressourcen (*Ak 7*), Projektzeitplan (*Ak 8*), technische Software-Engineering-Aktivitäten (*Ak 9*) und sowohl technische als auch programmatische Software-Risiken (*Ak 10*).

Obwohl das Glossar des CMMs die „technischen Software-Engineering-Aktivitäten" in *Ak 9* nicht weiter spezifiziert, gehe ich davon aus, dass damit allgemein das Software-Engineering gemeint ist, d. h. das Design, der Code und die Tests. Es ist das einzige Mal auf Stufe 2, dass diese gewöhnliche Software-Arbeit erwähnt wird. Das CMM vernachlässigt damit das grundlegende Software-Engineering jedoch nicht, ganz im Gegenteil, es geht nämlich davon aus, dass eine Organisation, die das Erreichen von Stufe 2 anstrebt, bereits das Software-Engineering beherrscht. Den Stufe 1-Organisationen fehlt es an der technischen Infrastruktur und an der Management-Infrastruktur. Die SPBs von Stufe 2 helfen beim Aufbau dieser Infrastruktur, so dass der Engineering-Prozess trotz auftretender Störfaktoren stabilisiert werden kann. (Beachten Sie außerdem, dass in *Ak 9* Probleme dokumentiert und Problemberichte bis zum Schluss verfolgt werden. Dies ist der erste von zwei Verweisen auf Problemberichte auf Stufe 2; der zweite folgt im *SKM*. Wenn Problemberichte nicht verfolgt werden, kann sich das verhängnisvoll auf den Zeitplan auswirken, wenn der Projektleiter nämlich keinen Überblick darüber hat, wie viel Nacharbeit erforderlich ist.)

Ak 11 erfordert die Aufzeichnung der Ist-Werte, d. h. der Leistungsmessungen und Daten, die für eine Planungsänderung notwendig sind. Im Piktogramm ist dieser Vorgang mit einem Pfeil dargestellt, der von *Ak 11* zu einem Repository der Ist-Werte weist. Ebenso wird das Ergebnis von *Ak 13* veranschaulicht, formelle Bewertungen der erzielten Leistung und Meilensteine, die nach einem dokumentierten Verfahren in einem Status-Repository abgelegt werden. Um die Transparenz für den Kunden und Anwender sowie für die anderen Beteiligten zu wahren, können diese an den Bewertungen teilnehmen, sofern dies angebracht erscheint. Diese Aktivität ist im Piktogramm außerhalb der Projektgrenzlinie dargestellt, um zu unterstreichen, dass die Bewertung extern ist und zusätzlich zu den internen Projektbewertungen stattfindet.

Betrachtung der Zielaktivitäten: Ziel 2

Viele der Aktivitäten von Ziel 1 tragen auch zum Erreichen von Ziel 2 bei. Ziel 2 legt den Schwerpunkt allerdings auf Korrekturmaßnahmen, die ergriffen werden, wenn Abweichungen auftreten bei Größe (*Ak 5*), Aufwand und Kosten (*Ak 6*), kritischen Computerressourcen (*Ak 7*), Projektzeitplan (*Ak 8*), Software-Engineering-Aktivitäten (*Ak 9*) und Risikoerwartung (*Ak 10*). Aus der Assessment-Perspektive werden die gleichen *Durchzuführenden Aktivitäten* behandelt, allerdings im Hinblick auf die Korrekturmaßnahmen. Änderungen von Größe, Personal, Kosten, kritischen Computerressourcen und Verpflichtungen werden verhandelt. Bei Software-Engineering-Aktivitäten werden bei Problemen mit Arbeitsprodukten Problemberichte erstellt, die bis zum Schluss verfolgt werden. Die Verfolgung der Risiken wird in dieses Ziel einbezogen, da die Bedeutung und die potenzielle Auswirkung von Risiken (man kann es auch das Risikoprofil nennen) sich im Laufe des Projekts verändern, insbesondere auf Grund der Korrekturmaßnahmen, die im Rahmen dieses Ziels ergriffen werden. Die relevanten Korrekturmaßnahmen hinsichtlich der Risiken bestehen neben der Bewertung und dem erneuten Assessment der vorhandenen Risiken auch im Ermitteln und Einstufen neuer Risiken.

Schließlich wird in Ziel 2 der Software-Entwicklungsplan nach einem dokumentierten Verfahren überarbeitet (*Ak 2*). Die bisher mit diesem *Handbuch* erworbenen Kenntnisse über das CMM machen Ihnen deutlich, dass eine Aktivität zur Routine geworden ist und schon kodifiziert wurde, wenn ein dokumentiertes Verfahren zu ihrer Durchführung eingesetzt wird. Das Verfahren soll nichts erzwingen, sondern als Checkliste dienen, um die Aktivität einheitlich zu gestalten. Beachten Sie, dass Änderungen, besonders von Verpflichtungen, im aktualisierten Plan reflektiert werden, der „kontrolliert verwaltet" wird.

Ziel 2: Korrekturmaßnahmen werden durchgeführt und bis zum Schluss kontrolliert verwaltet, wenn die erzielten Ergebnisse und Leistungen in bedeutendem Maße von den Software-Plänen abweichen.

Betrachtung der Zielaktivitäten: Ziel 3

Ziel 3 der *Software-Projektlenkung und -verfolgung* ist analog zu Ziel 3 der *Software-Projektplanung*, da es eine Art von Protokoll erfordert, das die anderen beiden Ziele ermöglicht. Ohne die Vereinbarung der Verpflichtungen (bzw. der Änderungen der Verpflichtungen) durch die beteiligten Personen und Gruppen wird die Planung und Dokumentation der anderen beiden Ziele nicht funktionieren. Man kann eine Verpflichtung für jemanden planen und aufzeichnen, doch wenn diese Person sich mit dieser Verpflichtung nicht einverstanden erklärt, wird der Plan wahrscheinlich nicht greifen.

Ak 3 besagt, dass Verpflichtungen des Software-Projekts gegenüber Personen und Gruppen außerhalb der Organisation gemeinsam mit dem Senior Management nach einem dokumentierten Verfahren be-

Ziel 3: Änderungen der Software-Verpflichtungen werden von den beteiligten Personen und Gruppen vereinbart.

SPLV: Betrachtung der Zielaktivitäten

Ziel 2: Korrekturmaßnahmen werden durchgeführt und bis zum Schluss kontrolliert verwaltet, wenn die erzielten Ergebnisse und Leistungen in bedeutendem Maße von den Software-Plänen abweichen.

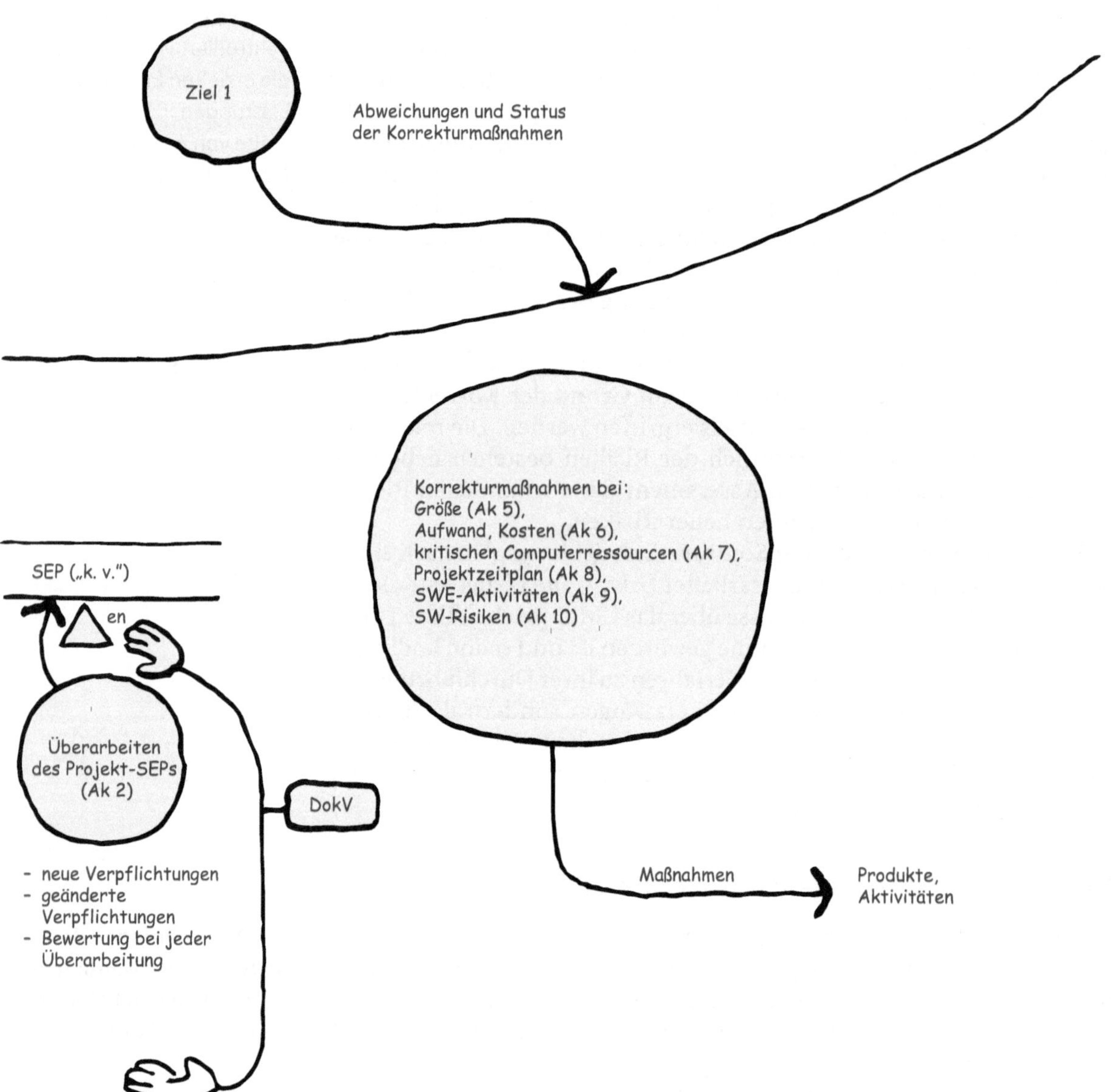

SPLV: Betrachtung der Zielaktivitäten

Ziel 3:   Änderungen der Software-Verpflichtungen werden von den beteiligten Personen und Gruppen vereinbart.

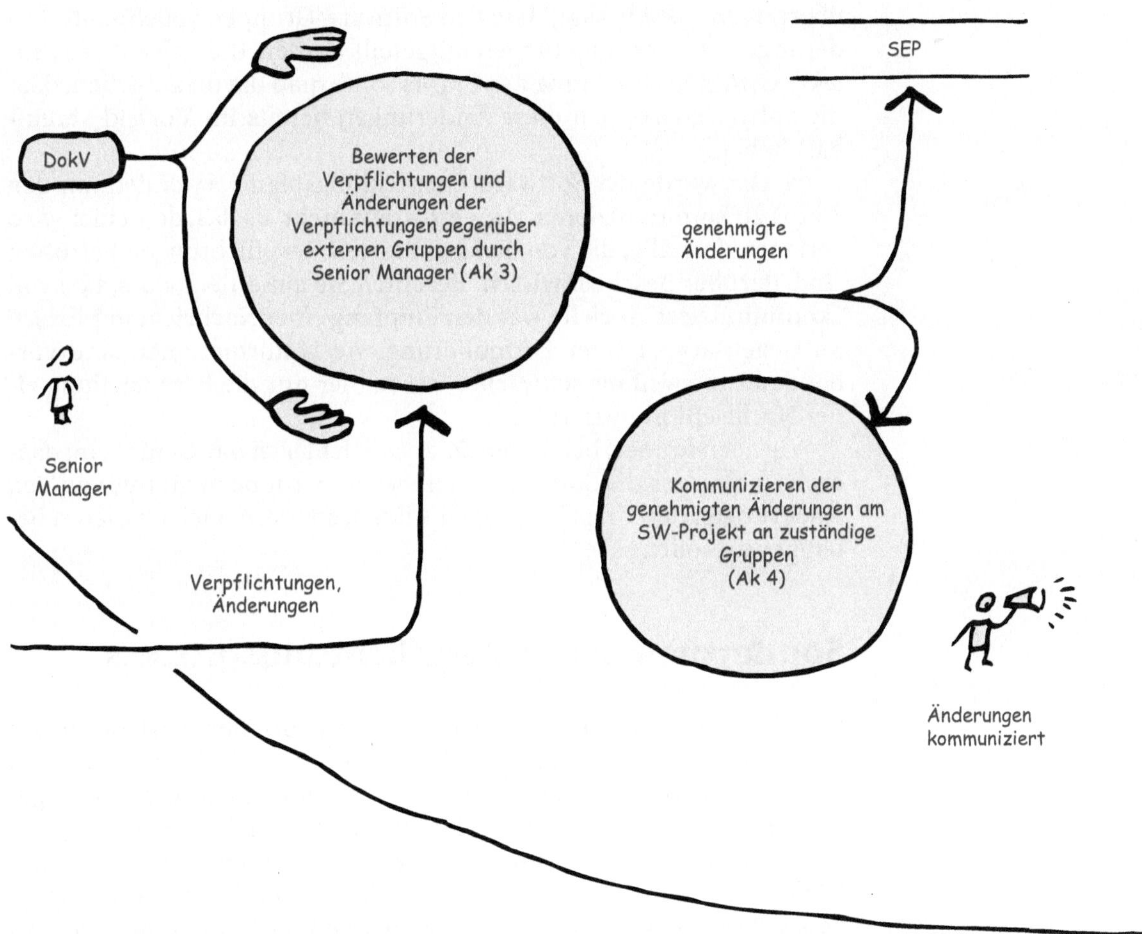

wertet werden. Der Inhalt des Verfahrens wird hier nicht weiter erläutert, wie schon bei der entsprechenden Aktivität der *Software-Projektplanung (Ak 4)*. Dies scheint ein seltsames Versehen des sonst so gründlichen CMM zu sein. Vor der Besprechung des nächsten SPB gehe ich im Sonderthema näher auf den Verpflichtungsprozess ein. Dabei werde ich versuchen, etwas Licht in das Dunkel zu bringen.

Im Piktogramm werden die Änderungen, die vom Senior Manager genehmigt wurden, von *Ak 3* auf die letzte Aktivität dieses Ziels (*Ak 4*) übertragen. *Ak 4* besagt, dass den Software-Gruppen genehmigte Änderungen der Verpflichtungen mitgeteilt werden, die sich auf das Projekt auswirken. (Im Sinne des CMMs sollte man davon ausgehen, dass die Software-Gruppen diese Änderungen bereits im Vorfeld vereinbart haben.)

In *Ak 1* wurde der Software-Entwicklungsplan verwendet, um den Status zu kommunizieren. *Ak 4* erfordert mehr als das, denn hier wird verlangt, dass alle, die von den geänderten Verpflichtungen betroffen sind, darüber Bescheid wissen. Beachten Sie außerdem, dass *Ak 4* von „kommuniziert" spricht, was den Empfang einer Nachricht impliziert, im Gegensatz zu einer Formulierung wie „Informationen sind vorhanden", die weitaus schwächer ist, da hier nur die Bereitstellung einer Nachricht impliziert ist.

Wie auch immer, bei diesem Ziel schleicht sich das Gefühl ein, dass etwas fehlt, dass die Software-Engineering-Gruppe nicht nur von den Änderungen der Verpflichtungen wissen, sondern auch an diesen beteiligt sein sollte.

(Sonderthema)

Sonderthema: Der Verpflichtungsprozess

Nach den SPBs der Stufe 2 möchte ich nun ein Thema erläutern, auf das im *Anforderungs-Management*, der *Software-Projektplanung* und in der *Software-Projektlenkung und -verfolgung* nicht explizit eingegangen wird. Watts Humphrey nennt es: „Verpflichtungsprozess".

Das Wort „Verpflichtung" taucht zwar an mehreren Stellen des CMMs auf, allerdings wird kein Gewicht auf den Verpflichtungsprozess selbst gelegt. Dieser Prozess ist die Grundlage von Stufe 2, ebenso wie Stufe 2 das Fundament für die kontinuierliche Verbesserung von Software-Prozessen bzw. jeder Art von Prozessen ist. (Ich nenne hier ausdrücklich „jede Art von Prozessen", da die Stufe 2 des CMMs relativ genau mit der ISO 9001 übereinstimmt, dem allgemeinen Standard für Qualitätsmanagementsysteme in allen Arten von Organisationen, ob Hotel, Stahlfabrik oder Versicherung.)

In seinem Buch *Managing the Software Process* behandelt Watts Humphrey auf den 13 Seiten von Kapitel 5 die wesentlichen Merkmale der Stufe 2 und des Verpflichtungsprozesses. Diese Seiten sind die Grundlage für die folgenden Ausführungen.

Nach Watts Humphrey ist eine Verpflichtung schlicht „das Einverständnis einer Person, etwas für eine andere Person zu tun".[14]

In einer Organisation werden Verpflichtungen zwar von den Mitarbeitern vereinbart und eingehalten, allerdings muss auch eine Unterstützung seitens der Organisation und eine Organisationskultur der Vereinbarung und Einhaltung von Verpflichtungen gegeben sein. Mit Verpflichtungsprozess sind eben diese Unterstützung und Organisationskultur gemeint.

Einem solchen Prozess liegen zwei Prinzipien zugrunde:

- Eine klar erkennbare Verpflichtungshaltung.
- Eine Praxis der Einhaltung sowohl kleiner als auch großer Verpflichtungen.

Zum Beispiel:

- Volle Unterstützung durch das Management bei der Verhandlung von Anforderungen mit dem Kunden.
  Das bedeutet nicht, dass schlicht alles, was der Kunde wünscht, akzeptiert wird. Stattdessen muss folgendes beurteilt werden: Ist die Organisation fähig und hat sie die technischen Möglichkeiten, den Kunden zufrieden zu stellen?[15]
- Meetings werden nach einem Zeitplan abgehalten.
  Dies sichert u. a. eine Regelmäßigkeit im geschäftlichen und technischen Ablauf, denn dieser Punkt sollte auch beachtet werden, wenn keine dauernde oder akute Krise vorliegt.

Es besteht ein Software-Verpflichtungsprozess für Projekte und ein Managementsystem, das sowohl für Projekt- als auch langfristige Organisationsverpflichtungen zuständig ist.

Der von Watts Humphrey beschriebene Software-Verpflichtungsprozess wird im Piktogramm *Sonderthema: Verpflichtungsprozess 1* veranschaulicht. Die Aufgabe des Senior Managers ist im oberen Teil des Piktogramms klar und personenbezogen definiert. Lieferungsverpflichtungen gegenüber externen Kunden werden vom Senior Manager auf folgender Basis übernommen:

Erstens: korrekte Durchführung einer formellen Bewertung und eines Verpflichtungsabkommens. Zweitens: Vorhandensein von Mechanismen, die gewährleisten, dass Bewertungen abgeschlossen wurden und eine Übereinstimmung mit den Verpflichtungen erreicht wurde. Die untere Hälfte des Piktogramms zeigt die Aktivitäten, die

---

[14] Vgl. a. a. O., S. 70.
[15] Vgl. *Ak 4* von *SPLV* und *Ak 3* von *SPP*.

Sonderthema: Verpflichtungsprozess 1

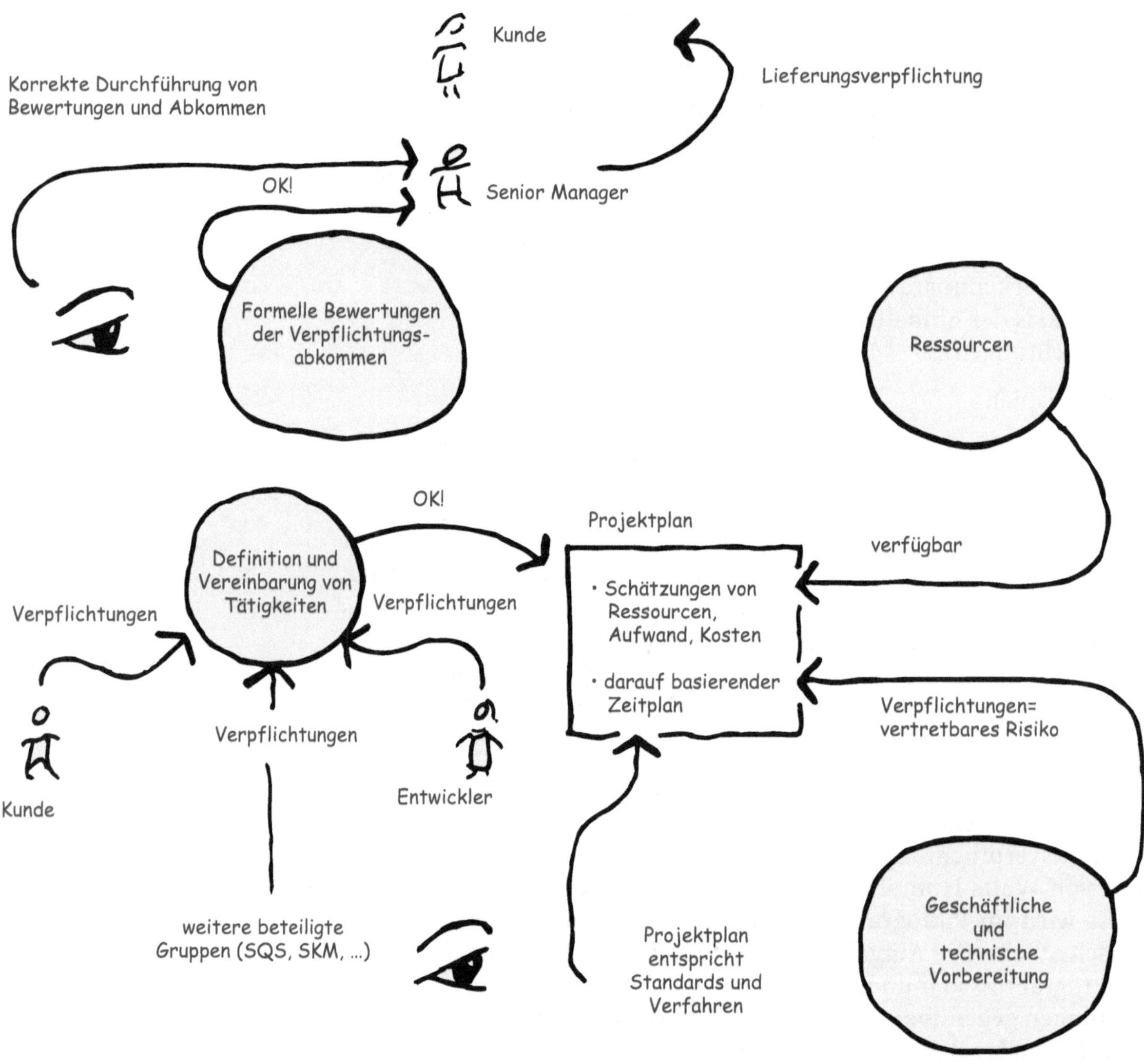

Software-Verpflichtungsprozess basierend auf „The Management System",
Humphrey, Managing the Software Process, S. 71

der Senior Manager verlangt, damit er eine externe Verpflichtung eingehen kann.

Im Mittelpunkt des Software-Verpflichtungsprozesses stehen ein dokumentierter Projektplan, der Schätzungen von Ressourcen, Aufwand und Kosten beinhaltet, sowie ein angemessener Zeitplan, der auf diesen Schätzungen basiert. Der Projektplan ist die Folge der Feststellung, dass Ressourcen verfügbar sind oder sein werden, und dass geeignete technische und geschäftsorientierte Informationsquellen aufzeigen, dass die im Projektplan vereinbarten Verpflichtungen ein vertretbares Risiko darstellen. Außerdem müssen Tätigkeiten definiert und von allen Beteiligten vereinbart werden (denken Sie an die schlichte Definition der Verpflichtung von Watts Humphrey). Diese Beteiligten sind die Entwickler, andere Gruppen wie *SQS*, *SKM*, Marketing etc. sowie der Kunde, an den die Entwickler-Gruppe (bzw. eine Integrations- oder Test-Gruppe in der Organisation) das Produkt liefert. All diese Verpflichtungen werden vereinbart, bevor der Projektplan ausgegeben wird. Zudem wird eine Bewertung durchgeführt, um sicherzustellen, dass die Planung fair erfolgte und von Verhandlungen begleitet wurde, die den Standards und Verfahren entsprechen.

Klingt der Verpflichtungsprozess wie Utopie, scheint es unmöglich, ihn umzusetzen? Offenbar erfordert er als Grundvoraussetzung eine radikale Änderung im Verhalten des Einzelnen und der Organisation. Zusätzlich muss ein Managementsystem vorhanden sein, um ihn möglich zu machen.[16] Dieses System, veranschaulicht im Piktogramm *Sonderthema: Verpflichtungsprozess 2*, bringt die beiden Zeitpläne in Einklang, die in einer typischen Software-Organisation normalerweise nie im Einklang sind: Den Projektzeitplan, der sich aus den Zeitvorgaben des Projekts und des Kunden ergibt, und den Geschäftszeitplan, der vierteljährlich, halbjährlich oder jährlich basiert sein kann.

Im Managementsystem muss bei Projektmeilensteinen Raum für die Bewertung von Projektplänen und Fortschritten sein und ebenso für die Bewertung von Tätigkeitsplänen, zudem sich letztere höchstwahrscheinlich zeitlich nicht mit den Projektmeilensteinen decken. Auseinandersetzungen um Ressourcen und Liefertermine werden sich naturgemäß aus der zeitlichen Inkongruenz ergeben; somit muss ein Prozess vorhanden sein, mit dem die Konflikte erkannt und gelöst werden können.

Dies erfordert eine weitere radikale Verhaltensänderung, da das Herausstellen von Konflikten die Norm sein muss, während in vielen Organisationen eher das Gegenteil praktiziert wird. Beispielsweise möchte niemand bei einer Projektbewertung eingestehen, dass seine Gruppe nicht im Zeitplan ist, zumindest möchte niemand der Erste sein, der dieses Eingeständnis macht (denn sobald eine andere Grup-

---

[16] Vgl. Humphrey, 1989, Abschnitt 5.2.

Sonderthema: Verpflichtungsprozess 2

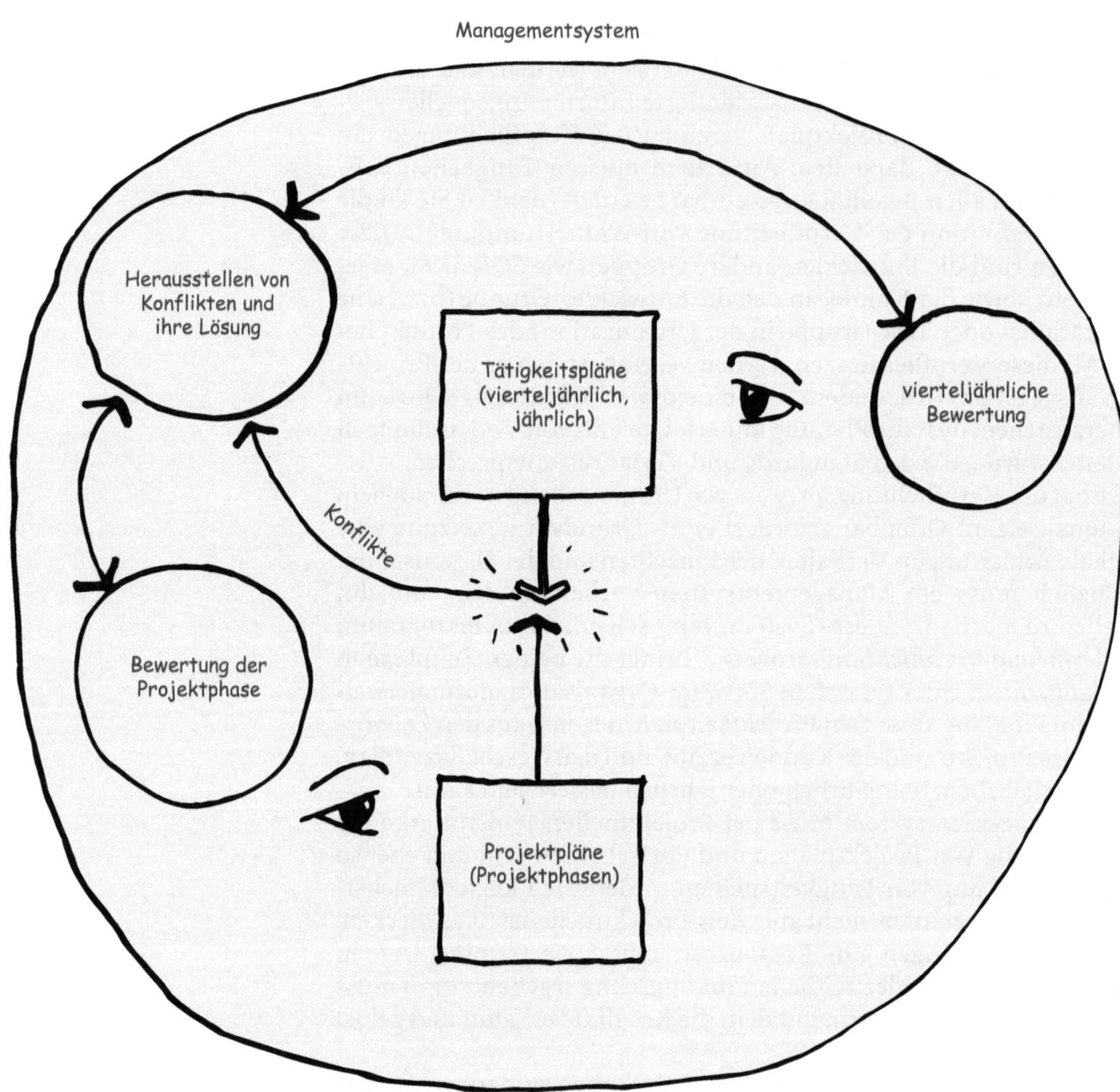

Software-Verpflichtungsprozess basierend auf „The Management System",
Humphrey, <u>Managing the Software Process</u>, S. 72-80

pe zugibt, später als geplant fertig zu werden, kann man ihr die Schuld dafür geben, dass die eigene Gruppe nicht im Zeitplan ist). Dieses Phänomen ist allgegenwärtig, denn der „letzte Lügner" hat meist die besseren Karten.

Also ist es die Aufgabe des Managementsystems, eine Umgebung zu schaffen, in der von den Beteiligten erwartet wird, Probleme anzusprechen, und in der es einen Prozess gibt, der ohne Schuldzuweisungen auskommt und zur Problemlösung führt. Diese Umgebung ist in erster Linie vom Verhalten des Senior Managers abhängig. In der Unterstützung dieser Umgebung durch den Senior Manager liegt das Eingeständnis, dass es naturgemäß Spannungen gibt zwischen dem technischen und dem Engineering-Personal auf der einen Seite und dem Personal aus den Bereichen Unternehmensgeschäft, Finanzen, Marketing und Verträge auf der anderen Seite.

Im Verpflichtungsprozess ist es sehr wahrscheinlich, dass die Prozessverbesserung selbst einer der Gründe für die Spannungen ist, die das Managementsystem systematisch angehen muss. Die Prozessverbesserung wird zum großen Teil in den Projekten selbst erfolgen. Neue und bessere Methoden für die Organisation der Software-Herstellung müssen dort eingeführt werden, wo die Software auch hergestellt wird. Änderungen wirken sich auf Projekte aus, möglicherweise wird der Arbeitsablauf zunächst verlangsamt und – ein schrecklicher Gedanke bei Software-Projekten – der Zeitplan gerät in Gefahr. Allerdings beeinflusst diese neue Art und Weise der Arbeit auch die Geschäftsebene der Tätigkeitspläne. Höchstwahrscheinlich kommen die Ressourcen für die Prozessverbesserung aus den Overhead-Fonds der Organisation. Somit wird nicht nur der Projektzeitplan beeinflusst, auch Budgets werden sich auf Grund der Anforderung von finanziellen Mitteln für ein Prozessverbesserungsteam ändern und vielleicht müssen die Marketing-Terminpläne für das Erscheinen der Produkte überarbeitet werden.

Unter all dem wird die Organisation leiden und ein Verpflichtungsprozess (nach der Definition von Watts Humphrey) wird erforderlich, um die Verbesserungsbemühungen aufrechtzuerhalten. Doch beachten Sie, dass der Verpflichtungsprozess (wie mancher Reiniger für die dritten Zähne) eine doppelte Wirkung hat. Nicht nur wird die Arbeit innerhalb einer Organisation erleichtert, da die Zeitpläne realistischer sind, sondern die Prozessverbesserung wird durch das Managementsystem zur Routine.

(SQS)

Software-Qualitätssicherung (SQS)

Betrachtung der Ziele

Ziel 1: Die Aktivitäten der SQS werden geplant.

Ziel 2: Es wird objektiv verifiziert, ob die Software-Arbeitsprodukte und -Aktivitäten den entsprechenden Standards, Verfahren und Anforderungen genügen.

Ziel 3: Die beteiligten Personen und Gruppen werden über die SQS-Aktivitäten und -Ergebnisse informiert.

Ziel 4: Abweichungen, die nicht im Rahmen des Software-Projekts behoben werden können, werden an das Senior Management weitergeleitet.

Nun möchte ich mit dem nächsten SPB, der *Software-Qualitätssicherung*, mit der Betrachtung der Schlüsselprozessbereiche von Stufe 2 fortfahren. (Im 93-TR-25 folgt hier das *Software-Unterauftragnehmer-Management*, für mich kommt dieser SPB jedoch logischerweise erst am Ende. Ich werde diese Logik im betreffenden Abschnitt darlegen.)

Die *SQS* sorgt als unabhängige Gruppe dafür, dass das Projekt seinem Prozess treu bleibt und verschafft dem Management Einblick in den Prozess. Sie signalisiert dem Senior Management, wenn die Lenkungsmaßnahmen der *Software-Projektlenkung und -verfolgung* unzureichend sind.

Wie in der Betrachtung der Ziele deutlich wird, umfasst die *SQS* vier Ziele bzw. vier feststehende Merkmale einer Organisation, die eine *SQS* nach dem CMM implementiert hat.

Es folgen noch einige SPBs mit dem gleichen Ziel 1, das besagt, dass Aktivitäten geplant werden.

Im Piktogramm ist veranschaulicht, wie die *SQS*-Gruppe Software-Produkte und -Aktivitäten mit den Standards vergleicht.

Ziel 3 und Ziel 4 geben der *SQS*-Durchführung die besondere CMM-Note.

Für sich betrachtet, wirkt Ziel 4 sehr streng. Doch wenn man die Aktivitäten genauer untersucht, die diese Ziele implementieren, wird deutlich, dass die *SQS* auf Zusammenarbeit baut.

Betrachtung der Zielaktivitäten: Ziel 1

Ziel 1: Die Aktivitäten der SQS werden geplant.

Die Betrachtung der Aktivitäten von Ziel 1 verdeutlicht das Schema für die Ausführung der *SQS*-Planungsaktivitäten (das gleiche Schema weisen auch einige der anderen SPBs auf, die ich noch vorstellen werde). Im Rahmen von *Ak 1* wird der *SQS*-Plan für das Projekt mit Hilfe eines dokumentierten Verfahrens erstellt. Beachten Sie, dass nicht gesagt wird, wer den Plan erstellt. Das CMM versucht so, alle Fälle abzudecken, von Organisationen mit einer eigenen und in Vollzeit beschäftigten *SQS*-Gruppe bis hin zu Organisationen, bei denen die *SQS*-Gruppe nur aus Teilzeitbeschäftigten besteht. Die einzige Anforderung ist, dass die *SQS*-Gruppe existiert, wie in *Vo 1* beschrieben, doch es muss keine Vollzeitbeschäftigung in diesem Bereich bestehen.[17] In den kleinsten Organisationen könnte die „Gruppe" z. B. aus einer Teilzeitkraft bestehen. Doch wie später noch deutlich wird, ist es

---

[17] Vgl. Kommentar zu *Ability 1*, 93-TR-25, S. L2-62.

SQS: Betrachtung der Ziele

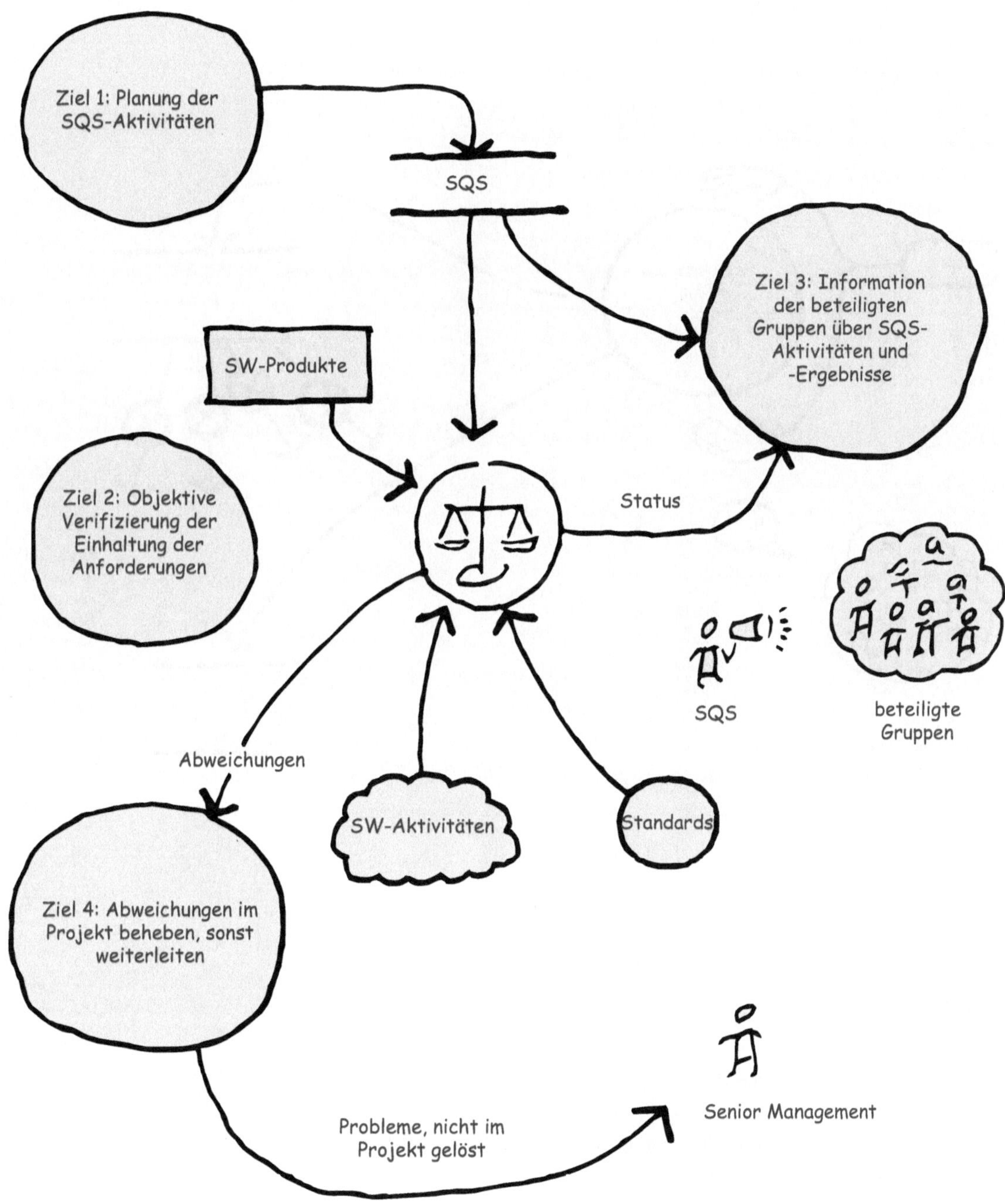

SQS: Betrachtung der Zielaktivitäten

Ziel 1: Die Aktivitäten der SQS werden geplant.

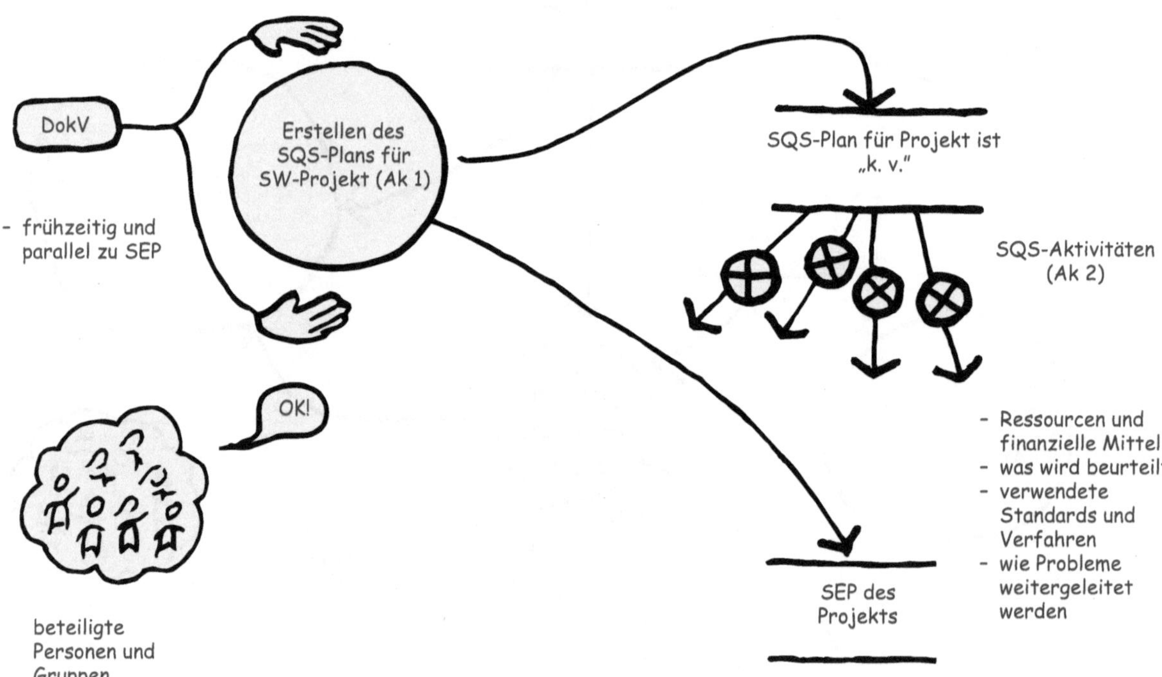

nicht die Größe einer „Gruppe", die das Wesentliche der *SQS* ausmacht, sondern wie sie ihre Funktion erfüllt.

Das Verfahren von Ak 1 reflektiert den etablierten Prozess zur *SQS*-Planung und besagt, dass die Planung parallel zur Software-Planung erfolgt. Ebenso wie die Software-Planung bei der *Software-Projektplanung* nicht vernachlässigt wird, werden die *SQS*-Pläne bei der Software-Planung nicht vernachlässigt. Das Verfahren beinhaltet außerdem, dass die zuständigen Gruppen eine Bewertung der *SQS*-Pläne durchführen. Diese Gruppen sind hier die Projekt- und Aufgabenleiter, selbstverständlich die *SQS*-Gruppe, und der Senior Manager, dem Abweichungen mitgeteilt werden müssen. Und genau wie andere Pläne im CMM wird auch der *SQS*-Plan „kontrolliert verwaltet".

Das Piktogramm zeigt den *SQS*-Plan als unabhängig vom Projektplan, doch es gibt eine Verbindung von der Erstellung des Plans zum Projektplan. Der *SQS*-Plan ist nur aus dem Grund unabhängig dargestellt, damit mit Ak 2 deutlich wird, dass der Plan die *SQS*-Aktivitäten des Projekts bestimmt. Im CMM wird nicht festgelegt, ob der *SQS*-Plan Teil des Projektplans ist oder ein eigenes Dokument. Das ist eine Frage der Interpretation.

Die Aktivitäten, die im *SQS*-Plan berücksichtigt werden sollten, werden hier aufgeführt: Ressourcen und finanzielle Mittel für die *SQS*-Gruppe, welche Aktivitäten und Arbeitsprodukte sollen beurteilt werden, Standards und Verfahren, nach denen Bewertungen durchgeführt werden, und das Verfahren für den Bericht über Abweichungen an den Senior Manager.

Betrachtung der Zielaktivitäten: Ziel 2

Ziel 2 der *SQS* wird von drei Aktivitäten implementiert. Wie bereits bei der vorigen Betrachtung der Zielaktivitäten werden diese Aktivitäten unter der Lenkung des *SQS*-Plans durchgeführt.

Ak 3 besagt, dass die *SQS*-Gruppe an der Erstellung und der Bewertung des Projektplans und der anzuwendenden Standards und Verfahren teilnimmt. Diese Aktivität zeigt den Aspekt der Zusammenarbeit, denn die *SQS*-Gruppe bietet „Beratung und Bewertung" und ist nicht einfach nur eine Kontrollinstanz.

Ak 4 betrifft die Bewertung der Aktivitäten und *Ak 5* das Audit der Arbeitsprodukte durch die *SQS*-Gruppe. Die Bewertung der Aktivitäten im Software-Plan wird nach den Standards und Verfahren durchgeführt, die im Plan genannt werden. Die *SQS*-Gruppe zeichnet Abweichungen auf, verfolgt sie bis zum Schluss und verifiziert Korrekturen. Die „objektive Verifizierung", von der in Ziel 2 die Rede ist, findet also hier statt. Das CMM weist darauf hin, dass die verschiedenen Arten von Bewertungen, die von der *SQS*-Gruppe durchgeführt werden, im Rahmen anderer SPBs unter der *Verifizierung der Imple-*

Ziel 2: Es wird objektiv verifiziert, ob die Software-Arbeitsprodukte und -Aktivitäten den entsprechenden Standards, Verfahren und Anforderungen genügen.

SQS: Betrachtung der Zielaktivitäten

Ziel 2: Es wird objektiv verifiziert, ob die Software-Arbeitsprodukte und -Aktivitäten den entsprechenden Standards, Verfahren und Anforderungen genügen.

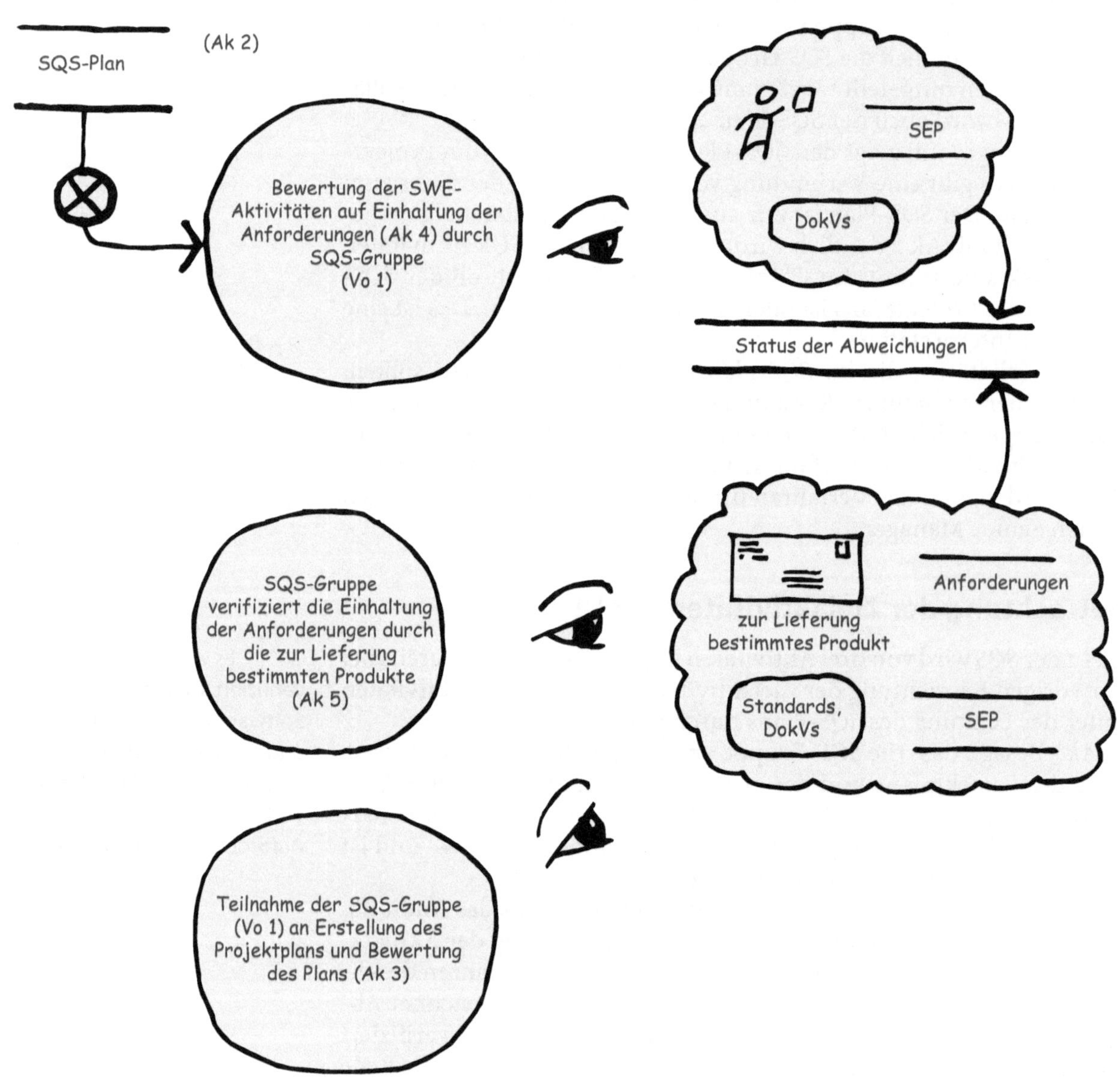

mentierung beschrieben werden.[18] Alle SPBs haben mindestens eine Praktik der *Verifizierung der Implementierung*, die eine Art von Bewertung festlegt und die *meisten*, allerdings nicht alle, fordern eine Bewertung durch die *SQS*-Gruppe. Die zwei SPBs, die keine Bewertung durch die *SQS*-Gruppe fordern, sind *Organisationsweiter Prozessfokus* und *Trainingsprogramm*. Warum das so ist, werde ich in Kapitel 3 erläutern.

Bei *Ak 5*, den Audits von Arbeitsprodukten, sollte darauf geachtet werden, dass die Produkte, die zur Lieferung bestimmt sind, vor der Lieferung an den Kunden beurteilt werden. Die Beurteilung der Arbeitsprodukte erfolgt sowohl anhand der vertraglich vereinbarten Anforderungen als auch nach den Standards und Verfahren. Wie bei der Bewertung der Aktivitäten werden Abweichungen und Status (im Vergleich zum gewünschten Endprodukt) aufgezeichnet.

Betrachtung der Zielaktivitäten: Ziel 3

Ziel 3 und Ziel 4 liefern weitere Hinweise darauf, dass die *SQS* auf Zusammenarbeit baut. Mit der Aufgabe der *SQS*-Gruppe, über ihren Aufwand Bericht zu erstatten (Ziel 3), versucht das CMM ein weit verbreitetes Problem zu lösen, das an der Art und Weise liegt, wie die *SQS* implementiert wird. In vielen Fällen stufen die Entwickler den Wert der *SQS* als sehr gering ein. Dies soll durch *Ak 6* ausgeglichen werden, nach der die Software-Engineers regelmäßig über die Ergebnisse der *SQS* informiert werden. Das Software-Engineering soll als Kunde der *SQS*-Gruppe agieren, und eine Praktik wie *Ak 6* ermöglicht es dieser, den Nutzen der eigenen Tätigkeit zu verdeutlichen und Feedback bezüglich der eigenen Leistung zu bekommen. Im Fall einer bestmöglichen Implementierung der *SQS* könnte man hier erwarten, dass diese regelmäßigen Meetings mit den Software-Engineering-Kunden durch einen Mechanismus wie z. B. eine *SQS*-Satzung vorgeschrieben werden. Hierzu liefert das CMM mit *Ak 6* keine Details, dies ist meine Interpretation.

Ak 8 besagt, dass die *SQS*-Gruppe bei Bedarf mit der *SQS*-Gruppe des Kunden regelmäßige Bewertungen der eigenen Aktivitäten und Ergebnisse durchführt. Wie bei *Ak 7* liefert das CMM auch zu dieser Praktik keine Details und somit müssen wir uns fragen: Was geschieht, wenn der Kunde keine *SQS*-Gruppe hat? *Ak 8* geht hier von einem umfangreichen System und einem Markt aus, den Jean-Claude Derian als „geschützt" bezeichnet. In einem geschützten Markt stellen große Organisationen kundenspezifische, kostspielige Systeme für andere große Organisationen her, die über eine eigene *SQS*-Gruppe verfügen. Hierzu zählen beispielsweise das Verteidigungsministerium

Ziel 3: Die beteiligten Personen und Gruppen werden über die SQS-Aktivitäten und -Ergebnisse informiert.

---

[18] Vgl. 93-TR-25, S. L2-66.

SQS: Betrachtung der Zielaktivitäten

Ziel 3: Die beteiligten Personen und Gruppen werden über die SQS-Aktivitäten und -Ergebnisse informiert.

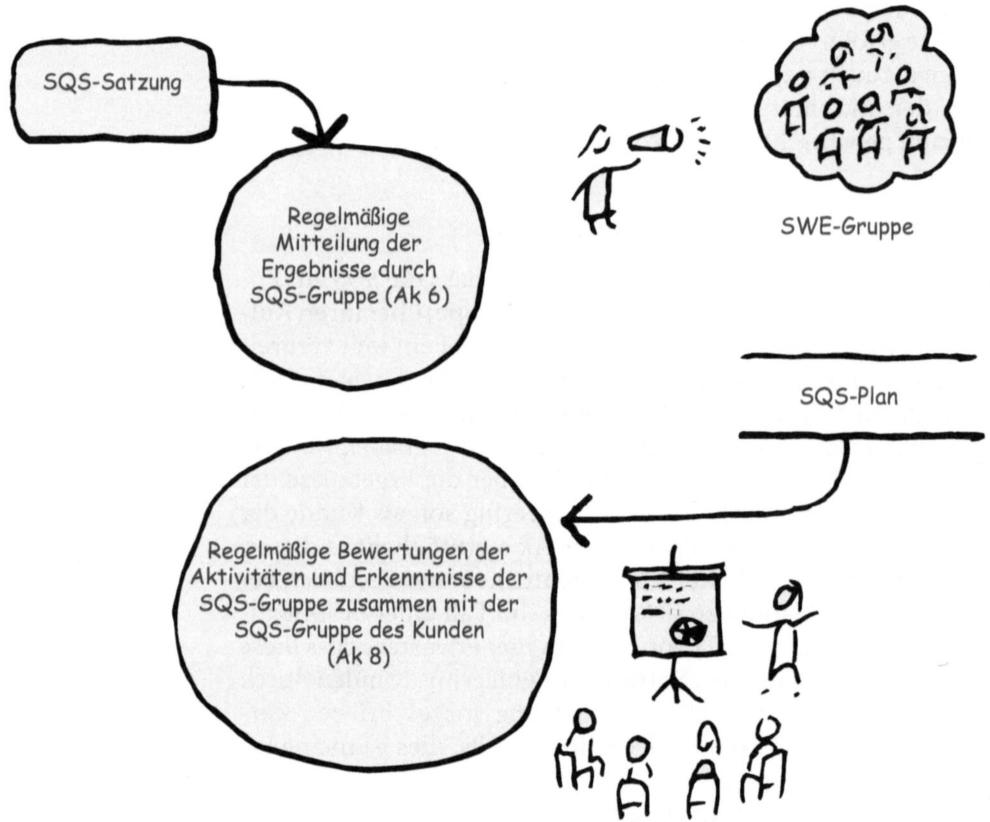

Hinweis: Es wird von einem geschützten Markt ausgegangen.

und andere Regierungsstellen der Vereinigten Staaten (Waffen, Logistik oder Informationssysteme) sowie Telefongesellschaften (komplexe Nachrichtensysteme). Ein weiteres Beispiel wären hier noch Systeme für die medizinische Bilddiagnostik. Diese Systeme sind zwar kleiner als die zuvor genannten, doch unterliegen sie ebenfalls den Herstellungsstandards von Regierungen. Somit ist *Ak 8* nicht auf alle Organisationen anwendbar.

Betrachtung der Zielaktivitäten: Ziel 4

Ziel 4 bedeutet für das „Auftreten" der *SQS* sehr viel. Im Wesentlichen sagt das Ziel aus, dass Abweichungen so nahe wie möglich am Punkt des Entstehens angegangen werden sollen. Nur wenn dies nicht möglich ist, sollen sie weitergemeldet werden.

Ziel 4: Abweichungen, die nicht im Rahmen des Software-Projekts behoben werden können, werden an das Senior Management weitergeleitet.

Hier liegt mit *Ak 7* nur eine Aktivität vor. Sie besagt, dass Abweichungen, die in den Bewertungen und Audits (von *Ak 4* und *Ak 5*) festgestellt werden, nach einem dokumentierten Verfahren gehandhabt werden. Das Verfahren sollte festlegen, dass Abweichungen aufgezeichnet und auf einer geeigneten Projektebene gelöst werden – beginnend mit der niedrigsten Ebene, wie z. B. dem Aufgabenleiter, und wenn notwendig bis hin zum zum Projektleiter. Beachten Sie, dass hier zur Lösung des Problems nicht sofort die Engineers zu Rate gezogen werden. Der Grund dafür ist, dass Abweichungen von Standards und Verfahren auf Leitungsebene bekannt sein sollten – nicht um die Engineers zu überwachen, sondern um Prozessprobleme sichtbar zu machen.

Nur wenn die Abweichung nicht im Management des Projekts gelöst werden kann, wird das Problem an die Ebene darüber gemeldet. Das erfolgt selbstverständlich nach einem Verfahren und somit gibt es einen Routineprozess für diesen Fall. Der Prozess beinhaltet eine Bewertung des Problems zusammen mit dem Senior Management mit dem Ziel der Lösung des Problems (es wird davon ausgegangen, dass der Prozess funktioniert, d. h. eine Problemlösung wird erwartet). Zudem werden die Abweichungen dokumentiert und das Dokument wird „kontrolliert verwaltet".

Welche Probleme müssen wahrscheinlich weitergemeldet werden? Im Bereich der Software, in dem der Zeitplan äußerst wichtig ist, ist die Entscheidung, ob ein Produkt, das fehlerhaft sein könnte, rechtzeitig geliefert werden soll oder ob eher die Fehler korrigiert und der Termin überschritten werden soll, nicht leicht. Diese Entscheidung trifft das Senior Management, denn die Vereinbarung und die Bewertung von Verpflichtungen mit Außenstehenden liegt nach dem CMM in der Verantwortung des Senior Managers. Diese Entscheidung muss dem höheren Management überlassen werden, denn im Allgemeinen sollte die Entscheidung, welche der folgenden Gruppen Recht hat, von hö-

SQS: Betrachtung der Zielaktivitäten

Ziel 4: Abweichungen, die nicht im Rahmen des Software-Projekts behoben werden können, werden an das Senior Management weitergeleitet.

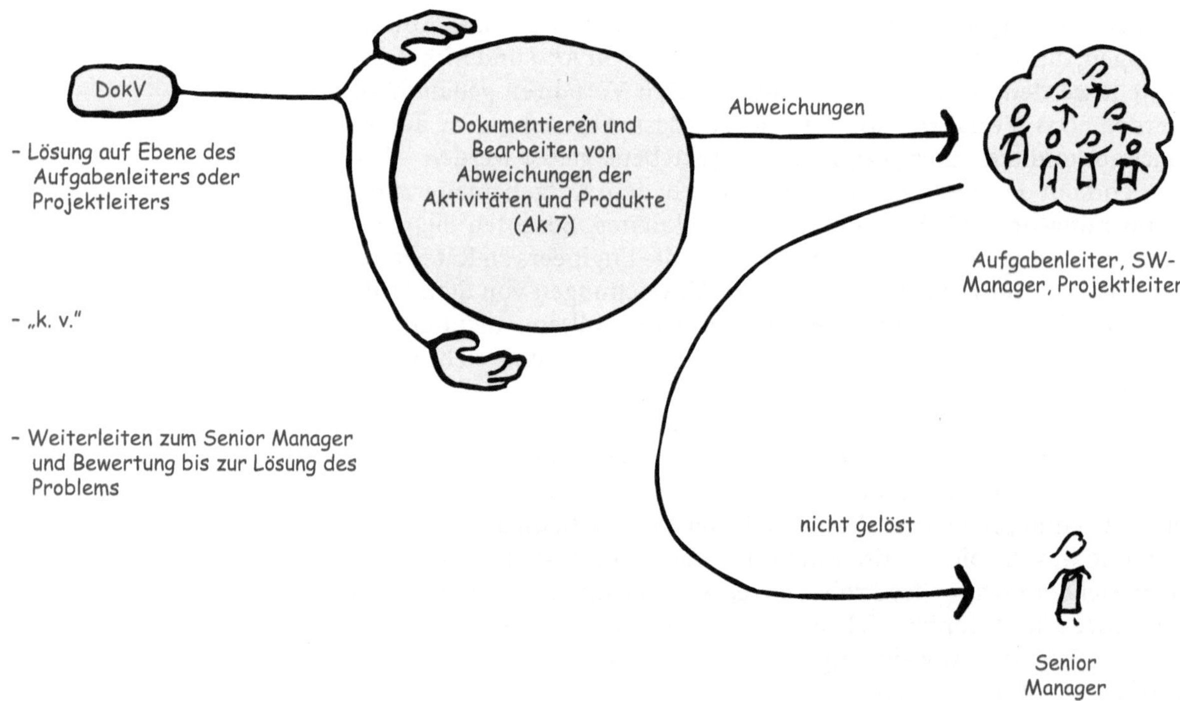

herer Ebene gefällt werden: die Entwickler (und das Marketing und evtl. noch die Vertragsabteilung), die den Liefertermin einhalten wollen, oder die *SQS*-Gruppe, die den Standpunkt vertreten sollte, nur dann zu liefern, wenn die Qualitätsprobleme behoben sind. In diesem Fall trifft der Senior Manager die Entscheidung.

Nachdem ich die Betonung der Zusammenarbeit der *SQS* näher beleuchtet habe, sollte ich aufzeigen, dass es auch andere Fälle geben kann. Ich möchte nur auf ein Beispiel näher eingehen, den erklärenden Absatz zur *Verpflichtung zur Durchführung 1* (*Commitment 1*, 93-TR-25, S. L2-61: „... das Projekt folgt einer schriftlich festgehaltenen organisatorischen Richtlinie für die Implementierung der SQS.“). Hier wird im CMM erläutert, wie eine Unabhängigkeit der *SQS*-Gruppe erreicht werden kann und dass das *SQS*-Personal „in der Organisation die Freiheit genießen sollte, ‚Auge und Ohr‘ des Senior Managements zu sein“. Empfinden die Entwickler eine *SQS*-Gruppe, die als „Auge und Ohr“ des Senior Managements agiert, eher als Unterstützung oder als Aufsicht? Wahrscheinlich hängt das von den jeweiligen Personen ab, doch die Dynamik der Prozessverbesserung sollte eigentlich unabhängig von Personen sein. Eher als die Rolle „Auge und Ohr“ des Senior Managements, also einer Aufsichtsinstanz, zu übernehmen (ein negativer Aspekt, wie er oft bei der Übernahme einer Organisation durch die Regierung befürchtet wird), sollte die *SQS*-Gruppe für Qualität stehen. In einer prekären Situation, in der das Senior Management einbezogen wird und in der darüber entschieden werden muss, ob geliefert wird oder nicht, sollte die *SQS*-Gruppe für die Einhaltung der Qualität eintreten.

Software-Konfigurations-Management (SKM)   (SKM)

Betrachtung der Ziele

Das *Software-Konfigurations-Management* bezieht sich auf die Lenkung sowohl des Produkts, das zur Lieferung bestimmt ist, als auch der Zwischenprodukte, die im Laufe des Projekts entstehen. Selbst das einfachste Produkt besteht in der Regel aus mehreren Komponenten, und jede Komponente kann viele Versionen haben, so dass alle Versionen der Bestandteile und das Endprodukt gelenkt werden müssen. Der SPB des *Software-Konfigurations-Managements* ist geradliniger Natur, da er auf langer Erfahrung in der Produktion und dem „harten“ (d. h. nicht Software-) Engineering basiert.

Der Schlüsselprozessbereich beinhaltet vier Ziele. Analog zur *SQS* besteht Ziel 1 darin, die Aktivitäten des *SKMs* zu planen.

Ziel 1: Die Aktivitäten des SKMs werden geplant.

SKM: Betrachtung der Ziele

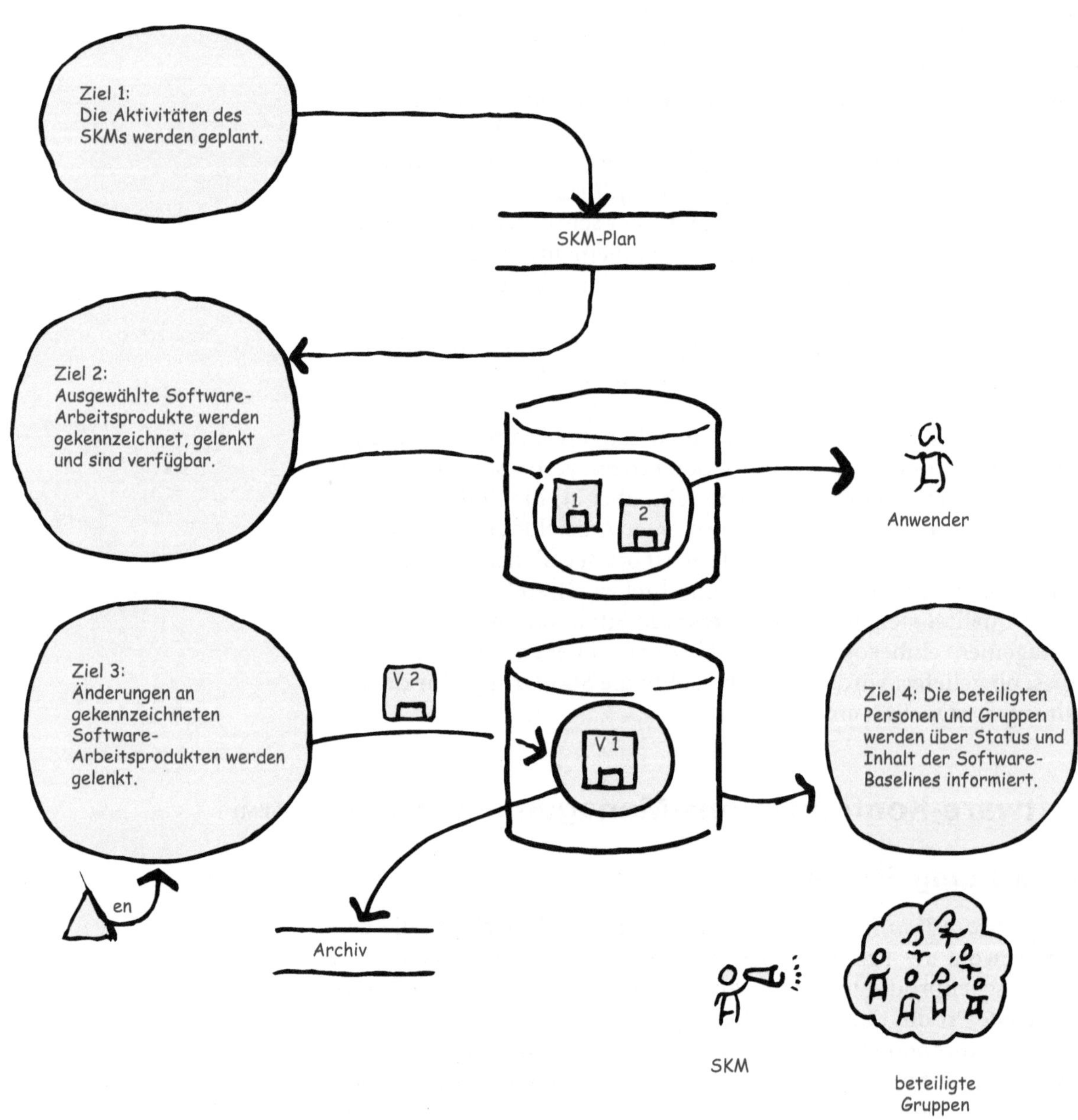

In Ziel 2 bestimmt der *SKM*-Plan, welche Software-Arbeitsprodukte des Projekts dem *Software-Konfigurations-Management* unterliegen, somit gekennzeichnet, gelenkt und verfügbar gemacht werden. Die Arbeitsprodukte werden in einem Repository, auch als Baseline bezeichnet, abgelegt, wo auf sie zugegriffen werden kann. Diesem Ziel liegen drei der vier Prinzipien des *Software-Konfigurations-Managements* zugrunde, die für jeden Anwendungsbereich gelten, nicht nur für Software: Alle Teile des Produkts haben einheitliche Identifikatoren, jedes wird gelenkt (hinsichtlich des Status für die Verwendung) und auf sie kann zugegriffen werden.

> Ziel 2: Ausgewählte Software-Arbeitsprodukte werden gekennzeichnet, gelenkt und sind verfügbar.

Ziel 3 ist das vierte Prinzip des *Software-Konfigurations-Managements*: Änderungen an Produkten werden gelenkt. Im Piktogramm wird deutlich, wie Änderungen in Ziel 3 einfließen, eine neue Version eines Software-Produkts (auf einem Datenträger) zur Baseline hinzugefügt wird und die veraltete Version des Arbeitsprodukts archiviert wird.

> Ziel 3: Änderungen an gekennzeichneten Software-Arbeitsprodukten werden gelenkt.

Ziel 4 ist analog zu Ziel 4 der *SQS*. Hier ist der Beweggrund nicht unbedingt, den Wert der *SKM*-Aktivitäten darzulegen. Es stellt eher eine Grundvoraussetzung dafür dar, gelenkte Produkte zugänglich zu machen.

> Ziel 4: Die beteiligten Personen und Gruppen werden über Status und Inhalt der Software-Baselines informiert.

Betrachtung der Zielaktivitäten: Ziel 1

Ziel 1 ist analog zu Ziel 1 der *SQS*. Die Implementierungspraktiken sind die gleichen wie bei der *SQS*, nur befinden sie sich in einem anderen SPB. Für jedes Projekt wird ein eigener *SKM*-Plan nach einem Verfahren erstellt. Diese Erstellung wird frühzeitig begonnen und parallel zur Projektplanung durchgeführt. Der Plan wird „kontrolliert verwaltet" und außerdem von den beteiligten Gruppen bewertet (und genehmigt). *Ak 2* entspricht der *Durchzuführenden Aktivität 2* der *SQS*. Mit *Ak 2* werden alle *SKM*-Aktivitäten des Projekts nach diesem Plan durchgeführt.

> Ziel 1: Die Aktivitäten des SKMs werden geplant.

Betrachtung der Zielaktivitäten: Ziel 2

Ziel 2, das Kennzeichnen, Lenken und Verfügbarmachen von Software-Arbeitsprodukten, hat, wie im Piktogramm zu sehen, fünf *Durchzuführende Aktivitäten*. (Hier werden *Ak 8* und *Ak 10* Ziel 2 zugeordnet; manche CMM-Anwender führen diese Aktivitäten mit Ziel 4 auf.)

> Ziel 2: Ausgewählte Software-Arbeitsprodukte werden gekennzeichnet, gelenkt und sind verfügbar.

SKM: Betrachtung der Zielaktivitäten

Ziel 1: Die Aktivitäten des SKMs werden geplant.

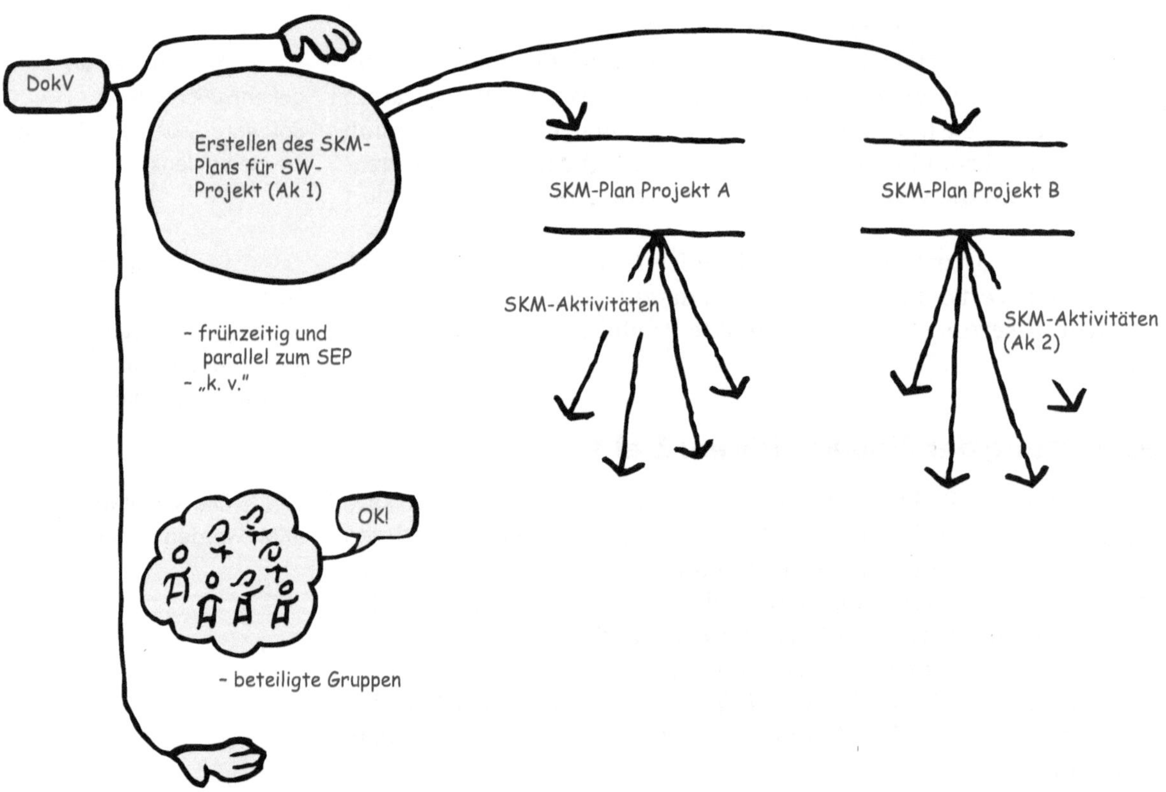

SKM: Betrachtung der Zielaktivitäten

Ziel 2: Ausgewählte Software-Arbeitsprodukte werden gekennzeichnet, gelenkt und sind verfügbar.

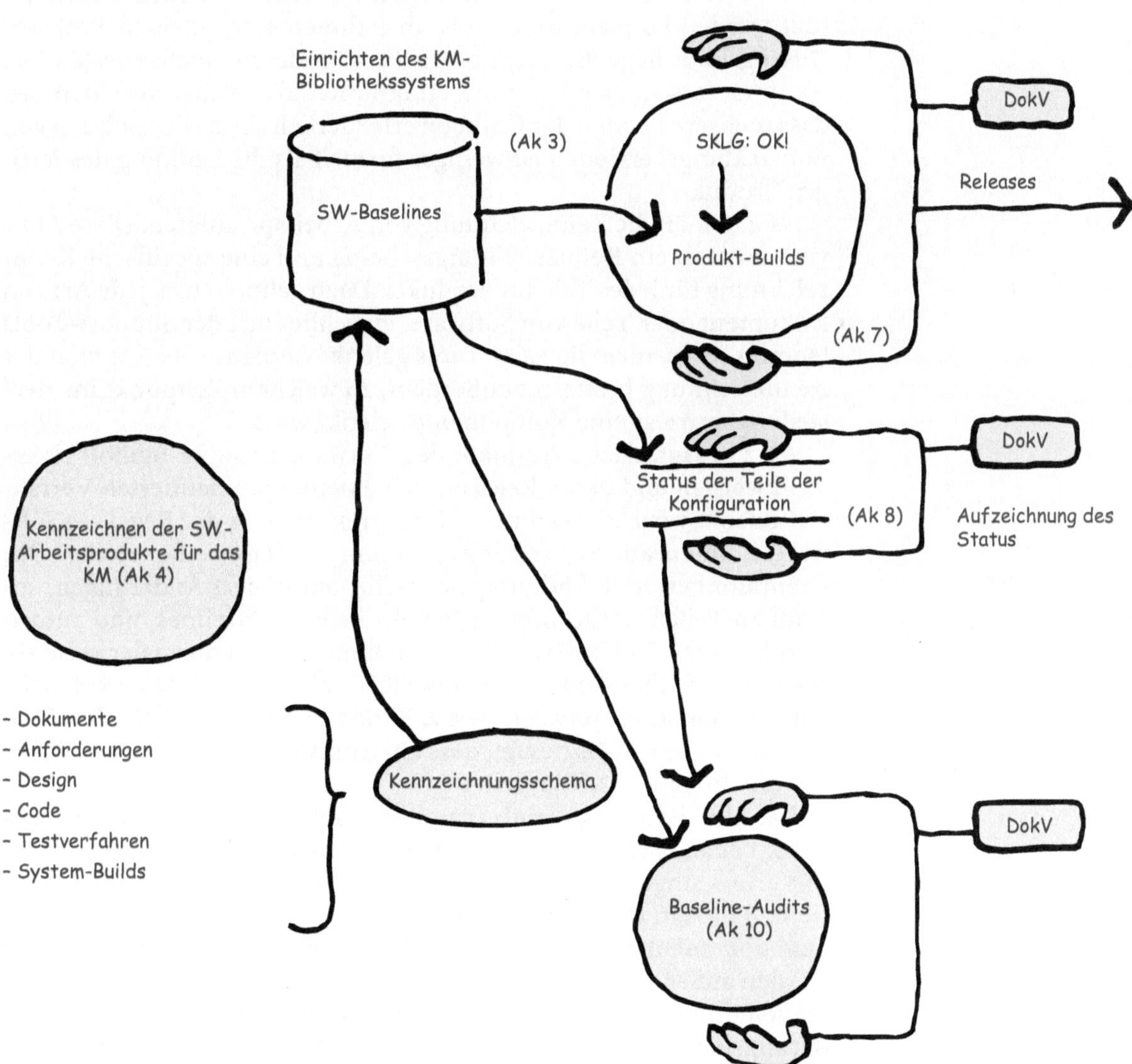

Ich möchte zunächst auf Ak 3 eingehen: Hier wird „ein Bibliotheks-system des Konfigurations-Managements als Repository für die Soft-ware-Baselines eingerichtet".[19] Diese Aktivität scheint die Verwen-dung eines Software-Tools vorauszusetzen, sonst empfiehlt das CMM eher selten den Einsatz eines Tools. Doch statt „Tool" wird der Begriff „System" verwendet, das lässt darauf schließen, dass die Funktionen, die zu dieser Aktivität gehören, auch mit einem manuellen System er-füllt werden können, besonders im Rahmen eines kleinen Projekts. Die zugrunde liegende Technologie (Tools oder manuelles System) ist nicht so entscheidend wie die Funktionen als solche. Beachten Sie, dass mehrere Ebenen der Lenkung erforderlich sind. Die Lenkung von Entwicklungsversionen ist weniger formell als die Lenkung des ferti-gen Produkts.

Ak 4 enthält die Kennzeichnung von Arbeitsprodukten. Diese Akti-vität umfasst ein Kennzeichnungsschema und eine spezifische Kenn-zeichnung für jedes Teil des Produkts. Dazu gehören u. a. jede Art von Dokument oder Teile von Software, einschließlich der Support-Tools (somit sollten auch die *SKM*-Tools gelenkt werden). Die Aktivität der Kennzeichnung bestimmt außerdem, zu welchem Zeitpunkt im Her-stellungsprozess eine Komponente gelenkt wird.

Ak 7 besagt, dass „Produkte der Software-Baseline-Bibliothek er-stellt werden und deren Release nach einem dokumentierten Verfah-ren gelenkt wird".[20] Bei diesem Verfahren spielt in der Regel ein Soft-ware-Konfigurations-Lenkungsgremium (SKLG) eine Rolle. Das Gremium bewertet Änderungswünsche, autorisiert Änderungen, so-wohl an Teilen der Konfiguration als auch an Baselines, und autori-siert Produkt-Builds. Große Organisationen haben normalerweise ein organisatorisches Äquivalent zum SKLG; kleine Projekte haben meist ein funktionales Äquivalent wie z. B. den Projektleiter bzw. den *SQS*-Leiter. *Vo 1* des *SKMs* besagt, dass ein Äquivalent zum SKLG existiert, das die Projekt-Baselines leitet.

Die Aktivitäten *Ak 8* und *Ak 10* stehen mit dem Ziel des Kennzeich-nens, Lenkens und Verfügbarmachens von Teilen der Konfiguration in Verbindung.

Ak 8 besagt, dass „der Status der Teile der Konfiguration nach ei-nem dokumentierten Verfahren aufgezeichnet wird".[21] Aufgezeichnet werden außer dem Inhalt und dem Status aller Einheiten auch die ak-tuellen und alle vorausgegangenen Versionen sowie die gesamte Än-derungshistorie aller Einheiten, so dass alle früheren Versionen wie-derhergestellt werden können.

---

[19] Vgl. *Activity 3*, 93-TR-25, S. L2-77.
[20] Vgl. *Activity 7*, 93-TR-25, S. L2-80.
[21] Vgl. 93-TR-25, S. L2-80.

Ak 10 erfordert die Durchführung von Baseline-Audits nach einem dokumentierten Verfahren. Nicht nur der Inhalt der Baseline wird beurteilt, sondern auch die Struktur des Bibliothekssystems und die Möglichkeiten, die es bietet, sowie die Funktionsfähigkeit der Baseline. Und um diese Funktionsfähigkeit zu gewährleisten, werden Abweichungen bis zum Schluss verfolgt. Beachten Sie, dass im Rahmen von *Verifizierung der Implementierung* unter *Ve 3* eine ähnliche Praktik erforderlich ist: „Die *SKM*-Gruppe führt regelmäßig Audits der Software-Baselines durch, um zu verifizieren, ob sie mit den Unterlagen übereinstimmen, mit denen sie definiert wurden".[22] Die Unterschiede zu *Ak 10* sind nicht sehr offensichtlich. Ein Unterschied ist, dass *Ak 10* ein bestimmtes Projekt betrifft, die Verifizierungspraktik hingegen ist eine Stichprobe und wird vielleicht nicht in jedem Projekt durchgeführt. Ein weiterer, feinerer Unterschied ist, dass die Verifizierungsaktivität eine Kontrolle dafür ist, wie gut der grundlegende *SKM*-Prozess funktioniert, genau so wie regelmäßige Audits von Wirtschaftsprüfern eine Kontrolle des Audit-Prozesses einer Bank sind.

Betrachtung der Zielaktivitäten: Ziel 3

Im Rahmen von Ziel 3 spielen zwei Aktivitäten eine Rolle. *Ak 5* besagt, dass „die Änderungswünsche und Problemberichte für alle Teile der Konfiguration nach einem dokumentierten Verfahren eingeleitet, aufgezeichnet, bewertet, genehmigt und verfolgt werden".[23] Beachten Sie, dass hier von der Existenz von Problemberichten ausgegangen wird, und dass diese mit den Änderungswünschen in Verbindung gebracht werden, wenn sie nicht gar deren Ursache sind. Zudem sollte beachtet werden, dass die *SKM*-Gruppe nicht ausdrücklich als ausführende Instanz dieser Aktion genannt wird; wichtig ist hier nur, dass die Ausführung einem Verfahren folgt.

Ziel 3: Änderungen an gekennzeichneten Software-Arbeitsprodukten werden gelenkt.

Änderungswünsche aus Problemberichten, Anforderungsänderungen, Korrekturmaßnahmen usw. führen zu Änderungen der Baseline. *Ak 6* besagt, dass die Änderungen der Baselines nach einem dokumentierten Verfahren erfolgen. In dem Verfahren werden diese Änderungen von der zuständigen Stelle genehmigt (im CMM-Sprachgebrauch das SKLG), beim Ein- und Auschecken der Einheiten in die bzw. aus der Baseline muss die Funktionsfähigkeit der Baseline gewährleistet sein, und Regressionstests müssen durchgeführt werden (einer der seltenen Fälle im CMM, in denen Tests erwähnt werden).

Regressionstests gewährleisten, dass Änderungen an Baselines keine unbeabsichtigten Effekte bewirken. Das Verfahren erfordert, dass

---

[22] Vgl. 93-TR-25, S. L2-83.
[23] Vgl. 93-TR-25, S. L2-79.

SKM: Betrachtung der Zielaktivitäten

Ziel 3: Änderungen an gekennzeichneten Software-Arbeitsprodukten werden gelenkt.

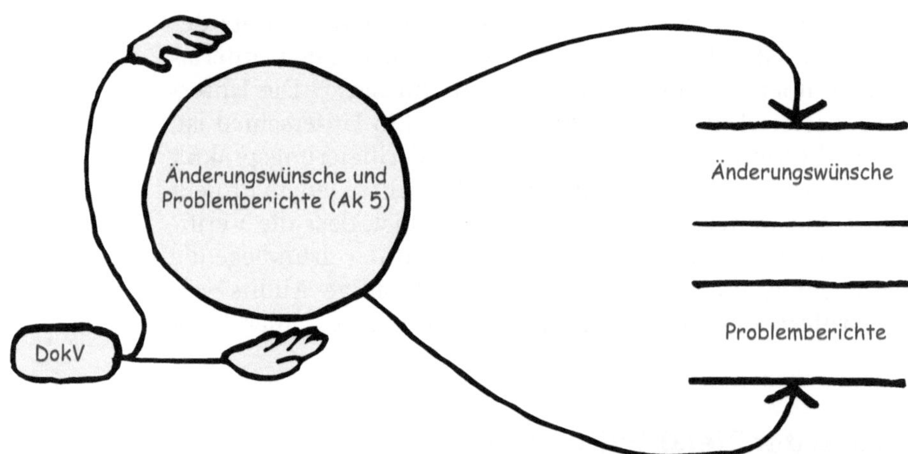

– eingeleitet
– aufgezeichnet
– bewertet
– genehmigt

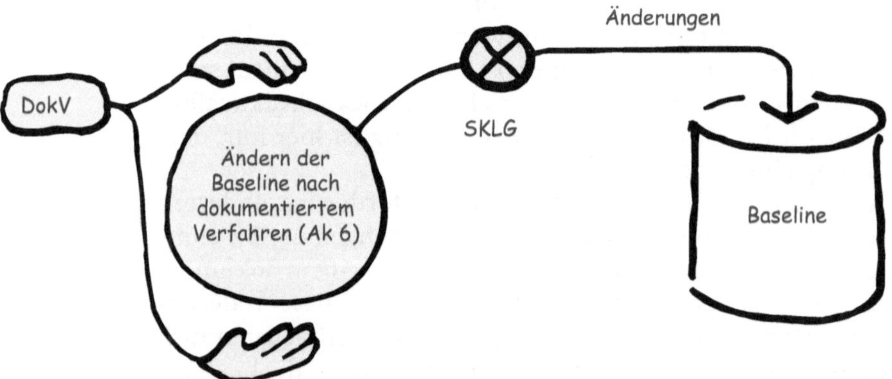

– Regressionstests
– Einchecken / Auschecken

Änderungen eine Bewertung und einen Regressionstest durchlaufen, und dass Änderungen bis zur abschließenden Genehmigung oder Ablehnung den Status „vorläufig" haben.

Jeder, der im Jahre 1990 das Telefon-Fiasko in den USA miterlebt hat, sollte einsehen, wie wichtig Regressionstests sein können: Die Organisation, die für die Software-Wartung einer Telefongesellschaft verantwortlich war, führte eine mittlerweile legendäre 1-Byte-Änderung in einem Objektmodul durch und integrierte dieses Modul in das System, ohne vorher einen Regressionstest durchzuführen. Ein Fehler setzte Telefonleitungen nach und nach außer Betrieb, mit dem Ergebnis, dass nach zwei Tagen nahezu alle Leitungen nach Washington, D. C., besetzt waren. Eine Anekdote aus dem Bereich der Regressionstests, die recht bemerkenswert ist (und frustrierend, wenn man zu dieser Zeit versucht hat, Washington, D. C., telefonisch zu erreichen).

Betrachtung der Zielaktivitäten: Ziel 4

Das letzte Ziel des *SKM*s, analog zum letzten Ziel der *SQS*, ist das Informieren der beteiligten Gruppen über den Status des Schlüsselprozessbereichs. Wie bei der *SQS* zeigt das Piktogramm zu diesem Ziel und der einzigen Aktivität (*Ak 9*) eine *SKM*-Satzung, die verfügt, dass das *SKM* die folgende Aktion durchführt: Standardberichte, die die *SKM*-Aktivitäten und Baseline-Inhalte dokumentieren, den beteiligten Gruppen zur Verfügung stellen. Diese Art von Berichten, SKLG-Notizen, Zusammenfassungen von Änderungswünschen und Problemberichten, Änderungshistorien und Audit-Ergebnisse dienen der Organisation dazu, einen Gesamtüberblick über den *SKM*-Prozess zu gewinnen. Wie bei der entsprechenden Aktivität der *SQS* kann die *SKM* diese Praktik nutzen, um den Kunden in der Organisation Bericht zu erstatten.

Ziel 4: Die beteiligten Personen und Gruppen werden über Status und Inhalt der Software-Baselines informiert.

Software-Unterauftragnehmer-Management (SUM)

(SUM)

Betrachtung der Ziele

Das *Software-Unterauftragnehmer-Management* kann als Anwendung der anderen SPBs der Stufe 2 auf den Unterauftragnehmer betrachtet werden. Da die anderen Stufe 2-Praktiken Voraussetzung für das *SUM* sind, wird es in diesem *Handbuch* als letzter SPB der Stufe *Wiederholbar* behandelt.

Dieser SPB befasst sich mit der Auswahl und dem Management von Komponentenlieferanten für das Software-Projekt. Hardware-Engineers, die das CMM untersuchen, behaupten manchmal, wenn man

Ziel 1: Der Hauptauftragnehmer wählt qualifizierte Unterauftragnehmer aus.

SKM: Betrachtung der Zielaktivitäten

Ziel 4: Die beteiligten Personen und Gruppen werden über Status und Inhalt der Software-Baselines informiert.

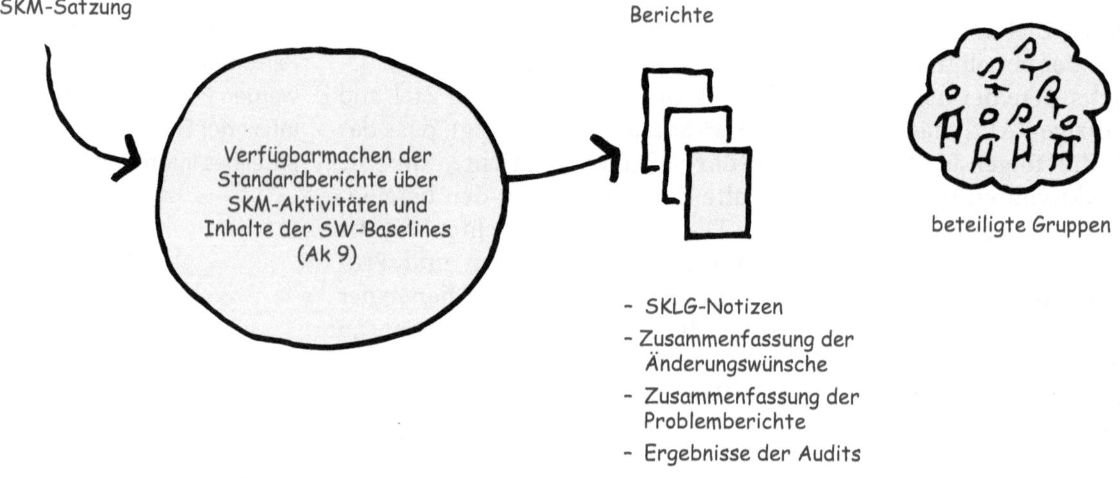

SUM: Betrachtung der Ziele

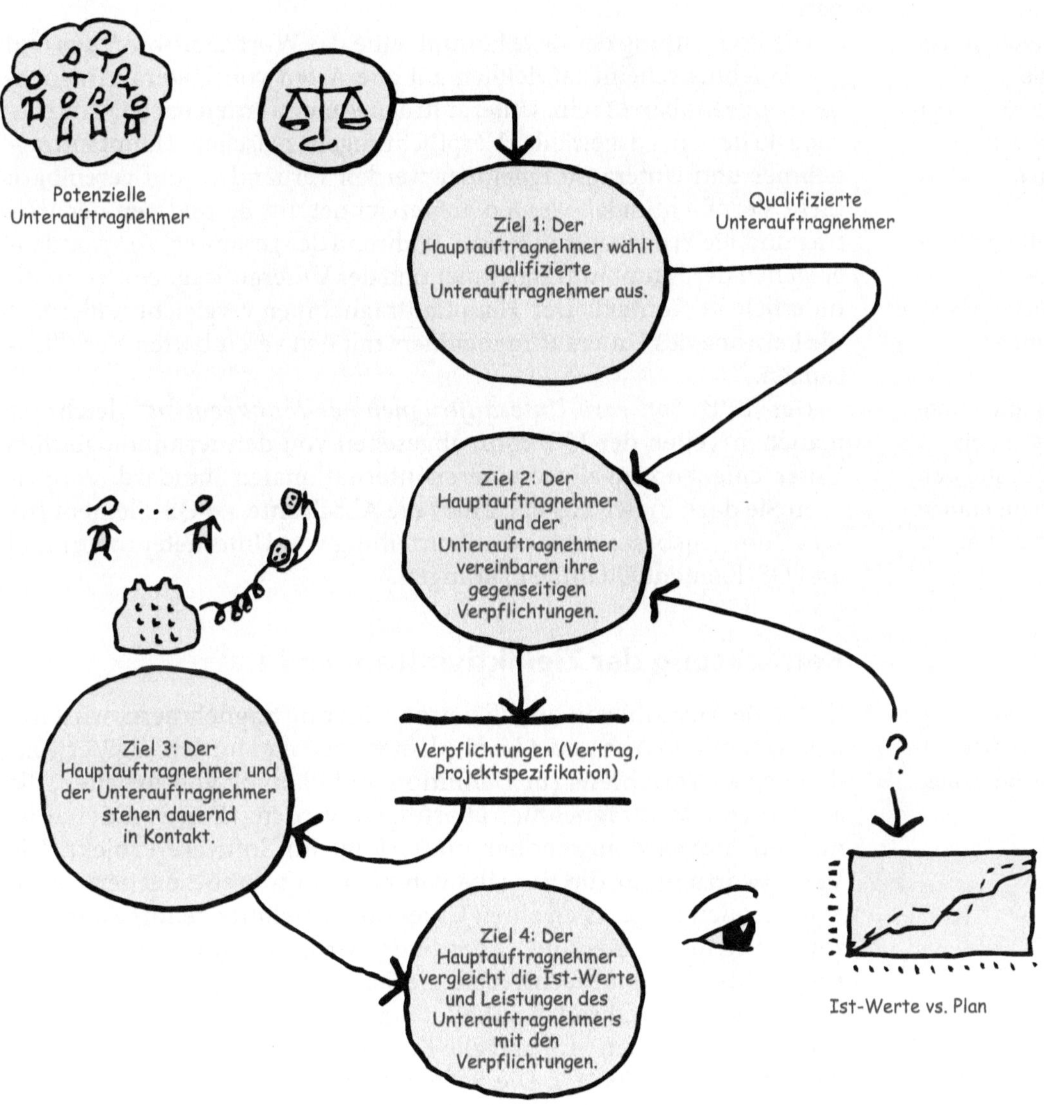

Ziel 2: Der Hauptauftragnehmer und der Unterauftragnehmer vereinbaren ihre gegenseitigen Verpflichtungen.

Ziel 3: Der Hauptauftragnehmer und der Unterauftragnehmer stehen dauernd in Kontakt.

Ziel 4: Der Hauptauftragnehmer vergleicht die Ist-Werte und Leistungen des Unterauftragnehmers mit den Verpflichtungen.

das Wort „Software" in diesem SPB einfach weglassen würde, dann sei dieser SPB auf jede Engineering- und Produktionsaktivität anwendbar.

Die Betrachtung der Ziele kommt ohne das Wort „Software" aus und das Ergebnis scheint tatsächlich auf alle Arten von Unterauftragnehmern anwendbar zu sein. Unterauftragnehmer werden nach Qualifizierungskriterien ausgewählt. Verpflichtungen zwischen Hauptauftragnehmer und Unterauftragnehmer werden verhandelt und vereinbart; diese Verpflichtungen werden aufgezeichnet, im Besonderen der Vertrag und die Projektspezifikation. Während der gesamten Vertragsdauer stehen der Hauptauftragnehmer und der Unterauftragnehmer kontinuierlich in Kontakt. Der Hauptauftragnehmer vergleicht außerdem die Leistung des Unterauftragnehmers mit den vereinbarten Verpflichtungen.

Der SPB *Software-Unterauftragnehmer-Management* gleicht in manchen Teilen der ISO 9001, abgesehen von den terminologischen Unterschieden zum allgemeineren internationalen Standard. Vergleichen Sie dazu in der ISO 9001:1987 die Abschnitte 4.6 QS-Element Beschaffung (insbesondere 4.6.2 Beurteilung von Unterlieferanten) und 4.10 QS-Element Qualitätsprüfungen.

Betrachtung der Zielaktivitäten: Ziel 1

Ziel 1: Der Hauptauftragnehmer wählt qualifizierte Unterauftragnehmer aus.

Ziel 1, die Auswahl von qualifizierten Unterauftragnehmern, wird mit den Aktivitäten *Ak 1* und *Ak 2* implementiert. *Ak 1* fordert die Verwendung eines Verfahrens zur Definition und Planung von Arbeiten, die an den Unterauftragnehmer übertragen werden. (Diese Aktivität ist nur auf Software anwendbar und erfolgt im Software-Projekt. Die Verantwortung für die Vergabe von nicht softwarebezogenen Teilen eines großen Projekts an einen Unterauftragnehmer gehört zwar eher zum System-Engineering. Allerdings wird, wie im SPB *Anforderungs-Management* beschrieben, die Software-Gruppe hier mit einbezogen.) Das Verfahren beinhaltet und setzt voraus: die Software-Anforderungen, den SEP und alle Komponenten des SEPs (z. B. Pläne der *SQS* und des *SKMs*). Die Software-Gruppe, die *SQS*-Gruppe, das *SKM*, die Projektleiter und der Manager des Hauptauftragnehmers, der für die Unterauftragnehmer zuständig ist, bewerten und beschließen die Projektspezifikation für die Vergabe des Auftrags. Ein Ergebnis dieser Aktivität ist ein Plan für die Auswahl eines Unterauftragnehmers basierend auf diesen Punkten des Verfahrens.

Ak 2 beinhaltet auch ein dokumentiertes Verfahren, diesmal die Auswahl eines Unterauftragnehmers basierend auf einer Beurteilung der Fähigkeit eines Bieters, den Auswahlkriterien des Plans zu genügen. Dieses Verfahren berücksichtigt, neben anderen Merkmalen des Bieters, die früheren Leistungen, die Entfernung zum Auftraggeber

SUM: Betrachtung der Zielaktivitäten

Ziel 1: Der Hauptauftragnehmer wählt qualifizierte Unterauftragnehmer aus.

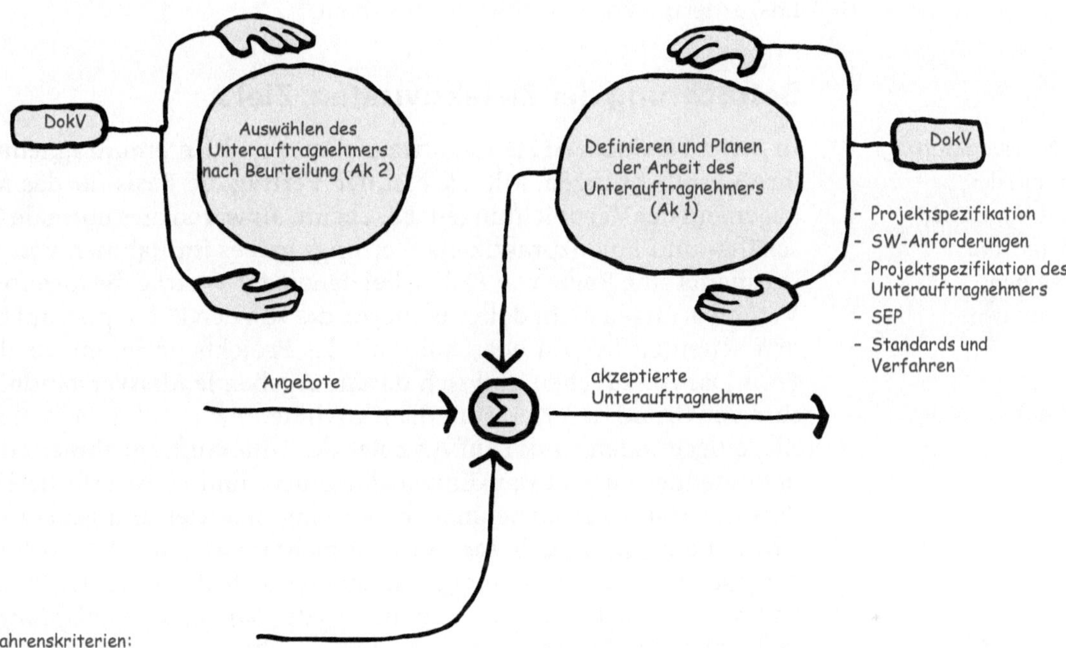

Verfahrenskriterien:

– frühere Leistungen

– Entfernung zu Hauptauftragnehmer bzw. Standort

– Fähigkeit des SWE- und SW-Managements

– verfügbares Personal

– Erfahrung auf dem Gebiet

– verfügbare Ressourcen

(bzw. der Standort), die Software-Engineering-Fähigkeiten (möglicherweise beurteilt anhand des CMMs) und das verfügbare Personal.

Die beiden Aktivitäten ähneln Abschnitt 4.6.2 der ISO 9001:1987: „Der [Haupt-] Lieferer muß Unterlieferanten aufgrund ihrer Fähigkeit, die Forderungen des Untervertrags, eingeschlossen die Qualitätsforderungen, zu erfüllen, auswählen."

Betrachtung der Zielaktivitäten: Ziel 2

Ziel 2: Der Hauptauftrag-nehmer und der Unterauftragnehmer vereinbaren ihre gegenseitigen Verpflichtungen.

In Ziel 2 vereinbaren Hauptauftragnehmer und Unterauftragnehmer ihre Verpflichtungen. Mit *Ak 3* ist der Vertrag die Basis für das Management der Verpflichtungen. Es scheint, als wären dies normale Geschäfts- und Finanzpraktiken, allerdings gab es im Rahmen von Assessments eine Reihe von Fällen, bei denen der Vertrag die formlosen Vereinbarungen nicht dokumentierte, die von den Beteiligten auf beiden Seiten zu Beginn oder während des Projekts getroffen wurden. Formlose Absprachen und sich daraus ergebende Missverständnisse sind der Grund dafür, warum die Aktivitäten *Ak 4* und *Ak 6* in dieses Ziel eingebunden sind. Laut *Ak 4* hat der Unterauftragnehmer einen dokumentierten Software-Entwicklungsplan und es ist erforderlich, dass der Hauptauftragnehmer diesen Plan bewertet und genehmigt. Obwohl das CMM zu dieser Aktivität nicht ins Detail geht, wird vorausgesetzt, dass der Hauptauftragnehmer sich der gleichen Punkte annimmt wie beim eigenen SEP im SPB der *Software-Projektplanung* (Schätzungen, Risiken, Annahmen, Vereinbarungen der Verpflichtungen durch die beteiligten Gruppen).

Ak 6 besagt, dass ein dokumentiertes Verfahren über die Änderungen der Unterauftragnehmer-Verpflichtungen, der Projektspezifikation oder der Vertragsbedingungen bestimmt. Das CMM erteilt zu dieser Aktivität keinen besonderen Ratschlag, doch die Praktiken ähneln wahrscheinlich jenen des *Anforderungs-Managements* und der *Software-Projektlenkung und -verfolgung* für die Änderung von Anforderungen, Verpflichtungen und Plänen.

SUM: Betrachtung der Zielaktivitäten

Ziel 2: Der Hauptauftragnehmer und der Unterauftragnehmer vereinbaren ihre gegenseitigen Verpflichtungen.

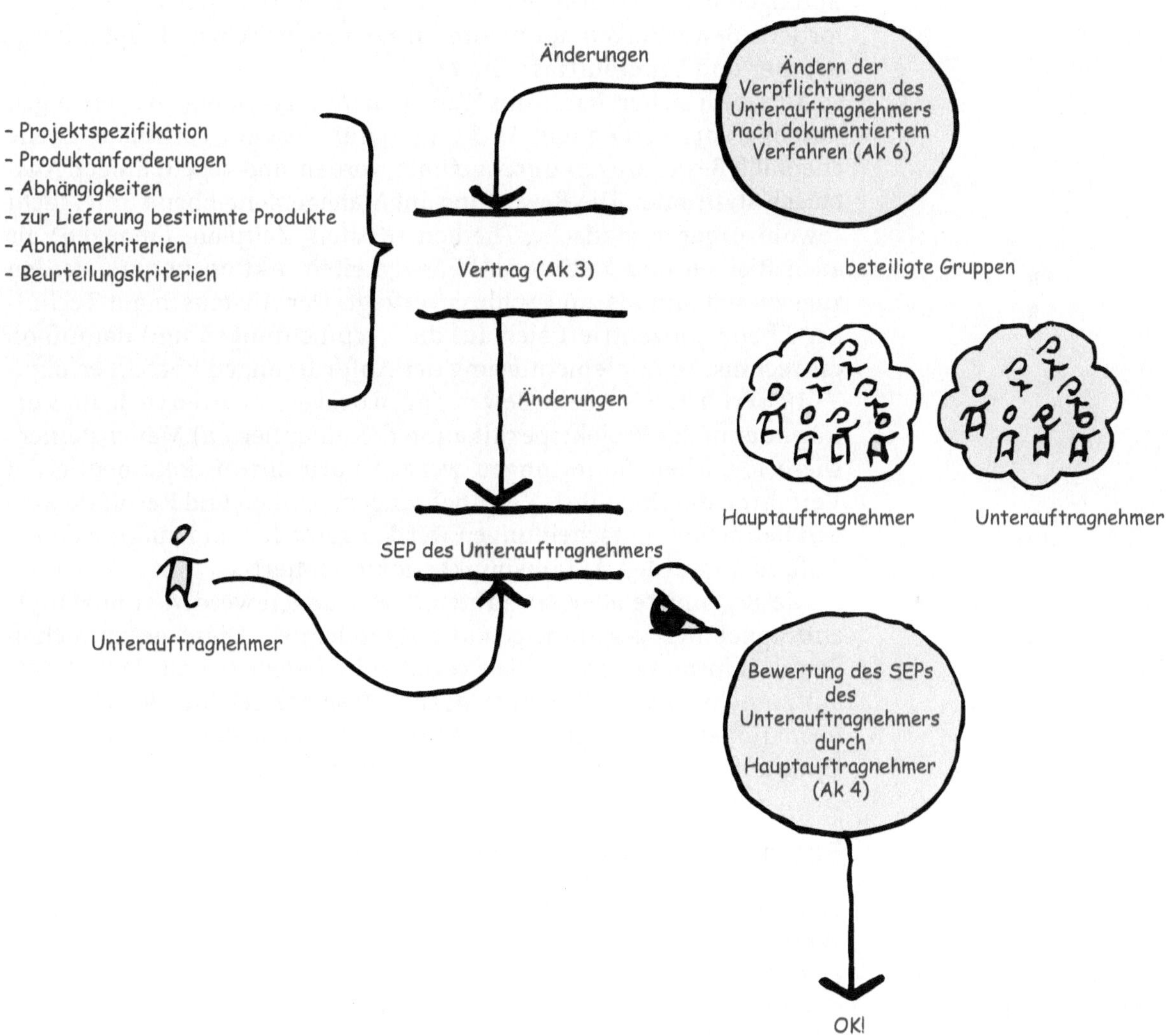

Betrachtung der Zielaktivitäten: Ziel 3

Ziel 3: Der Hauptauftragnehmer und der Unterauftragnehmer stehen dauernd in Kontakt.

Ziel 3 gewährleistet mit der Forderung eines kontinuierlichen Austauschs zwischen Hauptauftragnehmer und Unterauftragnehmer, dass die Notwendigkeit von Änderungen der Verpflichtungen, des Vertrags oder der Projektspezifikation durch einen regelmäßig durchgeführten Prozess deutlich wird. Die Aktivitäten von Ziel 3 erfordern Bewertungen auf mehreren Ebenen zwischen Hauptauftragnehmer und Unterauftragnehmer.

Ak 7 stellt sicher, dass vom Management regelmäßige Bewertungen durchgeführt werden und *Ak 8* sorgt dafür, dass auf Techniker-Ebene ebenfalls Bewertungen durchgeführt werden und regelmäßiger Austausch stattfindet. Die Bewertung auf Management-Ebene untersucht sowohl programmatische Themen (Kosten, Zeitplan, Finanzen) als auch Risiken und kritische Abhängigkeiten. Aktionspunkte werden zugewiesen und bis zum Schluss verfolgt. Der Austausch auf Techniker-Ebene konzentriert sich auf die Verpflichtungen und darauf, ob die technische Implementierung der Anforderungen korrekt erfolgt.

Ak 9 erfordert formelle Bewertungen bei vereinbarten (d. h. im Vertrag oder in der Projektspezifikation dokumentierten) Meilensteinen. Diese formellen Bewertungen werden nach einem dokumentierten Verfahren durchgeführt. Verpflichtungen, Risiken und Resultate werden betrachtet, Entscheidungen werden getroffen und aufgezeichnet. Außerdem werden Aktionspunkte dokumentiert.

Die Ergebnisse aller erwähnten Bewertungen werden vom Hauptauftragnehmer gesammelt und aufgezeichnet. Diese gesammelten Status-Informationen werden regelmäßig beurteilt und dem Unterauftragnehmer wird Feedback bezüglich seiner Leistung gegeben. Informationen über Leistungen können bei einer späteren Auswahl von Unterauftragnehmern wiederverwendet werden.

Betrachtung der Zielaktivitäten: Ziel 4

Ziel 4: Der Hauptauftragnehmer vergleicht die Ist-Werte und Leistungen des Unterauftragnehmers mit den Verpflichtungen.

Ziel 4 ist ähnlich dem der *Software-Projektlenkung und -verfolgung.* Wie im Piktogramm zu Ziel 3 gruppieren sich hier die Aktivitäten um eine Datenbank, in der der Status der Arbeit des Unterauftragnehmers dokumentiert wird. Hier unterstützen sieben Aktivitäten dieses Ziel. *Ak 13*, Feedback des Hauptauftragnehmers zu den Leistungen des Unterauftragnehmers, und *Ak 9*, formelle Meilenstein-Bewertungen nach einem Verfahren, spielten bereits bei Ziel 3 eine Rolle. Ich bringe den Vertrag (*Ak 3*) und den SEP des Unterauftragnehmers (*Ak 5*) mit dem Ziel der Verfolgung in Verbindung, da diese Aktivitäten die Vereinbarung darüber, was verfolgt wird und zu welchem Zeitpunkt das geschieht, reflektieren.

SUM: Betrachtung der Zielaktivitäten

Ziel 3: Der Hauptauftragnehmer und der Unterauftragnehmer stehen dauernd in Kontakt.

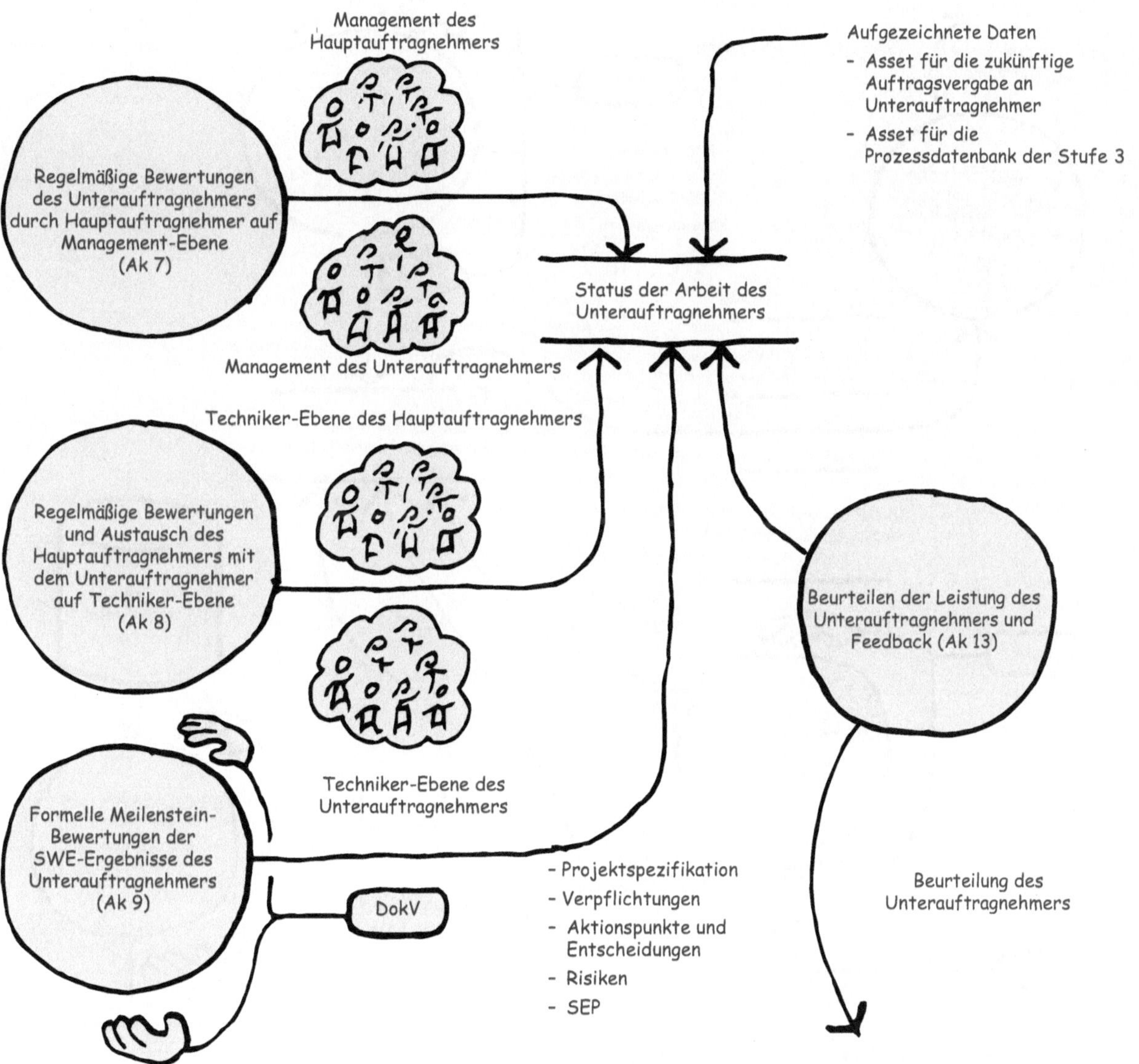

SUM: Betrachtung der Zielaktivitäten

Ziel 4: Der Hauptauftragnehmer vergleicht die Ist-Werte und Leistungen des Unterauftragnehmers mit seinen Verpflichtungen.

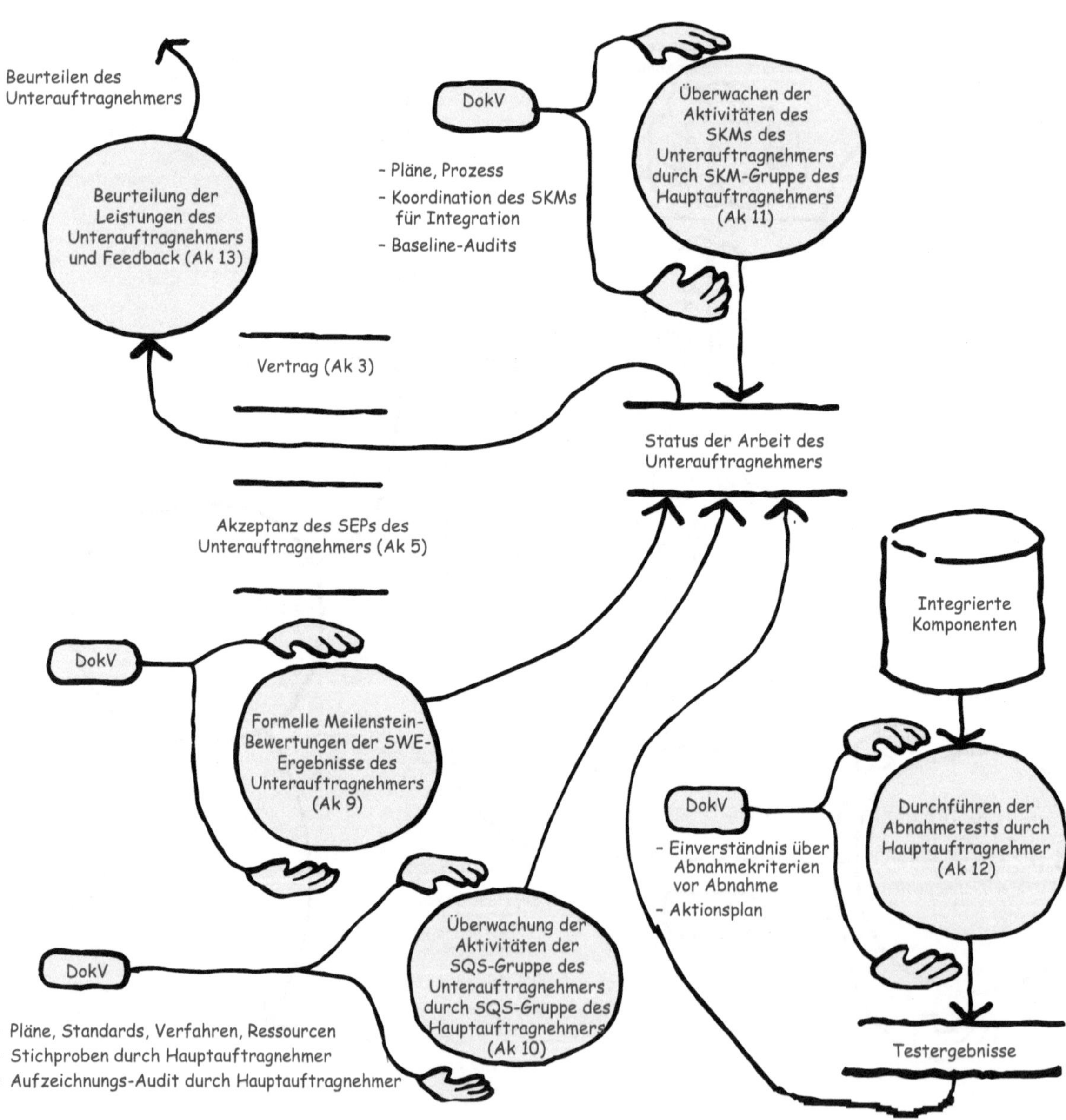

Ak 10 und *Ak 11* erfordern die Überwachung der *SQS-* und *SKM-*Aktivitäten des Unterauftragnehmers nach einem dokumentierten Verfahren durch die *SQS-* und *SKM*-Gruppe des Hauptauftragnehmers. Die Verwendung eines Verfahrens impliziert, dass die Bewertung nicht zwang- und formlos ist, sondern einen systematischen und gleich bleibenden Inhalt hat. *Ak 10* erfordert von der *SQS*-Gruppe Bewertungen oder Audits der *SQS*-Pläne und -Verfahren, der Standards, der Stichproben der Aktivitäten und der Arbeitsprodukte des Unterauftragnehmers sowie regelmäßige Audits der eigenen *SQS*-Aufzeichnungen. Vom *SKM* wird folgendes erwartet: die Bewertung der Pläne des Unterauftragnehmers, der Ressourcen, Verfahren und Standards, die Koordination von Konfigurations-Management-Aktivitäten (diese ist erforderlich, da Komponenten integriert und mit dem System-Build und der Release abgestimmt werden müssen) sowie regelmäßige Baseline-Audits.[24]

Ak 12, die letzte Aktivität zu diesem Ziel, verlangt, dass der Hauptauftragnehmer die Produkte des Unterauftragnehmers einer Abnahme nach einem dokumentierten Verfahren unterzieht. Der zugrunde liegende Prozess der Abnahme, der vom Verfahren nur kodifiziert wird, verlangt die Abstimmung der Abnahmekriterien zwischen Hauptauftragnehmer und Unterauftragnehmer und die Aufzeichnung der Testergebnisse und Aktionspläne, mit denen Fehler, die im Produkt entdeckt wurden, beseitigt werden sollen.

Wenn Organisationen keine Verträge mit Komponentenzulieferern haben, dann wird im Rahmen von Assessments die Vergabe an Unterauftragnehmer meist nicht in den Katalog der zu bewertenden Aktivitäten aufgenommen. Manche Organisationen halten es jedoch für sinnvoll, CMM-Praktiken der Auftragsvergabe an Unterauftragnehmer auch auf interne Zulieferer anderer Bereiche der eigenen Organisation anzuwenden. Neben der Vorgabe einer Struktur für eine klar umrissene Schnittstelle trägt die *SUM* zur Vermeidung vieler Probleme bei, die häufig die Beziehung zwischen Kunden und Zulieferer beeinträchtigen.

Wenn der SPB des *Software-Unterauftragnehmer-Managements* in Workshops besprochen wird, taucht immer die Frage auf, ob dieser SPB auch auf das „Body-Shopping" zutrifft, d. h., wenn technisches Personal eines Unterauftragnehmers Seite an Seite mit den Angestellten des Hauptauftragnehmers arbeitet und deren Aufgaben wahrnimmt. Solche Übereinkünfte sind in jenen Geschäftsumgebungen üblich, in denen die Lohnkosten und Lohnnebenkosten für die Angestellten sehr hoch sind (z. B. für Prämien). Manchmal waren Angestellte des Unterauftragnehmers länger beim Hauptauftragnehmer beschäftigt als die meisten anderen Angestellten.

---

[24] Vgl. *Ve 3* des *SKMs*.

Body-Shopping scheint nicht so ganz zu den *SUM*-Praktiken zu passen. Für die Aufsicht und die Bewertung der Leistung ist in der Regel der Aufgabenleiter oder ein anderer Manager des Hauptauftragnehmers zuständig, und die Leistung, die bewertet werden soll, ist meist die Leistung einer Person und nicht die eines Unterauftragnehmers. Das bedeutet, dass die Schnittstelle beim Body-Shopping zwischen Personen ist und nicht zwischen Organisationen. Daher ist das *SUM* nur schwer auf das Body-Shopping anzuwenden.

Zusammenfassung: Prozess-Assets auf Stufe 2

(Zusammenfassung)

Nachdem ich Ihnen nun alle SPBs der Stufe 2 vorgestellt habe, die *Durchzuführenden Aktivitäten* und die *Institutionalisierenden SPB-Indikatoren* etwas erläutert habe, möchte ich diese Stufe nun von zwei unterschiedlichen Perspektiven aus zusammenfassen. Die erste zusammenfassende Betrachtung befasst sich mit dem, was das CMM als Prozess-Assets bezeichnet. Die zweite beschäftigt sich mit den Beziehungen zwischen den SPBs. Ich möchte jeden Reifegrad mit diesen beiden zusammenfassenden Betrachtungen in Bezug auf die Prozess-Assets und die Beziehung zwischen den SPBs abschließen.

Was sind Prozess-Assets? Prozess-Assets sind die Artefakte und Nebenprodukte, die bei der Software-Entwicklung oder -Wartung und im Rahmen von Software-Aktivitäten entstehen. Sie sind also die Ergebnisse der Praktiken von, in diesem Fall, Stufe 2. Sie sind Assets, da sie Beispiele für gute Praktiken und Ausdruck der Fachkenntnis im Software-Engineering und -Management sind. Kurz, Prozess-Assets stellen die gesammelten und dokumentierten Software-Kenntnisse einer Organisation dar. Um Ihnen Beispiele für Prozess-Assets zu nennen, möchte ich die SPBs der Stufe 2 durchlaufen und die Dokumente, Aufzeichnungen und andere Artefakte, die durch die Aktivitäten entstehen, auflisten (bzw. in einem Piktogramm darstellen). Da auf Stufe 2 die besten Software-Praktiken einer Organisation in den Projekten zu finden sind, sind die Projektdokumente im Piktogramm als Repository dargestellt.

Einige Beispiele (alle auf Projektebene) sind:

- Software-Entwicklungspläne (SEPs) einschließlich der *SQS*- und *SKM*-Pläne
- Schätzungen (Kosten, Aufwand, Zeitplan und v. a. Größe)
  – mehrmals während des Projekts
  – für andere, zukünftige Projekte
- Aufzeichnungen der Leistungen von Unterauftragnehmern
  – SEPs der Unterauftragnehmer

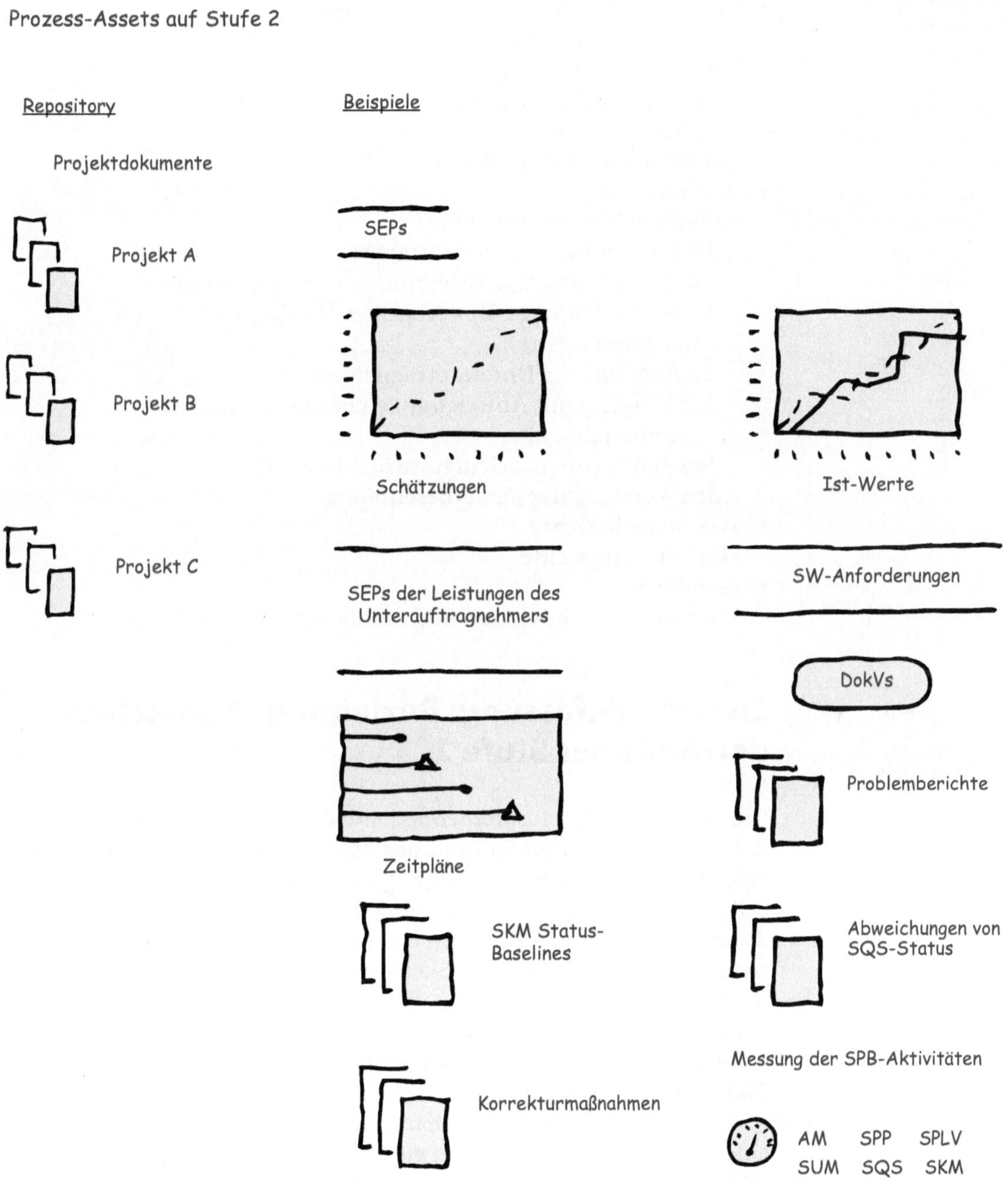

Prozess-Assets auf Stufe 2

Repository

Beispiele

Projektdokumente

Projekt A

Projekt B

Projekt C

SEPs

Schätzungen

Ist-Werte

SEPs der Leistungen des
Unterauftragnehmers

SW-Anforderungen

DokVs

Zeitpläne

Problemberichte

SKM Status-
Baselines

Abweichungen von
SQS-Status

Korrekturmaßnahmen

Messung der SPB-Aktivitäten

AM   SPP   SPLV
SUM   SQS   SKM

- Ist-Werte im Vergleich zu Schätzungen
  – zu verschiedenen Zeitpunkten aufgezeichnet
- Software-Anforderungen
- Analysen der Auswirkungen von Änderungen bei
  – Anforderungen
  – Geschäftsverhältnissen
- Verfahren für
  – die Entwicklung der SEPs
  – die Entwicklung der Schätzungen
  – die Entwicklung und Bewertung der Anforderungen
  – die Senior Manager-Bewertungen der Verpflichtungen
    und Änderungen
  – die Auswahl der Unterauftragnehmer
  – den Umgang mit Abweichungen bezüglich der *SQS*
- Problemberichte über
  – den Status (offen, erledigt, zurückgestellt)
  – den Aufwand der Fehlerbeseitigung
- *SQS*-Statusberichte
- *SKM*-Statusberichte
- Zeitpläne
- Messung von Aktivitäten und Status der SPBs von Stufe 2

(Zusammenfassung)

Zusammenfassung: Beziehungen zwischen den SPBs der Stufe 2

Die zweite Art der zusammenfassenden Betrachtung am Ende jedes Reifegrads ist ein Piktogramm der Beziehungen zwischen allen SPBs einer Stufe. Es ist eine gute Übung für einen Workshop oder für das Selbststudium, ein eigenes Beziehungspiktogramm zu zeichnen. Sich dieses Bild vor Augen zu halten ist besonders hilfreich für Assessoren, wenn sie versuchen, die Praktiken einer Organisation mit der abstrakten Betrachtung des CMMs zu vergleichen.

Ein gutes Beziehungspiktogramm erfasst zwar das Wesentliche, sollte aber nicht zu reich an Details sein. Meine Version eines solchen Piktogramms sehen sie weiter unten.

Der Einfachheit halber ist man geneigt, davon auszugehen, dass es einen zentralen SPB der Stufe 2 gibt, der als Kernstück für alle anderen SPBs fungiert: Wenn man ihn entfernt, brechen alle anderen SPBs in sich zusammen. Meiner Meinung nach gibt es hier keinen solchen SPB. Andererseits würde ich auf Stufe 2 die *Weiteren SPB-Indikatoren* von vielen SPBs als Kernstück bezeichnen, die den Verpflichtungsprozess ausmachen. (Obwohl ich den Verpflichtungsprozess nicht in das Beziehungspiktogramm integriert habe, könnte es für Sie eine gute Übung sein.)

Beziehungen zwischen den SPBs der Stufe 2

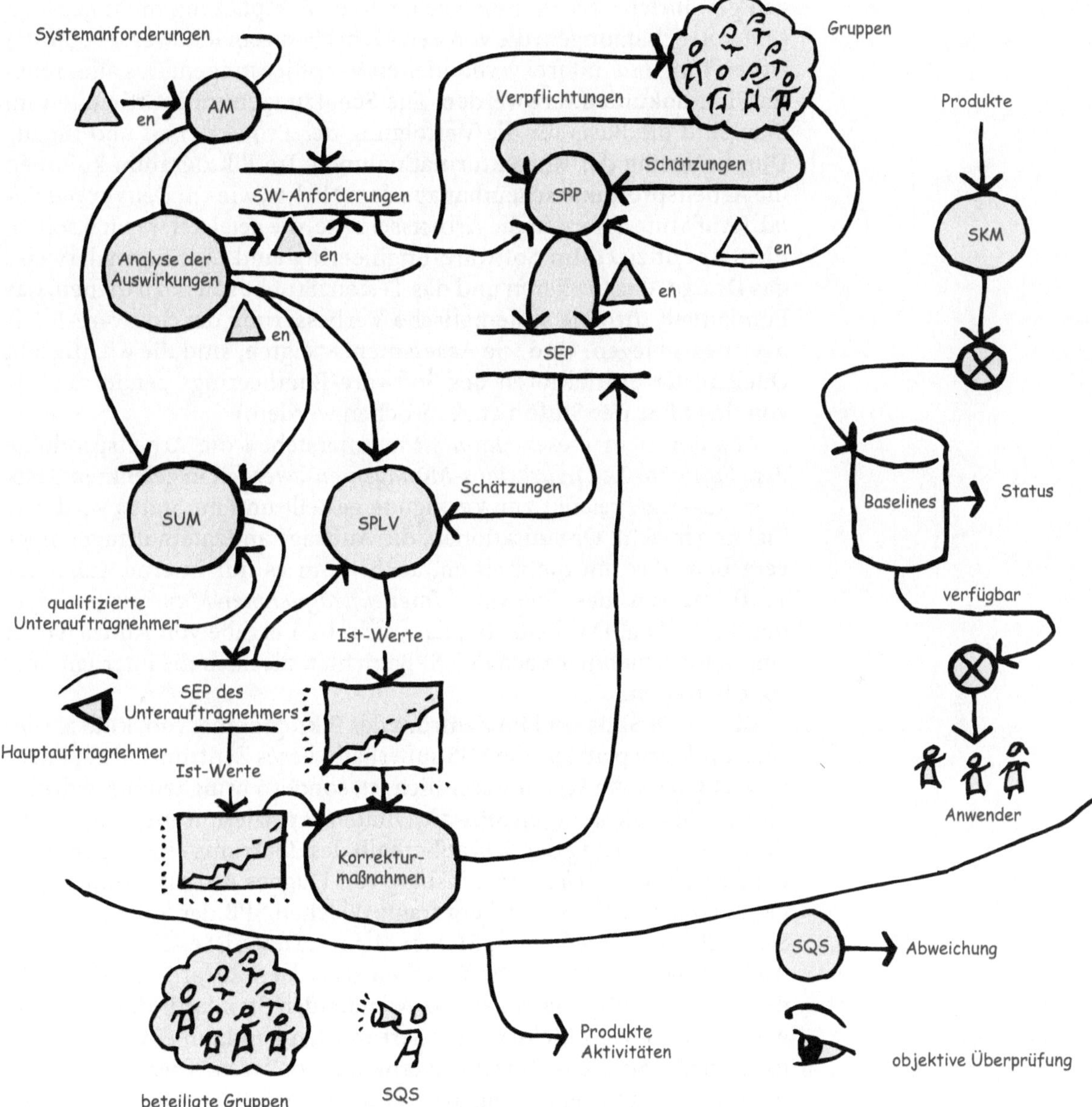

Um den Software-Prozess zu stabilisieren, muss die Kontrolle über die anfänglichen Anforderungen und die anschließenden Änderungen gewährleistet sein. Eine geeignete Projektplanung muss gegeben sein, mit Schätzungen, die von den Menschen gemacht werden, die die Arbeit tun, *und* mit frei verhandelten Verpflichtungen. Das alles muss im Plan dokumentiert werden. Die Schätzungen und Aktivitäten im Plan sind die Basis für die Verfolgung der Projektarbeit und für die Durchführung der Korrekturmaßnahmen. Im Piktogramm kommen die Arbeitsprodukte scheinbar aus dem Nichts, wie ein *Deus ex machina*. (Auf Stufe 2 werden die Arbeitsschritte, die geleistet werden sollen, nicht spezifiziert. Im Software-Engineering sind dies normalerweise das Design, das Codieren und das Testen. Stufe 2 soll dazu dienen, das Fundament für eine systematische Verbesserung des Software-Engineerings zu legen. Und wie Assessments zeigten, sind die wichtigsten Quellen der Störfaktoren des Software-Engineerings genau die, die von den SPBs der Stufe 2 angesprochen werden.)

Aus der Sicht dieses *Handbuchs* unterstehen die Arbeitsprodukte dem *Software-Konfigurations-Management*, werden in gelenkten Baselines abgelegt, gelenkt zur Verfügung gestellt und ihr Status wird verfügbar gemacht. Organisationen, die Aufträge an Unterauftragnehmer vergeben (das tun die meisten, auch wenn es nur interne Zulieferer sind) müssen das *Software-Unterauftragnehmer-Management* vernünftig lenken. Das bedeutet, dass sich die Vergabe von Aufträgen an Unterauftragnehmer nach den SPBs richtet, die auch die internen Projekte betreffen.

Diese fünf SPBs sind im Zentrum des Piktogramms von Stufe 2. Dieses *Handbuch* platziert die *SQS* außerhalb dieses Zentrums. Das bedeutet nicht, dass die *SQS* unwesentlich ist, sondern bringt zum Ausdruck, dass die *SQS* die anderen SPB-Aktivitäten verifiziert. Außerdem reflektiert die Platzierung der *SQS* außerhalb des Zentrums eine Erkenntnis, die dieses *Handbuch* Mark Ginsberg von Hughes Aircraft Company zu verdanken hat. Mark Ginsberg fragt: Welchen SPB der Stufe 2 würden Sie zuletzt implementieren? Meiner Meinung nach ist es die *SQS*, da ihre Aufgabe darin besteht, sicherzustellen, dass der Software-Prozess – d. h. die anderen SPBs – nach den anzuwendenden Standards durchgeführt wird. Und: Bevor objektiv verifiziert werden kann, ob ein Prozess befolgt wird, muss ein Prozess überhaupt existieren. Diesen logischen Ausführungen folgend, kann die *SQS* als letzter SPB von Stufe 2 betrachtet werden. Doch auch wenn nur ein anderer SPB implementiert ist, kann die *SQS* immer noch gewährleisten, dass die anderen SPB-Aktivitäten durchgeführt werden. Im Sinne der Implementierung, im Gegensatz zum logischen Ansatz, sollte frühzeitig mit der *SQS* begonnen werden, damit das Personal sich mit ihren Praktiken vertraut machen kann.

Übrigens gibt Mark Ginsbergs andere Frage in Bezug auf Stufe 2 ein interessantes Diskussionsthema für einen Workshop ab: Welchen SPB würden Sie als ersten implementieren und warum?

Übungen: Stufe 2

(Übungen)

Übung 2.1 (Anfänger):
SPB-Ziele

Stellen Sie sich vor, Sie und ihre Workshop-Kollegen sind ein geschultes Assessment-Team mit umfassenden Kenntnissen über die Stufe 2. Sie leiten das Software-Prozess-Assessment einer anderen Abteilung Ihrer Organisation, die sich mit der Prozessverbesserung befasst hat, um Stufe 2 zu erreichen. Es gilt u. a. zu überprüfen, ob die Abteilung die Ziele der sechs SPBs von Stufe 2 erreicht hat. Dies tun Sie, indem Sie sich anhören, was die Beteiligten über ihre Prozessaktivitäten (*Durchzuführende Aktivitäten* und *Weitere SPB-Indikatoren*, die gewährleisten, dass Praktiken zur Routine werden) zu sagen haben. Allerdings müssen die Praktiken nicht genau denen des CMMs entsprechen, denn letztlich muss das CMM für jeden Geschäftsbereich und organisationsspezifischen Kontext individuell interpretiert werden. Hier bringen Sie ihr Urteil als CMM-Experte ein, um darüber zu entscheiden, ob die Praktiken der Abteilung dem entsprechen, was das CMM verlangt.

Als Übung zur Anwendung des CMMs vor dem Assessment beschreiben Sie detailliert eine Organisation, die die Ziele eines vorher ausgewählten SPBs „vollständig erreicht". Veranschaulichen Sie, wie Praktiken in Ihrer Organisation implementiert werden müssen, damit sie das Ziel des ausgewählten SPBs vollständig erreichen. (Diese Übung fällt leichter, wenn alle Teilnehmer dieselbe Software-Organisation zugrunde legen.)

Übung 2.2 (Fortgeschrittene):
Erklärung der Institutionalisierung

Wenn Sie das CMM in Ihrer Organisation anwenden, dann kann Ihnen diese Übung früher oder später zugute kommen.

Stellen Sie sich für diese Übung vor, Ihr Workshop-Team ist Teil des Prozessverbesserungsprogramms in Ihrer Organisation. Das Senior Management-Komitee, das Ihre Verbesserungsbemühungen unterstützt, ist von der Vorstellung fasziniert, dass das CMM der Organisation dabei hilft, gute Praktiken zu „institutionalisieren". Das Komitee ist jedoch ein wenig skeptisch und möchte verstehen, wie das CMM diese „Institutionalisierung" (was fast so klingt, als würde man gegen den eigenen Willen in einer staatlichen Institution festgehalten) durchführt. Halten Sie, basierend auf Ihren Kenntnissen des 93-TR-24 und ihrem Verständnis der SPBs auf Stufe 2, einen zehnminütigen Vortrag, um die Zweifel des Senior Managements zu zerstreuen.

Übung 2.3 (Fortgeschrittene):
Überzeugen von Mitarbeitern einer Dienstleistungsorganisation

Das CMM ist nicht nur auf die Software-Entwicklung anwendbar, sondern kann auch eine Hilfe für Dienstleistungsorganisationen sein, die Menschen, die die gesamte Infrastruktur der modernen Geschäftswelt am Laufen halten.

Sie und Ihr Team sind CMM-Experten und arbeiten in einer Software-Organisation, die Software-Pakete und Software, die nach Kundenwunsch gefertigt wurden, wartet. (Dabei muss das System rund um die Uhr laufen und darf nicht ausfallen, wie z. B. bei einer Bank mit Online-Serviceleistungen, einer Fluggesellschaft mit Reservierungssystem oder einer Telefongesellschaft).

Sie haben folgende Situation vor Augen: Ihre Organisation wurde soeben einem Software-Prozess-Assessment unterzogen und befindet sich nach dem CMM – das überrascht Sie nicht – auf Stufe 1. Management und Personal haben die Ergebnisse dieses Assessments (Prozessengpässe) anerkannt. Diese Engpässe werden für jeden relevanten SPB der Stufe 2 festgehalten. (Entscheiden Sie selbst, wie sich die SPBs auf eine Dienstleistungsorganisation übertragen lassen.)

Das Personal, das die Arbeit macht, ist jedoch nicht überzeugt, da es an Problembekämpfungseinsätze gewöhnt ist (ganz klar, denn es handelt sich um eine Dienstleistungsorganisation – mit vielen dringenden Anrufen mitten in der Nacht und mit Notfalllösungen bestens vertraut).

Ihr Workshop-Team soll ein informelles Briefing für das Personal vorbereiten, beispielsweise ein zwangloses Arbeitsessen (in den USA bezeichnet man so etwas als „brown bag lunch", in Frankreich als „une conversation à la machine à café"), um sie vom CMM zu überzeugen.

Übung 2.4 (Fortgeschrittene):
Erklärung des Software-Engineerings

Diese Übung spiegelt eine schwierige Situation wider, die aber allzu typisch ist in einer Welt, in der sich ein Drittel der Software-Organisationen Assessments zufolge auf Stufe 1 befindet.

Stellen Sie sich vor, Sie sind Mitglied eines Assessment-Teams einer Organisation, deren erstes Assessment einiges Unbehagen hervorruft. Dieses Unbehagen zeigt sich besonders bei den Kollegen, die am Assessment beteiligt sind (Projektleiter, Praktiker, Manager). Sie haben zwar vorbereitend für das Assessment ein CMM-Training absolviert,

Ihre Kollegen jedoch nicht und sie sind mit den Software-Engineering-Konzepten des CMMs auch nicht vertraut. Das Problem ist nicht nur terminologischer Natur: Ihre Kollegen fühlen sich minderwertig. Sie wurden im Bereich des Software-Engineerings nicht umfassend geschult. Manche der Entwickler und Wartungsexperten sind in Informatik ausgebildet, doch die meisten misstrauen diesem CMM-„Kram", da sie befürchten, ihre Freiheit zur Innovation würde beschnitten werden. Projektleiter wurden auf Grund ihrer technischen Fachkenntnisse befördert, jedoch nicht in Projekt-Management geschult. Sie befürchten, keine allzu gute Beurteilung nach dem CMM zu bekommen.

Die Aufgabe Ihres Teams ist nun, für dieses Publikum eine Einführung in das CMM abzuhalten, die auf diese Ängste eingeht und zum Ziel hat, die Unterstützung für ein Verbesserungsprogramm zu bekommen, das auf dem CMM basiert.

Ein Tipp: Versuchen Sie, die Vorteile für jeden Mitarbeiter darzulegen, die eine Prozessverbesserung mit sich bringen würde. Verknüpfen Sie das CMM und die Prozessverbesserung mit den Vorteilen für Ihre Kollegen.

Übung 2.5 (Fortgeschrittene): Implementierung des Software-Konfigurations-Managements

Diese Übung funktioniert am besten, wenn Sie von der gleichen Organisation ausgehen; deshalb sollten Sie und Ihre Team-Mitglieder ein und derselben Organisation angehören.

Zeichnen Sie ein Flussdiagramm dazu, wie das *SKM* in Ihrer Organisation nach dem CMM implementiert ist (oder implementiert sein sollte). Wie viele Formulare oder elektronische Formulare müssen an den einzelnen Punkten Ihres Diagramms ausgefüllt werden? Gibt es ein SKLG (Software-Konfigurations-Lenkungsgremium) und wer gehört diesem an? Wenn Sie diese Aufgabe während eines Workshops lösen, sollten Sie Ihren Kollegen die Ergebnisse präsentieren.

Übung 2.6 (Experten): „Schlankes" Programmieren vs. Bürokratie

John Markoff ist der Verfasser einer Zeitungskolumne mit den Schwerpunkten Computer und Software. In der Wochenendausgabe der *International Herald Tribune* vom 21. und 22.01.1995 äußerte er sich in dieser Kolumne zu einem Problem, das Microsoft offenbar mit den Macintosh-Anwendern hat. Er wiederholte dabei eine weit verbreitete Meinung über den erfolgreichsten Software-Konzern der Welt und erläuterte den Grund für seinen Erfolg. Er schreibt:

Vorweg ist zu sagen, dass Microsoft noch immer die Welt regiert und weiterhin enorm Gewinn bringend arbeitet. (...) Einige Analysten sehen allerdings Anzeichen dafür, dass Microsoft nicht so effizient arbeitet wie notwendig. Sie sehen die Symptome eines Konzerns, bei dem das „schlanke" Programmieren, das für erfolgreiches Programmieren unabdingbar ist, von der Bürokratie bedroht ist.

Was denken Sie oder Ihre Workshop-Runde über das so genannte „schlanke" Programmieren? Ist es wirklich „schlankes" Programmieren, das für Top-Programmierer unabdingbar ist und wird deren Arbeit durch die Prozessverbesserung eher unterstützt oder beeinträchtigt? Wenn Sie oder die Workshop-Runde der Behauptung von John Markoff zustimmen, dann heben Sie doch die Punkte im CMM hervor, mit denen „schlankes" Programmieren eingeschränkt würde. Wenn Sie der Behauptung widersprechen, zeigen Sie auf, welche Stufe 2-Praktiken Flexibilität und „schlankes" Programmieren unterstützen oder zumindest nicht beeinträchtigen.

Kapitel 3

Reifegrad-Stufe 3: Der definierte Prozess

Bei einer Organisation auf Stufe 3, *Definiert*, wurden die besten Praktiken der Projekte bereits verallgemeinert, damit sie in der gesamten Organisation angewendet werden können. Somit hat die Organisation einen systematischen Ansatz, um aus allen Bereichen auf die besten Praktiken zugreifen zu können. Dieses Kapitel zu Stufe 3 wird Ihnen zeigen, dass diese besten Praktiken im CMM zusammenfassend als Standard-Software-Prozesse der Organisation und projektdefinierte Software-Prozesse bezeichnet werden. Es wird sich zeigen, dass definierte Prozesse die Projekte nicht einschränken. Ganz im Gegenteil, die Projekte können nun von den gesammelten Projektkenntnissen profitieren, die sich in allen Projekten als wertvoll erwiesen haben, und auf den konkreten Fall angewendet werden.

> *Zuerst schreibt er die Frage auf eine Tafel oder auf ein Stück Papier. Dann denkt er angestrengt nach. Dann schreibt er die Antwort hin.*
>
> Murray Gell-Mann, Nobelpreisträger für Physik 1969, beschreibt, wie sein Kollege, Richard P. Feynman, Nobelpreisträger für Physik 1965, die schwierigsten wissenschaftlichen Probleme löste. (Es gibt Prozesse, die kann man einfach nicht definieren.)

Organisationsweiter Prozessfokus (OPF)　　　　(OPF)

Betrachtung der Ziele

Der erste SPB auf Stufe 3 ist *Organisationsweiter Prozessfokus (OPF)*. *OPF* befasst sich, ebenso wie der nächste SPB auf dieser Stufe, *Organisationsweite Prozessdefinition (OPD)*, mit dem Sammeln und Übertragen der Prozessverbesserungen und besten Praktiken auf andere Projekte und die gesamte Organisation.

OPF: Betrachtung der Ziele

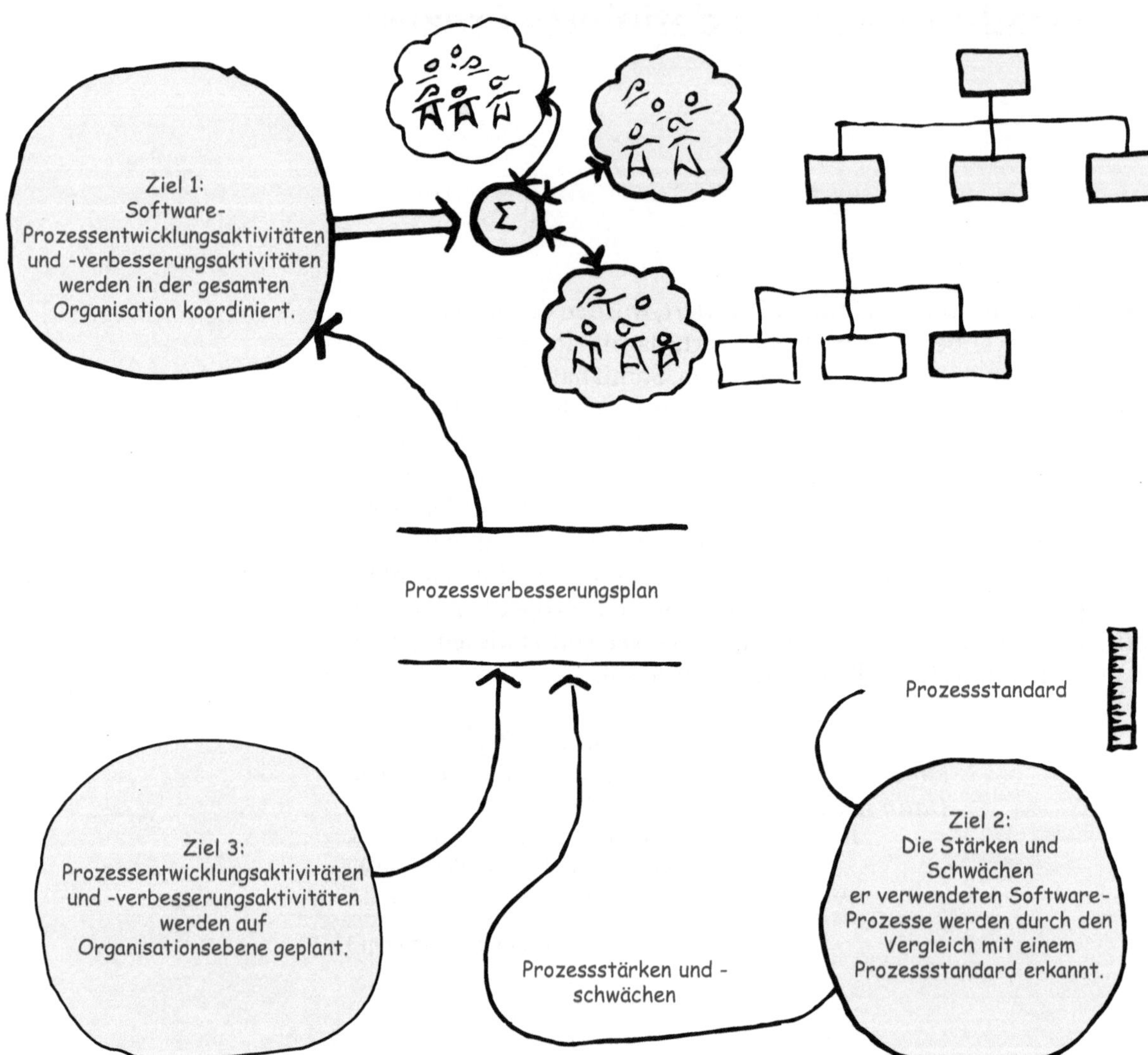

OPF enthält drei Ziele, wie im Piktogramm zu sehen ist. Ziel 1 ist die Koordination der Aktivitäten für die Entwicklung und Verbesserung von Prozessen auf allen Ebenen und für alle Funktionen der Organisation. Wenn man die Prozessverbesserung auf Stufe 3 als internes, organisationsweites Projekt betrachtet, trägt Ziel 1 zur Leitung dieses Projekts bei.

Ziel 2 dieses SPBs befasst sich mit den Zielsetzungen des Prozessverbesserungsprojekts. Die Zielsetzungen sind die Stärken (die verbreitet werden sollen) und die Schwächen (die behoben werden müssen) des Software-Prozesses der Organisation, der sich nach einem Prozessstandard richtet (z. B. dem CMM).

Wie bereits auf Stufe 2 deutlich wurde, benötigt man für ein Projekt einen Projektplan. Für das organisationsweite Projekt gibt es Prozessverbesserungspläne und um deren Bedeutung hervorzuheben, werden sie im Zentrum des Piktogramms dargestellt.

Die SPBs *Organisationsweiter Prozessfokus* und *Organisationsweite Prozessdefinition* werden in der Regel von einem Teil der Organisation durchgeführt, der sich nur dieser Aufgabe widmet. Die am weitesten verbreitete Bezeichnung für den Teil der Organisation, der sich auf Prozesse konzentriert, ist die Software-Engineering-Prozessgruppe oder SEPG.[1]

Betrachtung der Zielaktivitäten: Ziel 1

Die Koordination der Verbesserungsaktivitäten in der gesamten Organisation wird mit fünf *Durchzuführenden Aktivitäten* erreicht. Die *Durchzuführende Aktivität 3* ist die Koordination der Prozessverbesserungsaktivitäten für die Software-Projekte und die Organisation auf Organisationsebene. *Ak 3* erreicht dies, indem sie den Standard-Software-Prozess der Organisation ebenso wie den projektdefinierten Software-Prozess begleitet. Der Text im CMM zu *Ak 3* verweist auf zwei weitere SPBs auf Stufe 3, *Organisationsweite Prozessdefinition (OPD)* und *Integriertes Software-Management (ISM)*.[2]

Diese drei SPBs (*OPF*, *OPD* und *ISM*) sind in ihren Praktiken miteinander verflochten. In der Praxis bilden sie ein einheitliches Netzwerk, dessen Bestandteile das CMM beschreibt. Doch zusammen betreffen diese SPBs die beiden allgemein gültigen Arten des Software-Prozesses aus der Sicht des CMMs: den „Standard-Software-Prozess der Organisation" und den „projektdefinierten Software-Prozess".

Der Standard-Software-Prozess einer Organisation ist eine Beschreibung des allgemeinen Software-Prozesses, dem jedes Projekt in der Organisation zu folgen hat. Diese Beschreibung fasst in Worte

Ziel 1: Software-Prozessentwicklungsaktivitäten und -verbesserungsaktivitäten werden in der gesamten Organisation koordiniert.

Ziel 2: Die Stärken und Schwächen der verwendeten Software-Prozesse werden durch den Vergleich mit einem Prozessstandard erkannt.

Ziel 3: Prozessentwicklungsaktivitäten und -verbesserungsaktivitäten werden auf Organisationsebene geplant.

Ziel 1: Software-Prozessentwicklungsaktivitäten und -verbesserungsaktivitäten werden in der gesamten Organisation koordiniert.

---

[1]　Vgl. Fowler und Rifkin, 1990.
[2]　Vgl. *Activity 3*, 93-TR-25, S. L3-7 f.

OPF: Betrachtung der Zielaktivitäten

Ziel 1: Software-Prozessentwicklungsaktivitäten und -verbesserungsaktivitäten werden in der gesamten Organisation koordiniert.

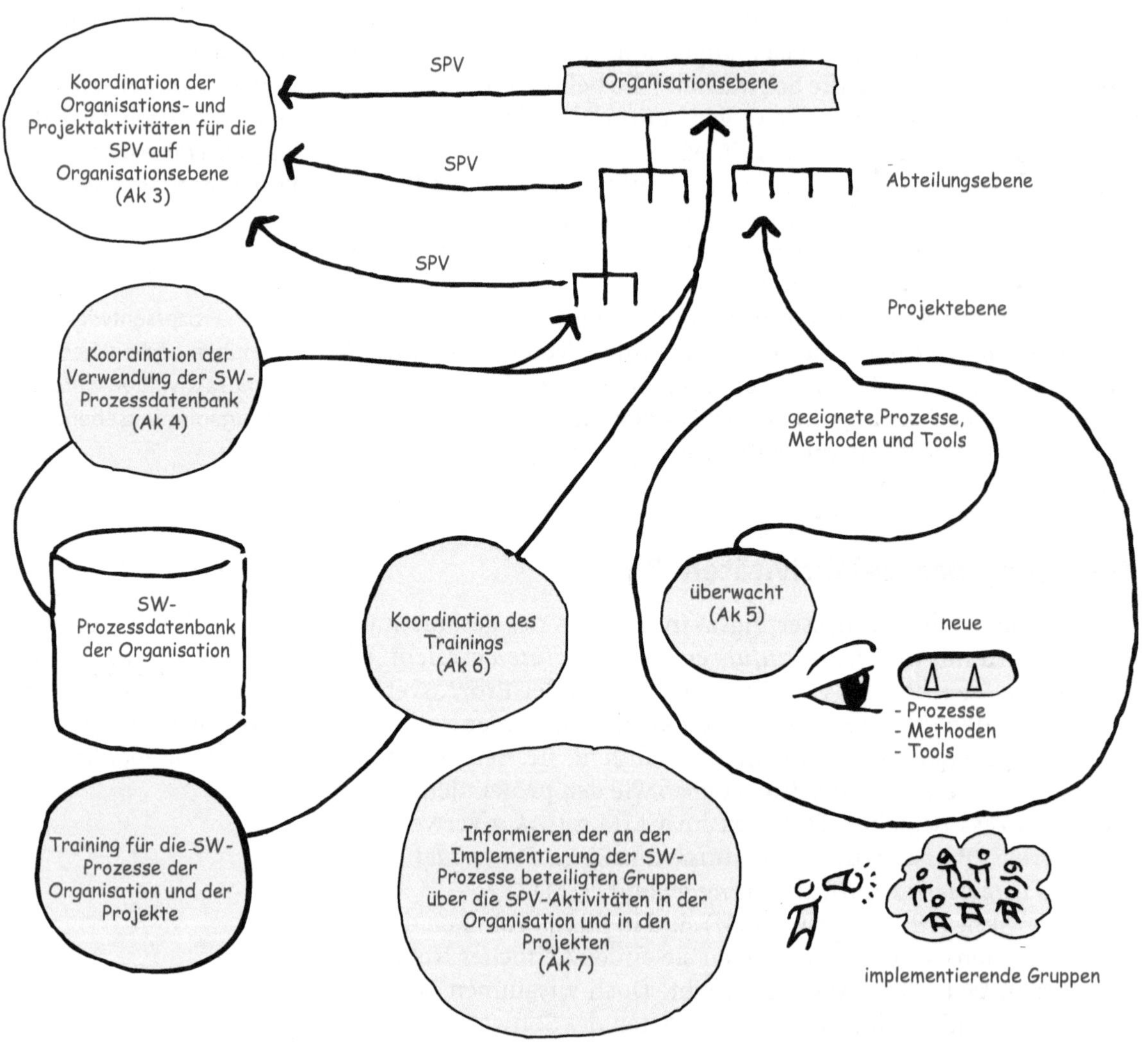

(oder veranschaulicht, z. B. in Piktogrammen), welche Prozesselemente – Aktivitäten, Arbeitsprodukte und Funktionen – für jedes Software-Projekt wesentlich sind, und welche Beziehungen zwischen diesen Elementen bestehen. Der Standard-Software-Prozess einer Organisation ist allgemeiner formuliert als ein Lebenszyklus, da er meist mehrere verschiedene Lebenszyklusmodelle, von Wasserfall bis Prototyping, beinhaltet. Der Standard-Software-Prozess ist mehr als nur eine Methodik oder ein Satz an Techniken, wie beispielsweise die objektorientierte Analyse (obwohl das alles selbstverständlich inbegriffen sein kann).

Der projektdefinierte Software-Prozess wird vom Standard-Software-Prozess der Organisation abgeleitet, um den technischen und nichttechnischen Projektanforderungen zu genügen. Er umfasst oder verweist auf bestimmte Prozesselemente, die in den Bereich des Standard-Software-Prozesses der Organisation fallen: Standards, Verfahren, Methodik und Funktionen (z. B. *SQS* und *SKM*).

Ein wichtiger Bestandteil des Standard-Software-Prozesses der Organisation sind die Anpassungsrichtlinien, denen die Projekte folgen sollten, wenn sie diesen Prozess anpassen. In diesem Ziel wird deutlich, wie die Anpassung unterstützt wird und später werden Sie sehen, wie sie im SPB *Integriertes Software Management* durchgeführt wird.

Ak 6 in diesem Ziel koordiniert das Training für die Implementierung und Verwendung der Software-Prozesse der Organisation und des Projekts. Es kommt der ganzen Organisation zugute und die Koordination in der Organisation erfolgt in diesem Ziel. Das Training an sich wird durch den SPB *Trainingsprogramm* in die Tat umgesetzt. Beachten Sie, dass *Vo 3* sich mit dem Training der Gruppe befasst, die sich auf die Prozessverbesserungsaktivitäten konzentriert, also mit der SEPG. *Vo 4* sieht vor, dass die Software-Gruppen eine Einführung in diese Aktivitäten und ihre Aufgaben darin bekommen.

Ak 7 befasst sich mit der Verbreitung von Informationen: Die Gruppen, die an der Implementierung von Software-Prozessen beteiligt sind – somit alle Gruppen, die die Software-Entwicklung oder -Wartung durchführen oder unterstützen – werden über die Aktivitäten informiert, die in der gesamten Organisation und innerhalb der einzelnen Software-Projekte für die Entwicklung und Verbesserung des Software-Prozesses durchgeführt werden. *Ak 7* könnte als die Publicity-Funktion der SEPG betrachtet werden.

Ak 4 besagt, dass es eine Prozessdatenbank der Organisation gibt und dass ihre Verwendung innerhalb der Organisation koordiniert wird. Dieses Repository enthält die Daten, die im Rahmen der Messung von Software-Prozessaktivitäten und -Arbeitsprodukten gesammelt wurden. Zusätzlich dazu stellt es alle Informationen zur Verfügung, die für die Interpretation dieser Daten notwendig sind. (Die

Daten stammen von Projektaktivitäten, wie z. B. der *SPLV*, könnten jedoch ebenso Problemberichte von Außenorganisationen beinhalten. Selbstverständlich enthält das Repository auch Daten über Prozessverbesserungsaktivitäten wie jene, die durch diesen SPB koordiniert werden.)

Ak 5 könnte als die Erkundungs- und Technologietransferfunktion der SEPG betrachtet werden: Neue Technologien – Prozesse, Methoden und Tools –, die in der Organisation nur begrenzt eingesetzt werden, werden überwacht und beurteilt. Technologien, die sich bewähren, werden zum organisationsweiten Einsatz freigegeben.

Betrachtung der Zielaktivitäten: Ziel 2

Ziel 2: Die Stärken und Schwächen der verwendeten Software-Prozesse werden durch den Vergleich mit einem Prozessstandard erkannt.

Im Rahmen von Ziel 2 des *Organisationsweiten Prozessfokus* (*OPF*) werden die verwendeten Software-Prozesse mit einem Standard verglichen, um die Stärken und Schwächen des Prozesses herauszufinden. Beachten Sie den Ausdruck „verwendete" Prozesse, der impliziert, dass die gängigen Praktiken, und damit das Tagesgeschäft, untersucht werden.

Dieses Ziel wird von nur einer Aktivität implementiert, und zwar von *Ak 1*: „Der Software-Prozess wird regelmäßig bewertet und Aktionspläne werden entwickelt, um die Assessment-Erkenntnisse zu nutzen".[3] Assessments sind eine der Methoden, die das SEI mittlerweile als Bewertungsmethoden bezeichnet. Ein Assessment ist eine Bewertung der eigenen Organisation: Eine Organisation untersucht ihren Software-Prozess mit Hilfe eines Teams aus eigenen Mitarbeitern (manchmal assistiert von Beratern, die die Assessment-Methode kennen). Die Erkenntnisse des Assessments – die Prozessstärken und -schwächen, auf die im Ziel verwiesen wird – sind Eigentum der Organisation, die darüber entscheidet, ob sie Außenstehenden offen gelegt werden oder nicht. Die andere allgemein gültige Bewertungsmethode ist das Audit, in dem ein Team von Außenstehenden die Prozesse bewertet; die Erkenntnisse werden allerdings einer anderen Organisation mitgeteilt, gewöhnlicherweise Kunden, die darüber entscheiden, ob sie einen Auftrag an die Organisation vergeben, die bewertet wird. Beide Arten der Bewertung können den gleichen Prozessstandard verwenden. Beispielsweise wird bei dem Software Process Assessment (SPA) und der Software Capability Evaluation (SCE) des Software Engineering Institute das CMM als Prozessstandard bei Assessments bzw. Audits verwendet. Das SEI führte 1994 eine Audit-ähnliche Versi-

---

[3] Vgl. 93-TR-25, S. L3-6.

OPF: Betrachtung der Zielaktivitäten

Ziel 2: Die Stärken und Schwächen der verwendeten Software-Prozesse werden durch den Vergleich mit einem Prozessstandard erkannt.

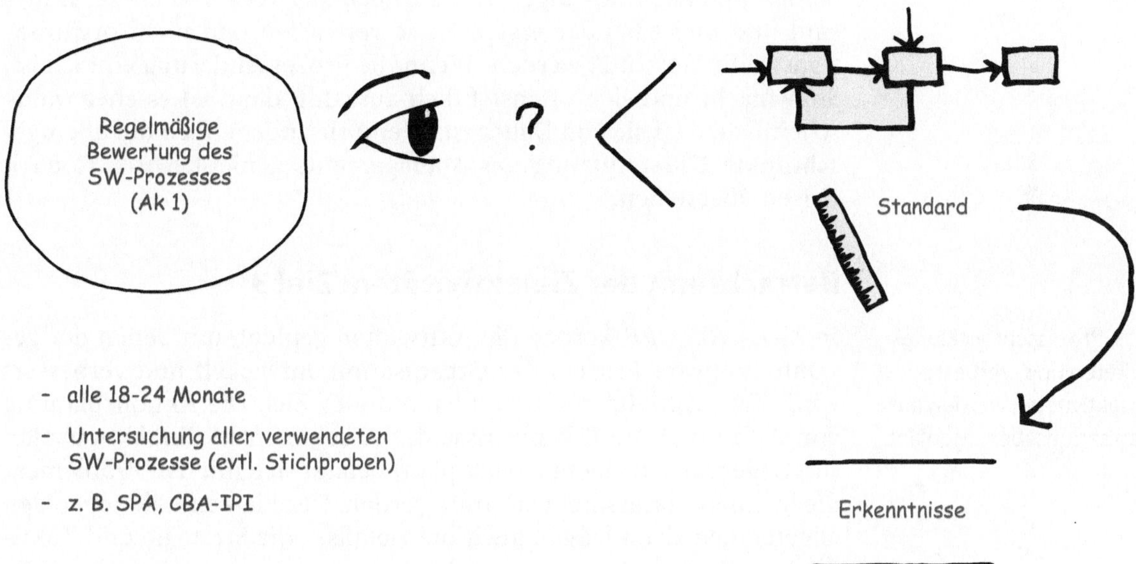

- alle 18-24 Monate

- Untersuchung aller verwendeten
  SW-Prozesse (evtl. Stichproben)

- z. B. SPA, CBA-IPI

on des SPAs ein, die im Amerikanischen allgemein als CBA-IPI bezeichnet wird, die CMM-basierte Bewertung für Interne Prozessverbesserung.[4]

Ein Assessment wird zu Beginn eines Prozessverbesserungszyklus durchgeführt. Erfahrungsgemäß verstreichen ein bis drei Jahre bis zum Abschluss eines Zyklus. Vergessen Sie nicht, dass sich das CMM auf nachhaltige Prozessänderungen konzentriert. Diese haben ein natürliches Wachstum und einen entsprechenden Reifeprozess, die nicht beschleunigt werden können. Von vornherein schließt das CMM Sofort- und Patentlösungen aus, die normalerweise von kurzer Dauer sind und meist bei der ersten Krise verworfen und nicht organisationsweit unterstützt werden. Wenn die Prozessänderung einfach ist, Sinn macht und sich offensichtlich auszahlt, dann ist es eher wahrscheinlich, dass sie von Dauer ist. Wenn sie zudem noch die uneingeschränkte Unterstützung des Managements genießt, wird sie auch Krisen überstehen.

Betrachtung der Zielaktivitäten: Ziel 3

Ziel 3: Prozessentwicklungsaktivitäten und -verbesserungsaktivitäten werden auf Organisationsebene geplant.

In Ziel 3 von *OPF* werden die Aktivitäten geplant, mit denen der gesamte Software-Prozess der Organisation entwickelt und verbessert wird. Zwei Aktivitäten unterstützen dieses Ziel. Die Aktionsplanung von *Ak 1* nutzt die Erkenntnisse der Assessments.[5] Ein Aktionsplan (im Gegensatz zu einem Projektplan) befasst sich mit den Problemen, die in einem Assessment erkannt werden. Der Plan enthält neben den allgemeinen Grundzügen auch die Details – die Strategie und Taktiken – dafür, wie die Prozessprobleme angegangen werden (die Ziele, Ressourcen und Verantwortungen der beteiligten Personen).[6]

Ak 2 dieses Ziels, „... die Organisation entwickelt und pflegt einen Plan für die Aktivitäten der Software-Prozessentwicklung und -verbesserung"[7], dient als Anleitung für die Inhalte des Aktionsplans: Zeitpläne für den gesamten Verbesserungszyklus, Einstufung der Probleme (die Organisation wird wahrscheinlich nicht gleichzeitig an allen Problemen arbeiten können) und zu verwendende Ressourcen. Der Plan sollte einem *Peer-Review* unterzogen werden (vielleicht durch die SEPG einer anderen Abteilung) und selbstverständlich auch die Genehmigung des Senior Managers, der eine besondere Rolle

---

[4] SEI Software Engineering Symposium, 22.-25. August, 1994, Pittsburgh, PA, USA, Podiumsdiskussion: „Using the New CMM-Based Appraisal for Internal Process Improvement". In Kapitel 4 des 93-TR-24 liefert das CMM mehr Details zu den Unterschieden zwischen SPA und SCE.

[5] Vgl. Ziel 2.

[6] Vgl. Fowler und Rifkin, 1990, Kapitel 3.

[7] Vgl. 93-TR-25, S. L3-7.

OPF: Betrachtung der Zielaktivitäten

Ziel 3: Prozessentwicklungsaktivitäten und -verbesserungsaktivitäten werden auf Organisationsebene geplant.

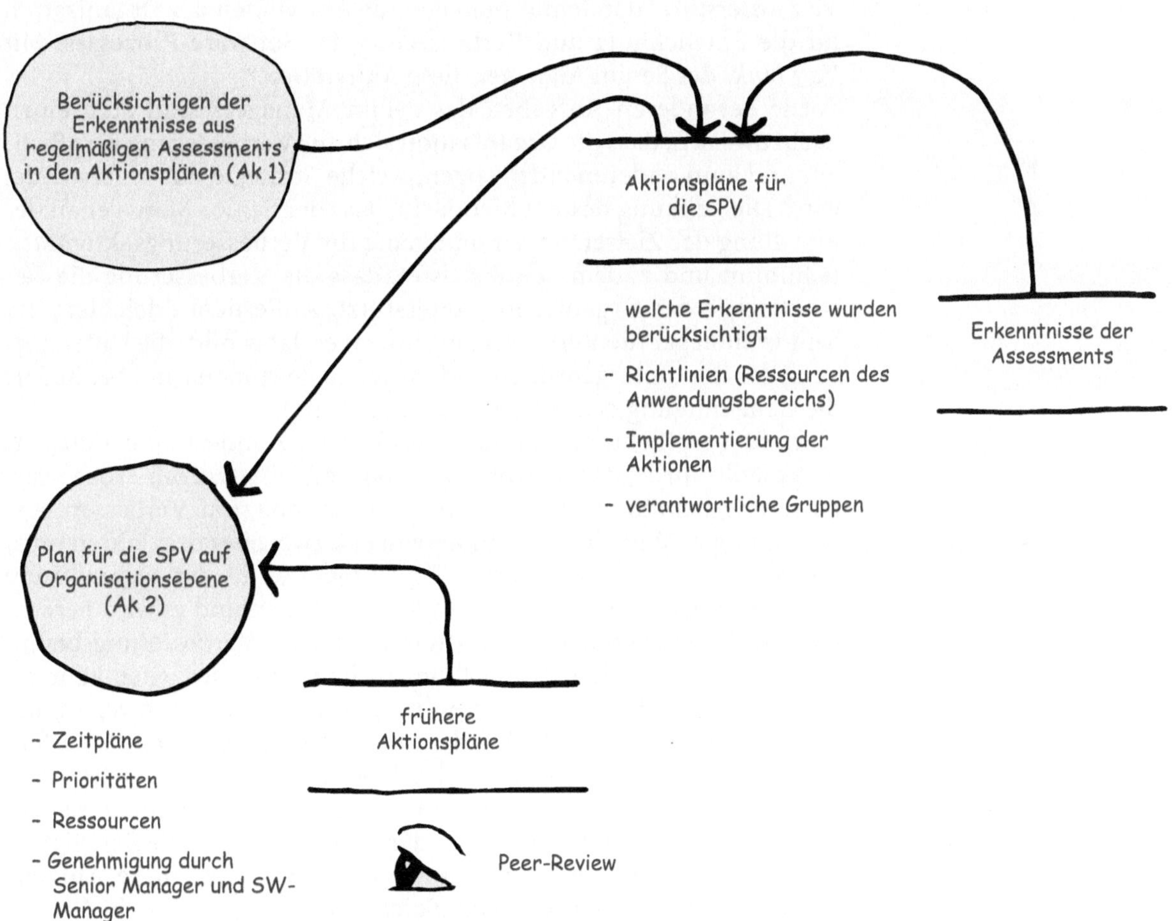

spielt (wie noch deutlich werden wird) und der Software-Manager erhalten, die die Verbesserungen implementieren werden.

Wirft man einen Blick auf das Diagramm mit dem Profil der SPB-Indikatoren der SPBs[8], dann ist zu erkennen, dass *OPF* über drei Praktiken der *Verpflichtung zur Durchführung* verfügt (mehr als alle anderen SPBs außer *TCM* auf Stufe 5). Der Grund dafür ist, dass es zusätzlich zur gewöhnlichen Verpflichtungspraktik („die Organisation folgt einer organisatorischen Richtlinie für ...") noch zwei weitere Praktiken gibt, die ganz konkret den Senior Manager einbeziehen. Mit *Ve 2 unterstützt* der Senior Manager die Aktivitäten der Organisation für die Entwicklung und Verbesserung des Software-Prozesses. Mit *Ve 3 lenkt* der Senior Manager diese Aktivitäten.[9]

Die besonderen Aufgaben des Senior Managers sind zum einen nachzuweisen, dass die Organisation sich zur Verbesserung verpflichtet, und zum anderen aufzuzeigen, welche Strategie dafür verwendet wird. Die Lenkung besteht hier darin, dass der Senior Manager an der Erstellung der Zielsetzungen und Pläne für Verbesserungsaktivitäten teilnimmt und zudem gewährleistet, dass die Verbesserung die Geschäftsziele der Organisation unterstützt. Außerdem erleichtert der Senior Manager die Verbesserung, indem er dabei hilft, die Unterstützung der ihm untergeordneten Manager zu gewinnen (und bei Bedarf die Genehmigung des höheren Managements).

Diese Verpflichtungspraktiken sind hier gesondert aufgeführt, da festgestellt wurde, dass sie für den Erfolg von langfristigen Prozessverbesserungsbemühungen von zentraler Bedeutung sind. Verbesserungsbemühungen über einen Zeitraum von ein, zwei oder drei Jahren müssen vielen Krisen standhalten. Die Projekte, die der Organisation Gewinn bringen, werden in solche Krisen geraten und es wird berechtigte Forderungen geben, die Ressourcen von den Verbesserungsbemühungen zum aktuellen „Notfall" umzuleiten. In Krisenzeiten kann allein der Senior Manager über die Verbesserungsressourcen verfügen.

Praktiken wie diese im Rahmen der *Verpflichtung zur Durchführung* unterstreichen den Unterschied zwischen einem statischen Prozessstandard wie der ISO 9001 und einem dynamischen Prozessstandard wie dem CMM. Der ISO-Standard erfordert auch die Beteiligung des Managements, allerdings nur bei Bewertungen; diese Aufgabe kann zudem delegiert werden. „Solche Bewertungen durch die Leitung enthalten üblicherweise eine Beurteilung der Ergebnisse interner Qualitätsaudits, die ihrerseits durch die oder im Namen der Leitung des Lieferers durchgeführt werden, das heißt, die Geschäftsführer / Vorstände haben die unmittelbare Verantwortung für das QS-System ..." (Vergleichen Sie dazu in der ISO 9001:1987 die Anmerkung

---

[8] Vgl. Kapitel 1.

[9] Vgl. 93-TR-25, S. L3-2 f.

zu Abschnitt 4.1.3.)[10] Das CMM erfordert nicht nur die direkte und persönliche Bewertung, sondern zudem die aktive Unterstützung durch den Senior Manager. Die Verfasser des CMMs wollten einen effektiven Verbesserungswegweiser und einen Benchmarking-Standard schaffen.

Organisationsweite Prozessdefinition (OPD)

(OPD)

Betrachtung der Ziele

Organisationsweite Prozessdefinition (*OPD*) ist der begleitende SPB zu *Organisationsweiter Prozessfokus* (*OPF*) und *Integriertes Software-Management* (*ISM*). Von diesen drei SPBs ist *OPD* der Schlüsselprozessbereich, der sich konkret mit dem Sammeln und Pflegen der Definition des Standard-Software-Prozesses der Organisation und der anderen Prozess-Assets der Organisation befasst. (Später wird noch deutlich, dass *ISM* sich auf die Verwendung dieser Prozessdefinition und der Prozess-Assets in den Projekten konzentriert.)

OPD beinhaltet zwei Ziele. Beide verwenden die Software-Prozessaktivitäten, die vom SPB *Organisationsweiter Prozessfokus* geplant und koordiniert werden.

Die Betrachtung der Ziele zeigt, dass der Standard-Software-Prozess der Organisation aus dem Schlüsselprozessbereich *OPF* hervorgeht und in der Bibliothek der Prozess-Assets abgelegt ist. (Das CMM verwendet konsistent den Begriff „Prozessdatenbank" für das Repository der Daten aus Messungen oder Schätzungen. Die Prozessdatenbank und ihr Inhalt sind eine Form der „Prozess-Assets", ein Begriff mit einer weiten Bedeutung, der den Standard-Software-Prozess der Organisation und die Prozessdokumentation beinhaltet.[11] In diesem *Handbuch* verwende ich den Begriff „Prozessbibliothek" für das alles beinhaltende Repository für Prozess-Assets.)

Im Rahmen von Ziel 2 liefert OPF Informationen, die in Projekten gesammelt wurden – Messdaten, Prozess-Artefakte (Standards, typische Arbeitsprodukte), Projekthistorien –, legt sie in der Bibliothek der Prozess-Assets ab und ermöglicht dem Anwender den Zugang.

Ziel 1: Ein Standard-Software-Prozess für die Organisation wird entwickelt und gepflegt.

Ziel 2: Informationen über die Verwendung des Standard-Software-Prozesses der Organisation für die Software-Projekte werden gesammelt, bewertet und verfügbar gemacht.

---

[10] Anmerkung des Übersetzers: Die Originalversion der ISO 9001:1987 in englischer Sprache enthält hier einen inhaltlichen Fehler. Dort heißt es sinngemäß, dass die Bewertungen durch oder im Namen der Leitung des Lieferers durchgeführt, also delegiert, werden können. Dies ist inkorrekt, denn *nur* die internen Qualitätsaudits können delegiert werden, die Bewertungen jedoch nicht. Dieser Fehler wurde bei der Übersetzung der ISO 9001:1987 durch die *International Organization for Standardization* in die deutsche Sprache korrigiert. Eine Angleichung des *Handbuchs* an diesen Sachverhalt durch den Autor fand bisher nicht statt.

[11] Vergleichen Sie hierzu im 93-TR-25, S. A-13, das Glossar des CMMs und *OPD, Commitment 1*, S. L3-12.

OPD: Betrachtung der Ziele

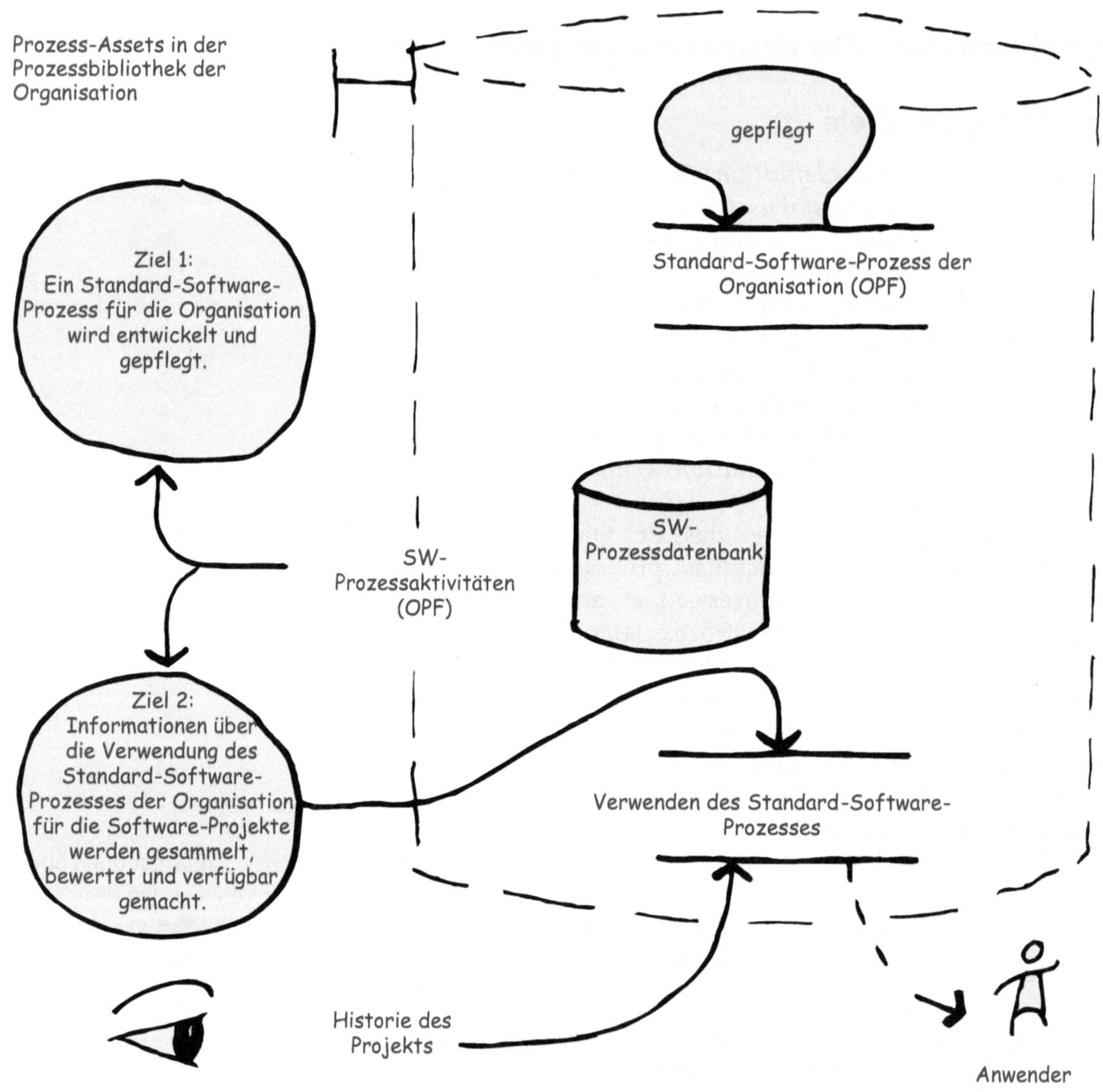

Betrachtung der Zielaktivitäten: Ziel 1

Ziel 1 wird durch vier Praktiken erreicht. Mit *Ak 1* ist das Entwickeln und Pflegen des Standard-Software-Prozesses der Organisation zu einem Routinevorgang geworden, dessen Schritte in einem Verfahren dokumentiert sind. Unter anderem bestimmt das Verfahren über die Verwendung von organisatorischen Richtlinien und Standards, die der Organisation auferlegt werden (gewöhnlich vom Kunden oder von Dritten, wie z. B. einer regulierenden oder staatlichen Behörde). Es ermöglicht oder verfügt Methoden, die nachweislich auf dem neuesten Stand sind und definiert Schnittstellen zwischen den Abteilungen der Software-Gruppe sowie Schnittstellen mit externen Software-Gruppen. Das Verfahren legt dar, wie vorgeschlagene Änderungen des Standard-Software-Prozesses in laufenden Projekten bewertet, genehmigt und implementiert werden (und bestimmt deshalb, wie *OPF* seine Technologietransferfunktion erlangt). Das Verfahren erfordert außerdem ein *Peer-Review* der Beschreibung des Standard-Software-Prozesses. Das CMM erläutert nicht, wer die Partner sind (wessen Partner?), die die Bewertung vornehmen – vermutlich sind es Personen aus einem anderen Teil der Organisation, die in der Definition von Software-Prozessen erfahren sind oder Software-Engineers der diversen Abteilungen, die den Standard-Prozess verwenden. Beachten Sie, dass die Beschreibung nicht „kontrolliert verwaltet" wird, dafür jedoch „dem Konfigurations-Management untersteht". Wie im SPB *Software-Konfigurations-Management* deutlich wurde, ist das eine strengere Form der Lenkung, die *SKM*-Pläne, Baselines und Berichte über die *SKM*-Aktivitäten erfordert.

Ak 2 besagt, dass die Dokumentation des Standard-Software-Prozesses der Organisation nach den gleichen Standards erfolgt, die auch auf die weiteren Standards der Organisation angewendet werden. Typische Standards sollten folgendes beschreiben: Prozesselemente (Schätzungen, Design etc.), anwendbare Standards für den Prozess und das Produkt, Verantwortung des Personals, das den Prozess verwendet, und in welchem Zusammenhang die Prozesselemente zueinander stehen.

Ak 3 empfiehlt, dass Software-Lebenszyklen, die für die Verwendung in Projekten genehmigt wurden, beschrieben werden und dass deren Beschreibungen gepflegt, d. h. „kontrolliert verwaltet", werden.

Ak 4 gewährleistet, dass die Software-Prozessbeschreibungen der Organisation nicht einfach nur für Projekte übernommen werden (wie es vielen Assessment-Teams zufolge häufig mit dem Standard des amerikanischen Verteidigungsministeriums, dem U.S. DoD MIL-STD-2167A, gemacht wurde. Die neuere Version, MIL-STD-498, *verlangt* die Anpassung durch Programm-Manager.) *Ak 4* verdeutlicht, dass „Richtlinien und Kriterien für die Projektanpassung des Stan-

Ziel 1: Ein Standard-Software-Prozess für die Organisation wird entwickelt und gepflegt.

OPD: Betrachtung der Zielaktivitäten

Ziel 1: Ein Standard-Software-Prozess für die Organisation wird entwickelt und gepflegt.

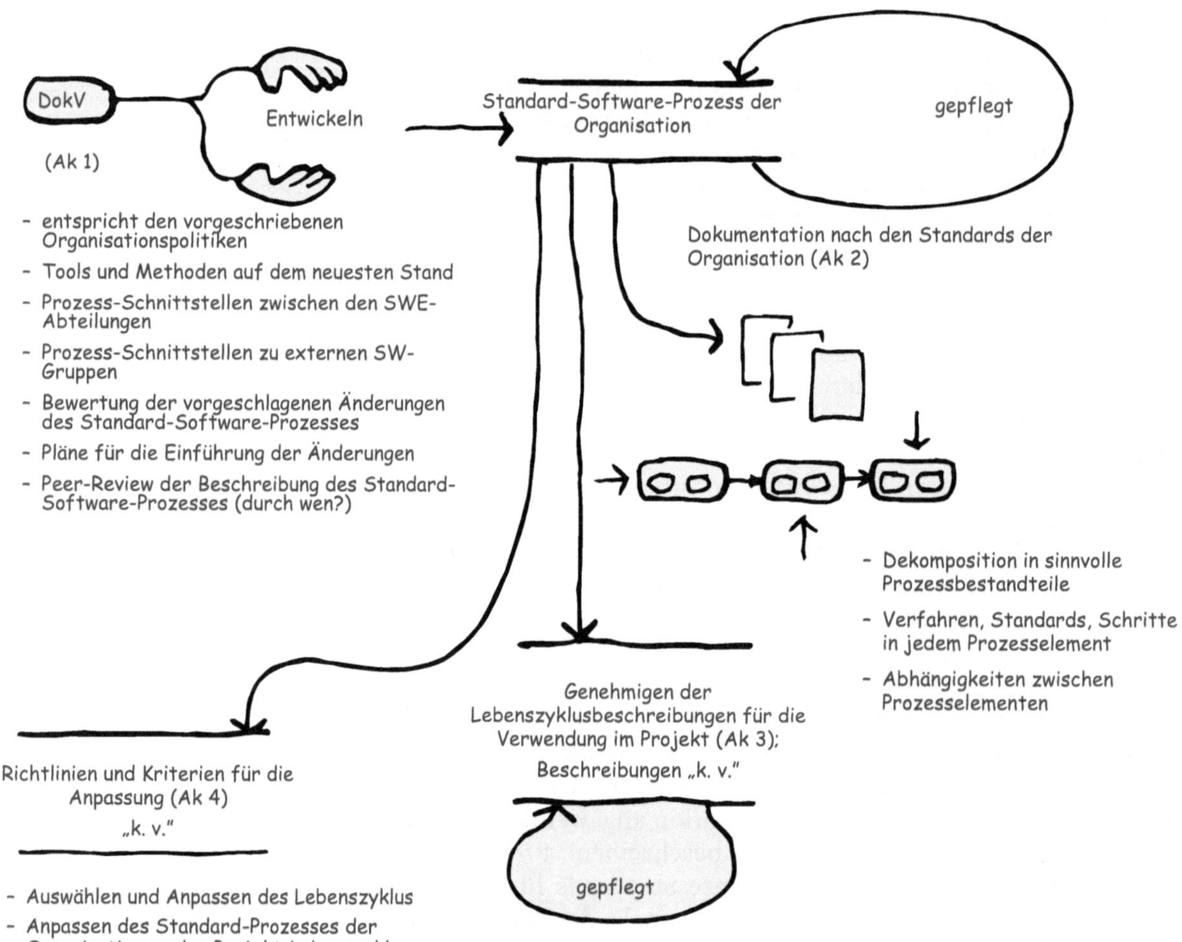

- entspricht den vorgeschriebenen Organisationspolitiken
- Tools und Methoden auf dem neuesten Stand
- Prozess-Schnittstellen zwischen den SWE-Abteilungen
- Prozess-Schnittstellen zu externen SW-Gruppen
- Bewertung der vorgeschlagenen Änderungen des Standard-Software-Prozesses
- Pläne für die Einführung der Änderungen
- Peer-Review der Beschreibung des Standard-Software-Prozesses (durch wen?)

- Dekomposition in sinnvolle Prozessbestandteile
- Verfahren, Standards, Schritte in jedem Prozesselement
- Abhängigkeiten zwischen Prozesselementen

- Auswählen und Anpassen des Lebenszyklus
- Anpassen des Standard-Prozesses der Organisation an den Projekt-Lebenszyklus
- Standards für die Dokumentation des projektdefinierten SW-Prozesses
- Änderungen der Anpassungsrichtlinien: SEPG-Bewertung, Genehmigung

dard-Software-Prozesses der Organisation" Bestandteil dieses standardisierten Prozesses sind.[12]

Betrachtung der Zielaktivitäten: Ziel 2

Die zwei übrigen *Durchzuführenden Aktivitäten* dienen der Implementierung von Ziel 2, dem Sammeln, Bewerten und Verfügbarmachen von Informationen über die Verwendung des Standard-Software-Prozesses der Organisation.

In *Ak 5* wird die Software-Prozessdatenbank der Organisation, die die Messdaten der Prozesse und Arbeitsprodukte enthält, eingerichtet und gewartet. Beispiele für Messdaten der Arbeitsprodukte sind: Größe, Zuverlässigkeit und entdeckte Fehler. Beispiele für Messdaten der Prozesse sind: Abdeckungsgrad und Effektivität der *Peer-Reviews* und Tests sowie die Fehlerentdeckungsrate. Beachten Sie, dass die Datenbank sowohl Schätzungen als auch Ist-Werte enthält. Außerdem wird die Eingabe der Daten sinnvoll gelenkt (z. B. über Plausibilitätsprüfungen). Die gesammelten Daten sind Eigentum der Organisation und deshalb wird der Zugriff darauf angemessen gelenkt.

In *Ak 6* werden Software-Prozessdokumente gesammelt und als Prozess-Assets gepflegt. Diese Dokumente enthalten die projektdefinierten Software-Prozesse (sie sind Beispiele für die Anpassung des Prozesses der Organisation) und andere Projektdokumente (Pläne, Verfahren, Trainingsmaterial). Die Prozessbibliothek sollte den Software-Gruppen leichten Zugang über ein Katalogsystem ermöglichen und die Personen, die die Prozessbibliothek warten, sollten Feedback erhalten, um die Inhalte zu verbessern. Die Überarbeitung der Inhalte wird „kontrolliert verwaltet" und bewertet, wahrscheinlich durch die SEPG.

Ziel 2: Informationen über die Verwendung des Standard-Software-Prozesses der Organisation für die Software-Projekte werden gesammelt, bewertet und verfügbar gemacht.

Trainingsprogramm (TP)   (TP)

Betrachtung der Ziele

Trainingsprogramm (TP) ist zwar ein SPB der Stufe 3, doch selbstverständlich führen Organisationen auf allen Reifegraden Trainings durch. Das CMM platziert diesen SPB nicht auf Stufe 3, um zu zeigen, dass bis dahin keine Trainings stattfinden, sondern weil spätestens auf Stufe 3 ein effektives, organisationsweites *Trainingsprogramm* vorhanden sein sollte. Eine Organisation auf Stufe 3 wird ihre Fähigkeiten systematisch organisationsweit entwickeln. (Wie die meisten SPBs der Stufe 2 gleicht auch der SPB *Trainingsprogramm* in manchen Punkten

---

[12] Vgl. 93-TR-25, S. L3-19.

OPD : Betrachtung der Zielaktivitäten

Ziel 2: Informationen über die Verwendung des Standard-Software-Prozesses der Organisation für die Software-Projekte werden gesammelt, bewertet und verfügbar gemacht.

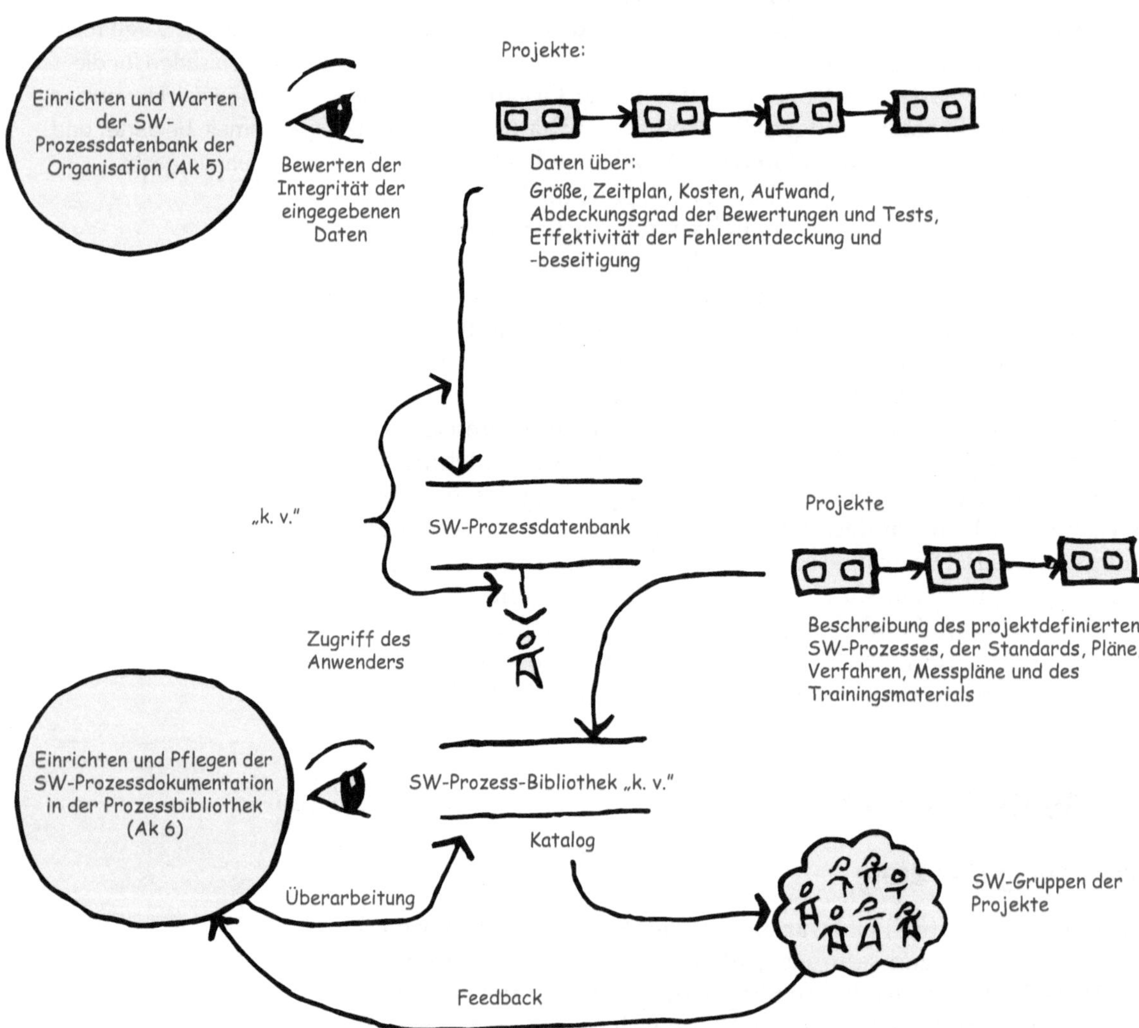

TP: Betrachtung der Ziele

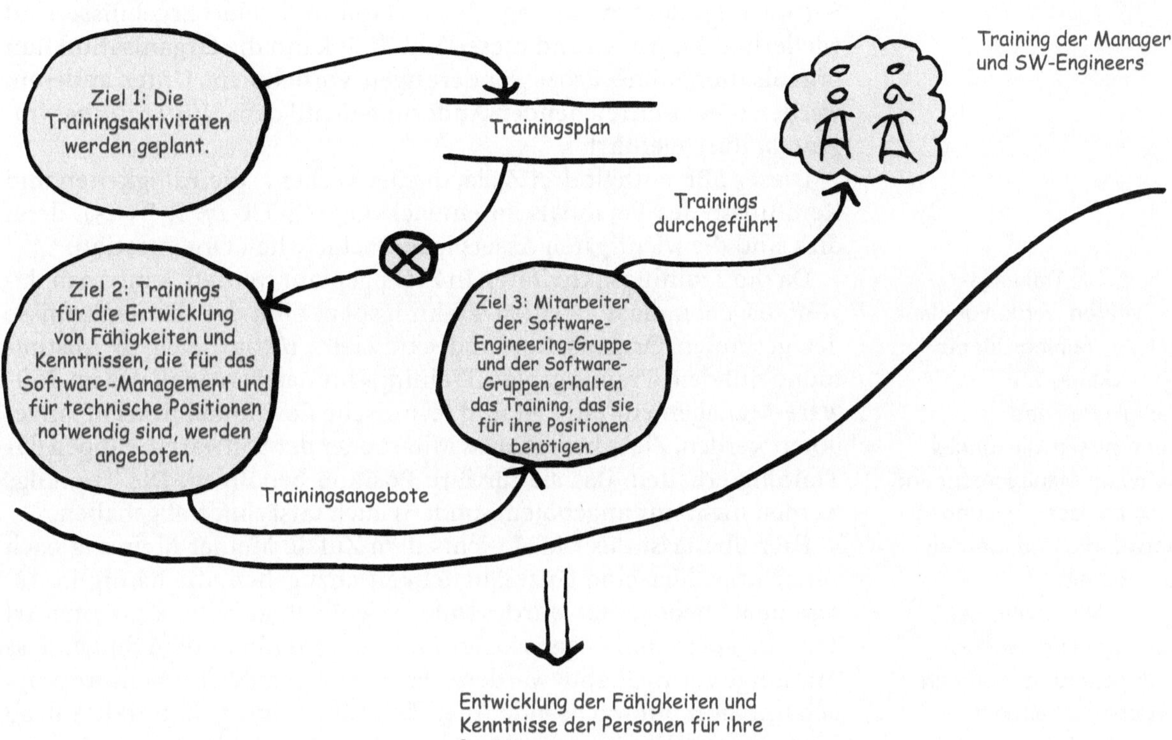

der ISO 9001. Abschnitt 4.18 der ISO 9001:1987 bezieht sich auf viele Praktiken, die auch im SPB *Trainingsprogramm* enthalten sind.)

Wenn eine Organisation Stufe 3 erreicht, ist sie in der Lage, ihren Software-Prozess zu lenken: Er ist stabil und seine Ergebnisse sind wiederholbar. Auf Grund dieser Stabilität kann die Organisation nun organisationsweite Prozessänderungen vornehmen. Unter anderem werden diese weitreichenden Änderungen mit dem SPB *Trainingsprogramm* durchgeführt.

Dieser SPB enthält drei Ziele, die bezwecken, „die Fähigkeiten und Kenntnisse des Personals zu entwickeln" (93-TR-25, S. L3-25), denn dies sind die wichtigsten Assets jeder technischen Organisation.

Da die Trainingsaktivitäten in Ziel 1 geplant werden, kann man davon ausgehen, dass es einen Trainingsplan gibt, der die Bedürfnisse der gesamten Organisation abdeckt. Ziel 2 besagt, dass in Abstimmung mit dem Trainingsplan Trainings für das Personal, das im Software-Management tätig ist und technische Positionen innehat, angeboten werden. Ziel 3 besagt, dass Mitarbeiter der Software-Gruppen das Training erhalten, das sie für ihre Position benötigen. Die Trainings werden nicht nur angeboten, sondern auch tatsächlich abgehalten.

Hier überlässt das CMM nichts dem Zufall. Meiner Meinung nach versucht es hier eine Unzulänglichkeit anzugehen, die häufig in Assessments beobachtet wurde: Nahezu jede Organisation hat eine Art Trainingsplan und sogar ein *Trainingsprogramm* in dem Sinne, dass Trainings „ermöglicht" werden. Der Senior Manager macht womöglich mit Stolz auf wachsende Ausgaben für Trainings aufmerksam. So weit, so gut. Allerdings bemängeln technische Fachkräfte den Assessment-Teams gegenüber häufig, dass Trainings nicht dann absolviert werden können, wenn sie notwendig sind, oder dass sie Trainings absolviert haben, in denen nicht das vermittelt wurde, was sie wissen müssen. Ein *Trainingsprogramm* allein reicht nicht aus: Es muss effektiv sein, um die Ziele dieses SPBs zu erfüllen.

Ziel 1: Die Trainingsaktivitäten werden geplant.

Ziel 2: Trainings für die Entwicklung von Fähigkeiten und Kenntnissen, die für das Software-Management und für technische Positionen notwendig sind, werden angeboten.

Ziel 3: Mitarbeiter der Software-Engineering-Gruppe und der Software-Gruppen erhalten das Training, das sie für ihre Positionen benötigen.

Betrachtung der Ziele mit den Institutionalisierenden SPB-Indikatoren

Bevor ich die Betrachtung der Ziele des SPBs *Trainingsprogramm* abschließe, möchte ich noch auf die *Institutionalisierenden SPB-Indikatoren* (oder *Weiteren SPB-Indikatoren*) eingehen, denn es gibt da einige Praktiken, die vom gewöhnlichen Schema abweichen.

Beachten Sie, dass mit *Vo 1* eine der vier *Voraussetzungen zur Durchführung* besagt, dass eine Trainingsgruppe existiert. Die meisten der SPBs, die eine unterstützende Funktion des Software-Engineerings ausüben, wie *SQS*, *SKM* oder *TP*, erfordern, dass es eine Gruppe gibt, die für diese Funktion verantwortlich ist. Außerdem enthält das *Trainingsprogramm*, wie die anderen SPBs mit einer unter-

TP: Betrachtung der Ziele mit Institutionalisierenden SPB-Indikatoren

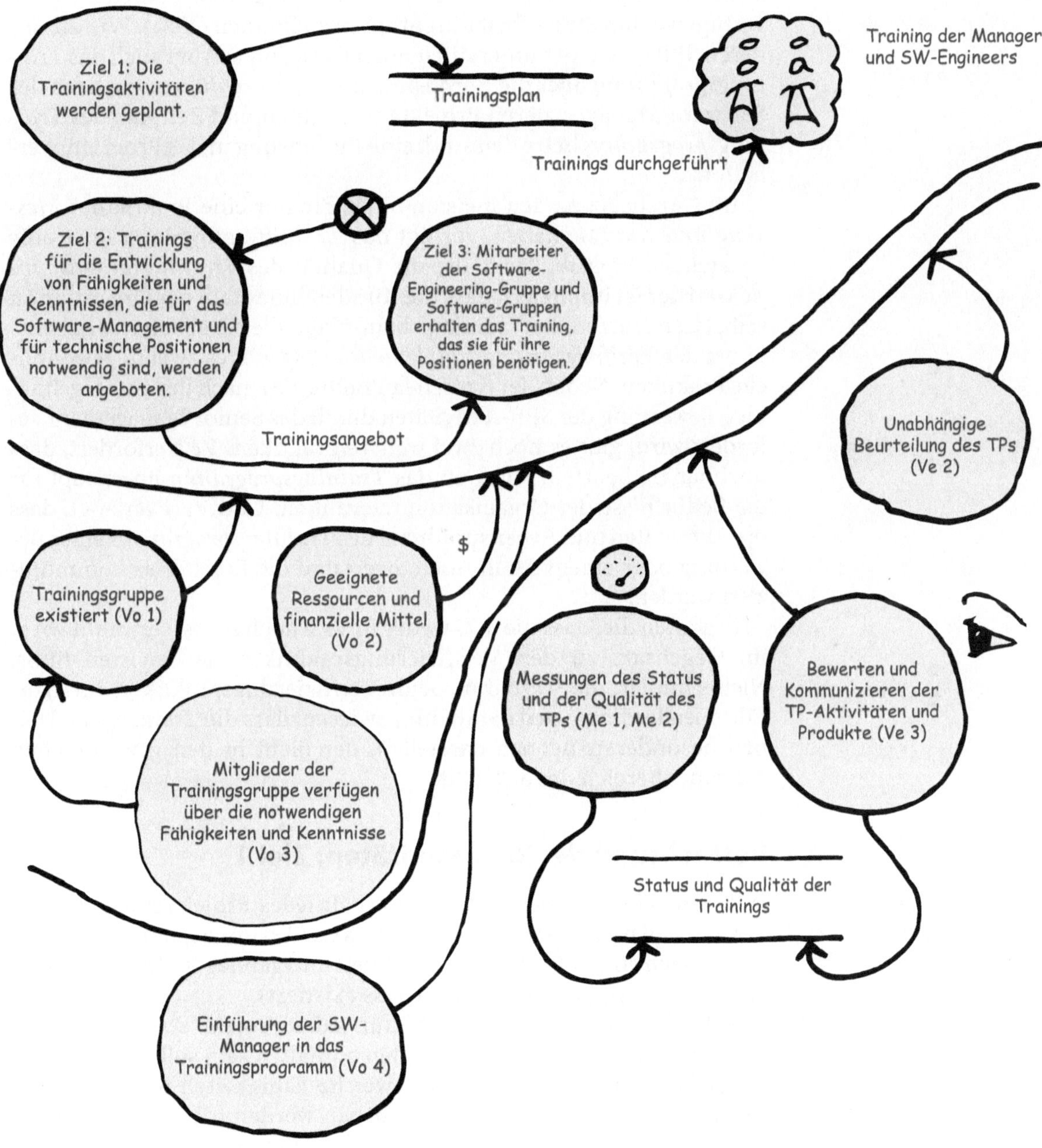

stützenden Funktion, eine Praktik der *Voraussetzung zur Durchführung*, die gewährleistet, dass die Mitglieder der Trainingsgruppe selbst auch geschult wurden – oder über die Fähigkeiten und Kenntnisse verfügen –, um ihre Arbeit durchführen zu können (*Vo 3*). Wie die anderen SPBs mit einer unterstützenden Funktion verfügt auch das *Trainingsprogramm* über die *Voraussetzung zur Durchführung 4*, nach der Software-Manager, deren Projekte vom Inhalt und Zeitplan des *Trainingsprogramms* betroffen sind, eine Einführung in das Programm erhalten.

Im Gegensatz zu den meisten SPBs, die nur eine Praktik der *Messung und Analyse* haben, verfügt das *Trainingsprogramm* über eine zusätzliche Praktik, *Me 2*, die die Qualität des *Trainingsprogramms* misst. Hier ist impliziert, dass die Kunden innerhalb der Organisation selbst den Nutzen der Trainings beurteilen, die sie absolviert haben.

Bei der *Verifizierung der Implementierung* gibt es zwei ungewöhnliche Praktiken. Neben der typischen Praktik *Ve 1*, nach der eine regelmäßige Bewertung der SPB-Aktivitäten durch das Senior Management gefordert wird, gibt es noch zwei weitere Praktiken. *Ve 2* erfordert, dass unabhängig beurteilt wird, ob das *Trainingsprogramm* überhaupt für die Bedürfnisse der Organisation relevant ist. Und *Ve 3* verlangt, dass die Aktivitäten und Arbeitsprodukte des *Trainingsprogramms* einer Bewertung oder einem Audit unterzogen und die Ergebnisse kommuniziert werden.

Beachten Sie, dass die *SQS* weder in *Ve 2* noch in *Ve 3* erwähnt wird, im Gegensatz zu den Verifizierungspraktiken der meisten SPBs. Nichts hindert die *SQS* daran, beide Verifizierungspraktiken durchzuführen, allerdings wird darauf hingewiesen, dass die Trainings evtl. einen besonderen Bereich darstellen, der nicht in den gewöhnlichen Aufgabenbereich der *SQS* fällt.

Betrachtung der Zielaktivitäten: Ziel 1

Ziel 1: Die Trainingsaktivitäten werden geplant.

Wie wird Ziel 1 erreicht? Mit *Ak 1* erhält jedes Projekt einen eigenen Trainingsplan und *Ak 2* bestimmt, dass der Trainingsplan der Organisation nach einem Verfahren entwickelt und gepflegt wird (somit wird davon ausgegangen, dass ein Prozess existiert).

Mit *Ak 1* wird eine Checkliste für jedes Projekt erstellt, die jene Punkte enthält, die im Trainingsplan enthalten sein sollten. Der Trainingsplan sollte berücksichtigen, welche Fähigkeiten wann benötigt werden, wie diese Fähigkeiten erworben werden (ob durch ein Training oder nicht), wer ein Training zu absolvieren hat und ob das Training von der Organisation selbst oder von Dritten abgehalten wird.

Das in *Ak 2* geforderte dokumentierte Verfahren für den Trainingsplan der Organisation sollte die Anforderungen aller Projekte berücksichtigen. Es ist zu erwarten, dass Trainingspläne sowohl aktueller

TP: Betrachtung der Zielaktivitäten

Ziel 1: Die Trainingsaktivitäten werden geplant.

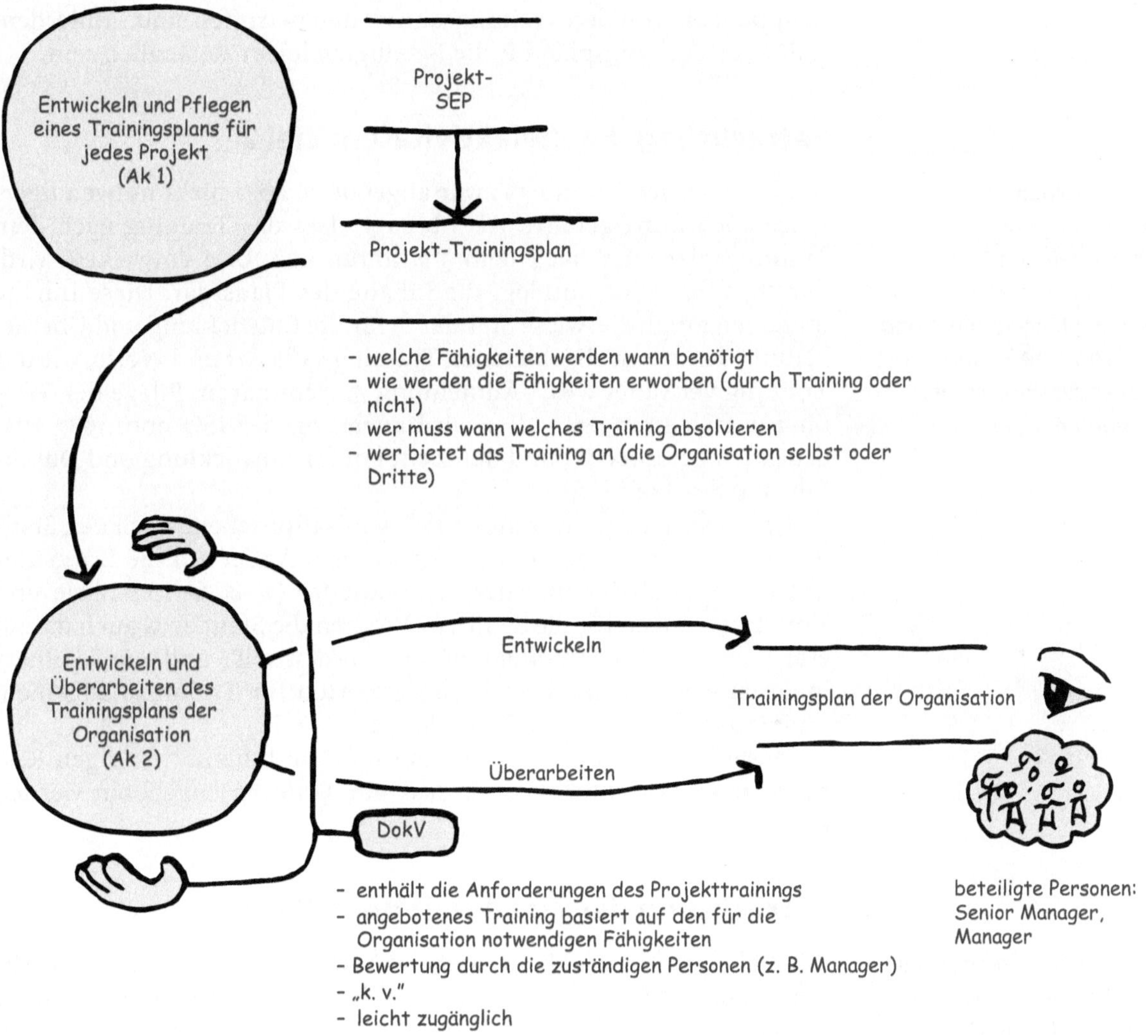

und früherer Projekte als auch strategische Ziele für die Entwicklung von Fähigkeiten (z. B. der Teamfähigkeiten) einkalkuliert werden. Der Trainingsplan der Organisation wird nicht nur „kontrolliert verwaltet", sondern außerdem von den beteiligten Mitarbeitern bewertet. Das sind hier in erster Linie die Manager der Projekte und funktionale Gruppen, die von den Trainingsaktivitäten betroffen sind. Außerdem sollte der Trainingsplan für die Beteiligten leicht zugänglich sein.

Betrachtung der Zielaktivitäten: Ziel 2

Ziel 2: Trainings für die Entwicklung von Fähigkeiten und Kenntnissen, die für das Software-Management und für technische Positionen notwendig sind, werden angeboten.

In Ziel 2 werden Trainings zwar angeboten, aber nicht notwendigerweise auch durchgeführt. *Ak 3* besagt, dass das Training nach dem Trainingsplan, der nach dem Verfahren aus *Ak 2* entwickelt wird, durchgeführt wird und legt die Inhalte des Plans dar. Diese Inhalte umfassen möglicherweise Standards für die Entwicklung und Überarbeitung des intern abgehaltenen Trainings, die Art und Weise, wie das Training verwaltet wird (Anmeldung zu Seminaren, Pflege der Trainingsaufzeichnungen – dies wird auch von der ISO 9001:1987 ausdrücklich gefordert)[13], und den Zeitplan für Entwicklung und Durchführung des Trainings.

Ak 4 besagt, dass Trainings auf Organisationsebene nach den Standards der Organisation entwickelt werden. Außer auf die Erwartungen der Teilnehmer und der Seminarleiter (z. B. Seminarziele und Voraussetzungen für die Seminare) sollten die Standards auch darauf eingehen, wie das Training beurteilt werden soll[14] und wie Seminarmaterial bewertet wird (evtl. von Experten für Trainings allgemein und Experten für das jeweilige Thema).

Dieser Trainingsplan der Organisation und die notwendigen Ressourcen sollten dafür sorgen, dass ein Training angeboten werden kann.

Betrachtung der Zielaktivitäten: Ziel 3

Ziel 3: Mitarbeiter der Software-Engineering-Gruppe und der Software-Gruppen erhalten das Training, das sie für ihre Positionen benötigen.

Mit Ziel 3 erhalten die Mitarbeiter, die das Software-Engineering durchführen, unterstützen oder daran beteiligt sind, das für sie notwendige Training. *Ak 5* legt ein Verfahren fest, mit dem darüber entschieden wird, ob ein Mitarbeiter bereits über die Kenntnisse und die benötigten Fähigkeiten verfügt, und deshalb an einem bestimmten Training nicht teilnehmen muss. Diese *Durchzuführende Aktivität* ist eine Art Verzichtsverfahren für die Organisation – ein Mitarbeiter benötigt kein Training für z. B. Ada, wenn er die Kenntnisse darüber bereits in einer

---

[13] Vgl. Abschnitt 4.18.
[14] Vgl. *Ve 1* und *Ve 2*.

TP: Betrachtung der Zielaktivitäten

Ziel 2: Trainings für die Entwicklung von Fähigkeiten und Kenntnissen, die für das Software-Management und für technische Positionen notwendig sind, werden angeboten.

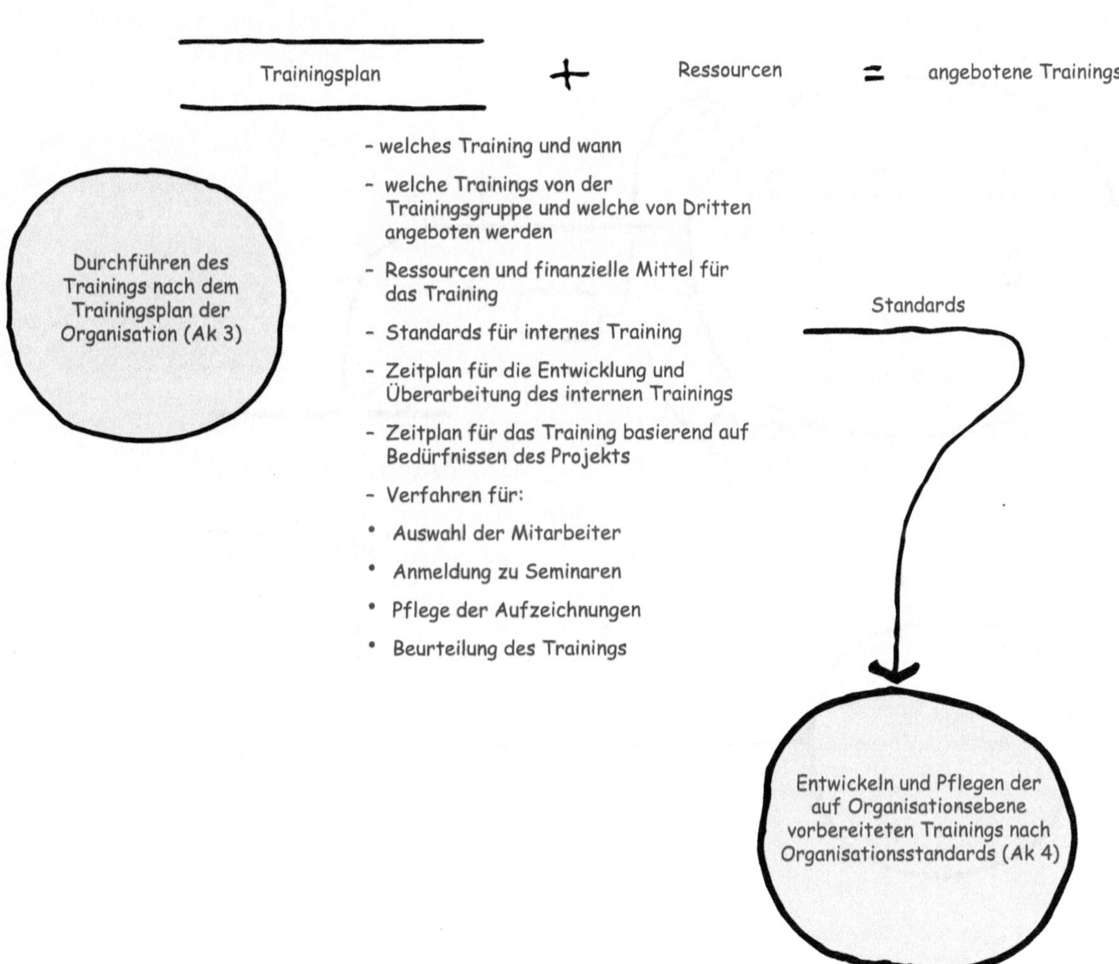

TP: Betrachtung der Zielaktivitäten

Ziel 3: Mitarbeiter der Software-Engineering-Gruppe und der Software-Gruppen erhalten das Training, das sie für ihre Positionen benötigen.

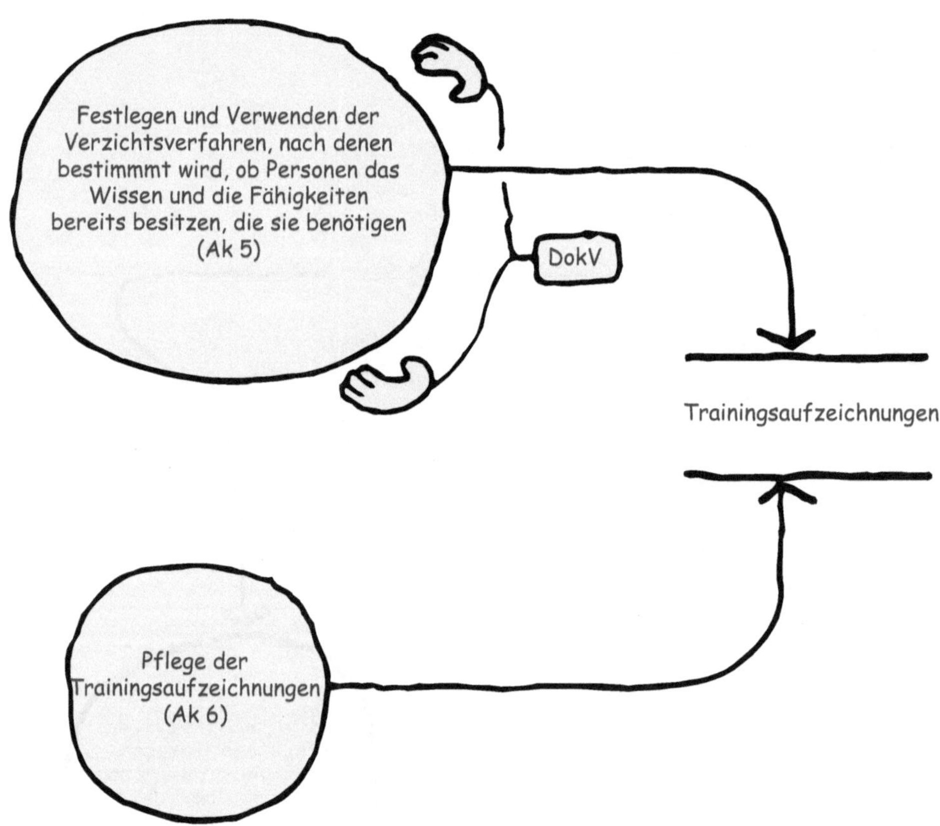

anderen Organisation erworben hat. Allerdings sollte eine systematische und effektive Methode gegeben sein, mit der eine Fähigkeit festgestellt werden kann. Hierzu liefert das CMM in dieser *Durchzuführenden Aktivität* keine Details. Wahrscheinlich wäre das Verfahren Teil der Trainingsstandards der Organisation, die in *Ak 4* erwähnt werden.

Mit *Ak 6* werden die Trainingsaufzeichnungen gepflegt. *Ak 6* ist in den meisten Organisationen und Regierungsorganisationen eine übliche Praktik. Ein Pluspunkt des CMMs ist hier, dass daran erinnert wird, die Trainingsaufzeichnungen verfügbar zu machen. Dadurch kann eine Position besser mit dem geeigneten Mitarbeiter besetzt werden.

Integriertes Software-Management (ISM)

(ISM)

Betrachtung der Ziele

„Integriertes Software-Management" klingt schon irgendwie seltsam. Wenn man es zum ersten Mal hört, fragt man sich, was es überhaupt bedeutet. Wenn Sie Mitglied eines Assessment-Teams in einer Organisation wären, würde es Sie verwundern, auf einer Bürotür „Leiter des Integrierten Software-Managements" zu lesen? Das CMM verwendet unbekannte Begriffe, denn es basiert auf einem fortgeschrittenen Konzept, das noch recht wenig verbreitet ist und somit noch keine gemeinhin bekannte Terminologie hat. (Weniger als 30 % der nach der SEI-Methode auditierten Organisationen haben Stufe 3 erreicht.) Auf Stufe 2 befassten sich die *Software-Projektplanung* (*SPP*) und die *Software-Projektlenkung und -verfolgung* (*SPLV*) sowohl mit den technischen als auch mit den programmatischen Aspekten eines Software-Projekts. Auf Stufe 3 stellt das *ISM* sozusagen eine Weiterentwicklung der Praktiken der SPBs *SPP* und *SPLV* des vorausgegangenen Reifegrads dar.

Nach dem *ISM* wird ein Projekt auf dem höheren Reifegrad geplant, verfolgt und geleitet, indem zunächst der Standard-Software-Prozess der Organisation berücksichtigt und dann an Projekte angepasst wird.

Dieser SPB hat zwei Ziele, zwei Merkmale von Organisationen, die diesen SPB zur Routine gemacht haben.

In Ziel 1 definiert jedes Projekt seinen eigenen Software-Prozess basierend auf dem Standard-Prozess der Organisation. In Ziel 2 bestimmt der projektdefinierte Software-Prozess, wie das Projekt geplant und geleitet wird. Hiermit verfügen Stufe 3-Organisationen über einen zusätzlichen Schritt, der der *Software-Projektplanung* vorausgeht. In diesem Schritt gehen Projektleiter nicht nur von ihren eigenen früheren Projektplänen aus (was natürlich eine gute Praktik ist), sondern von einer Prozessbeschreibung, die die besten Praktiken aller früheren Projekte in sich vereinigt.

Ziel 1: Der projektdefinierte Software-Prozess ist eine angepasste Version des Standard-Software-Prozesses der Organisation.

Ziel 2: Das Projekt wird dem projektdefinierten Software-Prozess entsprechend geplant und geleitet.

ISM: Betrachtung der Ziele

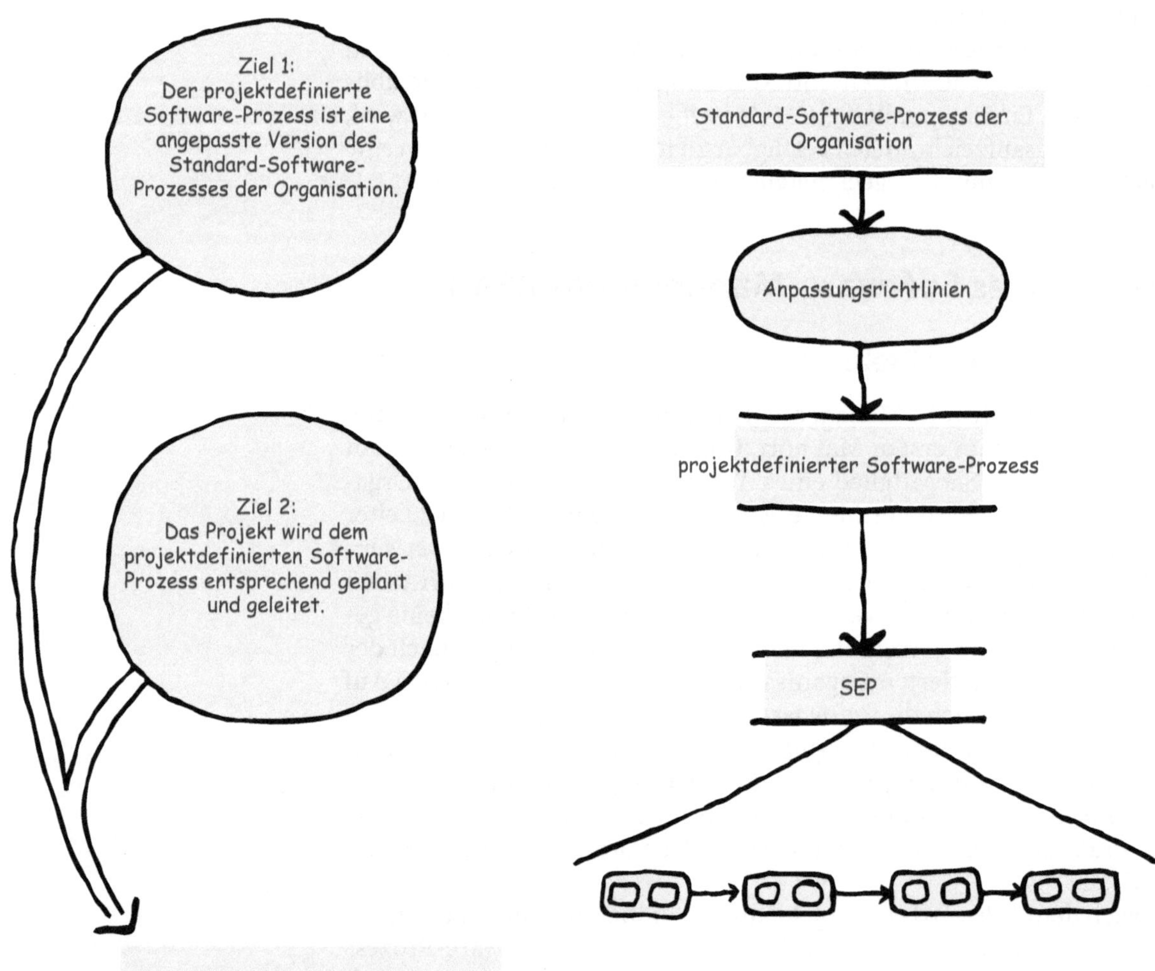

Betrachtung der Zielaktivitäten: Ziel 1

Das Ziel, nach dem jeder projektdefinierte Software-Prozess vom Standard-Software-Prozess der Organisation abgeleitet wird, wird durch die ersten beiden *Durchzuführenden Aktivitäten* erreicht. (Es ist sicher möglich, auch *Ak 3* zu diesem Ziel hinzuzufügen, doch aus Sicht dieses *Handbuchs* bezieht sich *Ak 3* eher auf den Projektplan und passt somit besser zu Ziel 2.)

Ak 1 entwickelt den projektdefinierten Software-Prozess, indem der Standard-Software-Prozess der Organisation nach einem dokumentierten Verfahren angepasst wird. Die Beschreibung des Standard-Prozesses der Organisation entnehmen die Projektplaner der Prozessbibliothek, die von der *OPD* gewartet wird. Das Verfahren, das sie befolgen, beinhaltet: Ein geeigneter Software-Lebenszyklus wird aus denen des Standard-Prozesses der Organisation ausgewählt und mit Hilfe von Richtlinien, die für diesen Zweck existieren, modifiziert. Die Prozessbeschreibung des Projekts wird von der SEPG (oder der Stelle, die für die Koordination der Software-Prozessaktivitäten in der gesamten Organisation verantwortlich ist) aufgezeichnet und bewertet. Von Zeit zu Zeit kann das Nichtbeachten der Richtlinien zur Anpassung notwendig sein, vielleicht auf Grund von Kundenanforderungen oder einer Pilot-Prozessänderung. Dies muss vom zuständigen Management genehmigt werden. (*OPF* macht deutlich, dass die Lenkung der Software-Prozessaktivitäten in den Verantwortungsbereich des Senior Managements fällt.)

Mit *Ak 2* wird der projektdefinierte Software-Prozess nach einem dokumentierten Verfahren überarbeitet. Wie Sie bereits wissen, ist ein Verfahren nur eine dokumentierte Beschreibung einer Praktik, die als wertvoll eingestuft und zur Routine wurde. Eine Überarbeitung ist dann sinnvoll, wenn die Erfahrung oder Leistungsdaten aus einem anderen Projekt darauf hinweisen, dass ein effizienterer oder effektiverer Prozessschritt als der ursprünglich geplante verwendet werden kann. Die Änderungen sollten von denselben Gruppen bewertet werden, die bereits in *Ak 1* aktiv wurden: SEPG, Projektleiter und Software-Manager.

Man könnte erwarten, dass Änderungen am Projekt mitten im Projektverlauf im SEP reflektiert werden müssten und dass der projektdefinierte Software-Prozess nur zu Beginn verwendet wird, um die Projektplanung zu lenken. Allerdings hat die Organisation auf Stufe 3 das Projekt-Management (Planung und Verfolgung) bereits gemeistert. Diese Aktivitäten sind zur Routine geworden. Was nun verwendet wird, um die Projektaktivitäten zu lenken, ist die Prozessbetrachtung auf einer höheren Stufe, die im projektdefinierten Software-Prozess zum Ausdruck kommt. Die Betrachtung der Zielaktivitäten im nächsten Ziel verdeutlicht, wie dieser definierte Software-Prozess abläuft.

Ziel 1: Der projektdefinierte Software-Prozess ist eine angepasste Version des Standard-Software-Prozesses der Organisation.

ISM: Betrachtung der Zielaktivitäten

Ziel 1: Der projektdefinierte Software-Prozess ist eine angepasste Version des Standard-Software-Prozesses der Organisation.

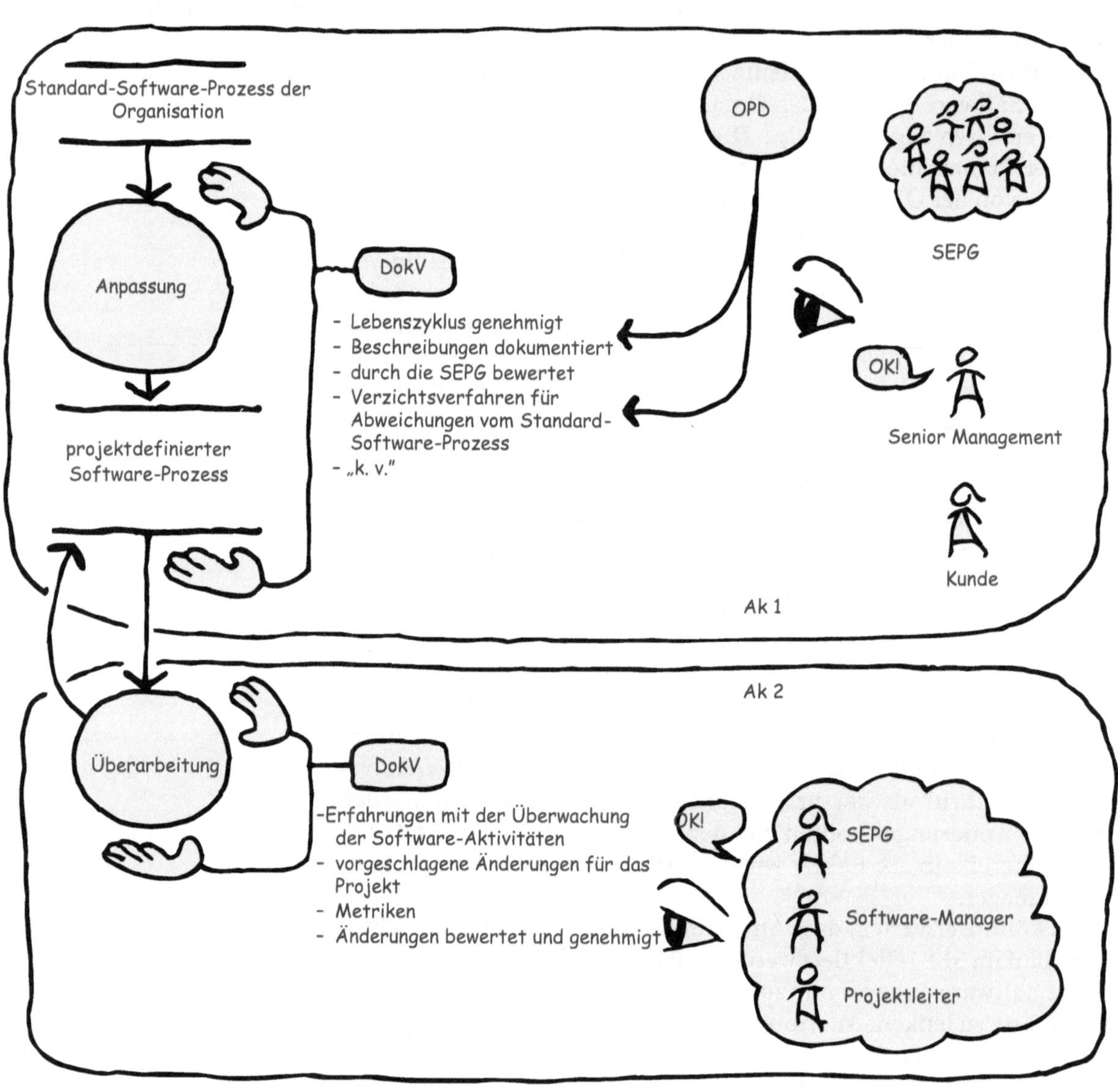

Betrachtung der Zielaktivitäten: Ziel 2

In Ziel 2 wird das Projekt konkret dem projektdefinierten Software-Prozess entsprechend geführt, d. h. geplant und geleitet. Die restlichen neun *Durchzuführenden Aktivitäten* im *ISM* tragen zum Erreichen dieses Ziels bei.

Ak 3 besagt, dass der Software-Projektplan nach einem dokumentierten Verfahren entwickelt und überarbeitet wird. Das Verfahren leitet den Software-Plan selbstverständlich vom projektdefinierten Software-Prozess ab. Für die Details dieses Verfahrens verweist das CMM auf die SPBs *Software-Projektplanung* und *Software-Projektlenkung und -verfolgung* auf Stufe 2. Somit enthält das Planungsverfahren hier im Großen und Ganzen die gleiche Checkliste (mit Projektzielen, Standards etc.), allerdings mit Ergänzungen aus Organisationskenntnissen, die im Standard-Prozess der Organisation gesammelt wurden.

Ak 5 verlangt eine besondere Art dieser gesammelten Kenntnisse der Organisation. Diese *Durchzuführende Aktivität* erfordert, dass Daten für die Schätzung von Projektparametern (Größe, Kosten, Aufwand etc.) aus der Prozessdatenbank der Organisation entnommen und Plausibilitätsvergleiche mit den Daten ähnlicher Projekte vorgenommen werden. Ein weiterer Bestandteil von *Ak 5* ist, dass das Projekt seine eigenen Messdaten in der Prozessdatenbank aufzeichnet. (Sie sehen also, dass auf Stufe 2 und Stufe 3 eine ständig wachsende Sammlung von Messdaten entsteht, die es der Organisation ermöglicht, eine gründliche und quantitative Betrachtung des eigenen Prozesses vorzunehmen, die ein wesentliches Merkmal einer Organisation auf Stufe 4 ist.)

Ak 4 besagt, dass das Projekt tatsächlich nach den Vorgaben des projektdefinierten Software-Prozesses geleitet wird. (Für besondere Projekt- und Planungspraktiken wird auf die SPBs der Stufe 2 verwiesen.) Welche Art von Leitungsaufgaben sind in dieser Prozessbetrachtung auf der höheren Stufe erforderlich? Der Prozess führt nicht nur auf, welche Messdaten gesammelt werden, sondern nennt auch Eingangskriterien, um den Aufgabenbeginn zu genehmigen, Abschlusskriterien, um das Aufgabenende zu definieren, notwendige Fähigkeiten der technischen Mitarbeiter, die Pläne, um diese Fähigkeiten zu vermitteln, und wie Erkenntnisse des Projekts in der Prozessbibliothek der Organisation dokumentiert und aufgezeichnet werden. Der Prozess definiert außerdem Kriterien, mit denen festgestellt wird, wann eine Planungsänderung notwendig ist.

Ak 6, *Ak 7* und *Ak 8* besagen, dass die quantitativen Projektparameter, die auf Stufe 2 geschätzt werden (Größe von Arbeitsprodukten, Aufwand, Kosten und kritische Computerressourcen), nach dokumentierten Verfahren geleitet werden. Ebenso werden die kritischen Abhängigkeiten des Projekts und sein kritischer Pfad nach einem dokumentierten Verfahren geleitet. Auf Stufe 2 wurden diese Schät-

Ziel 2: Das Projekt wird dem projektdefinierten Software-Prozess entsprechend geplant und geleitet.

ISM: Betrachtung der Zielaktivitäten

Ziel 2: Das Projekt wird dem projektdefinierten Software-Prozess entsprechend geplant und geleitet.

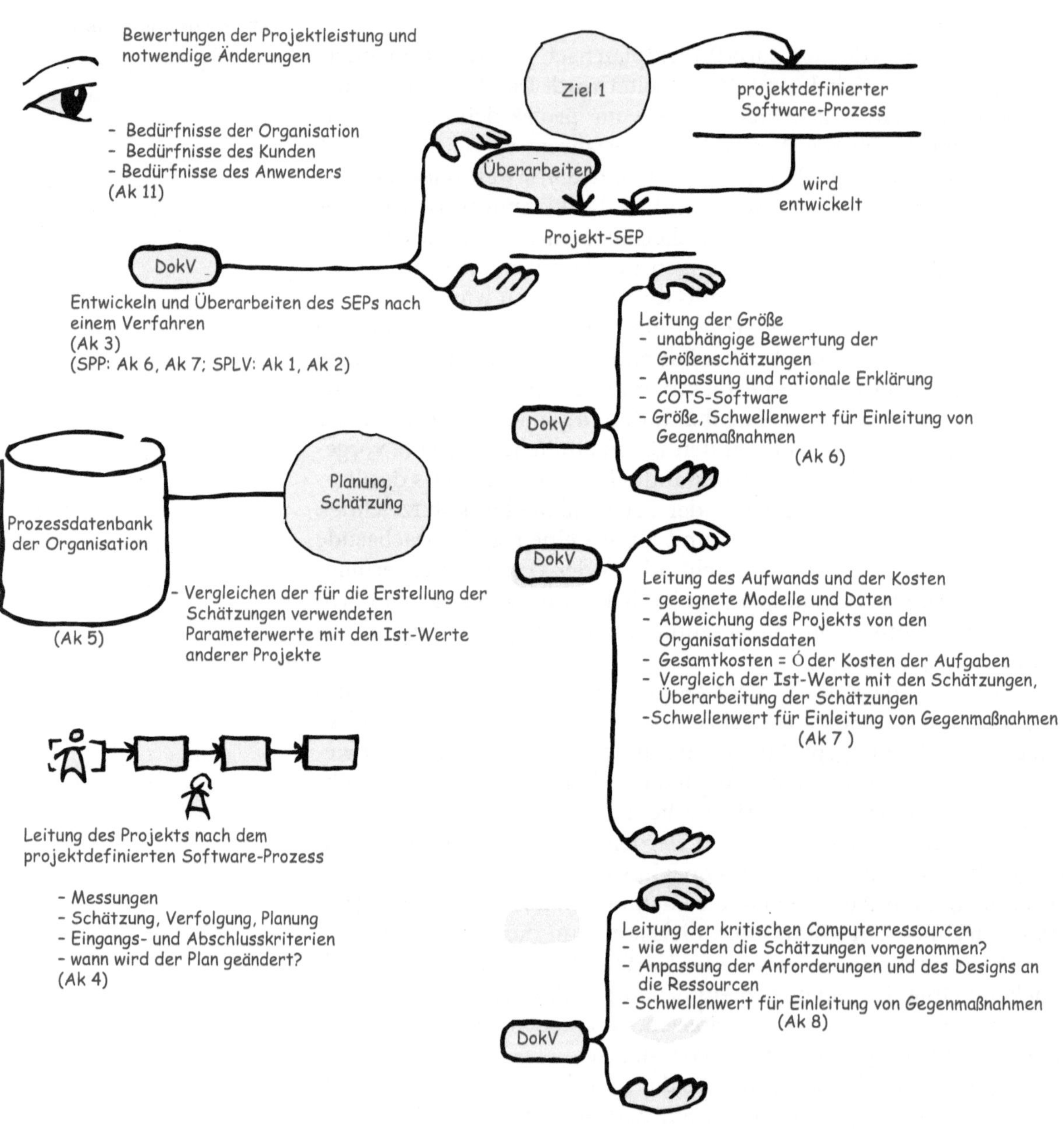

ISM: Betrachtung der Zielaktivitäten von Ziel 2 (Teil 2)

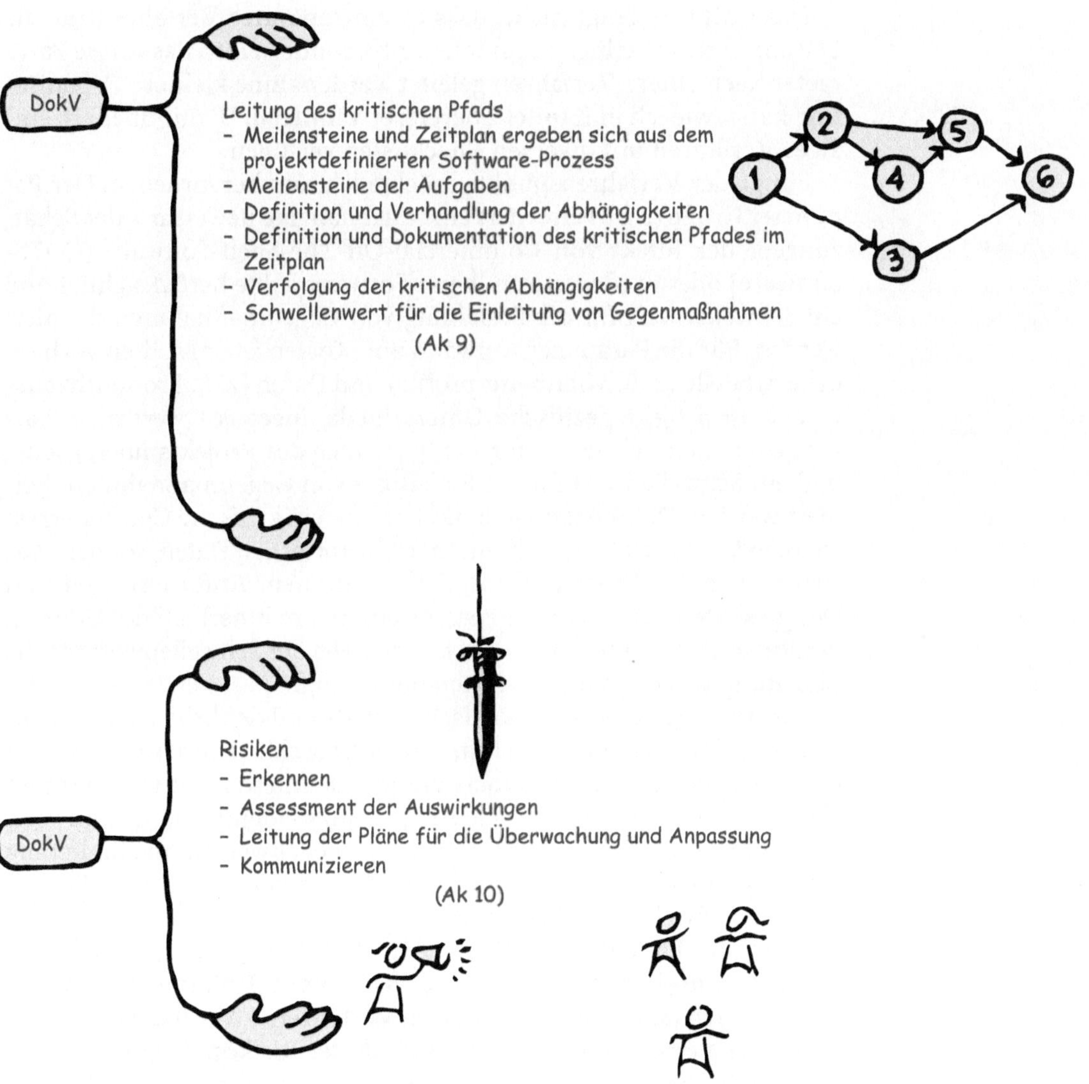

zungsparameter durch die *Durchzuführenden Aktivitäten* der *SPLV* verfolgt. Auf Stufe 3 verfügt die Organisation über genügend Erfahrung, um hier etablierte Prozesse einzusetzen, mit denen diese quantitativen Parameter geleitet werden. Diese Erfahrung ist in *Verfahren* kodifiziert.

Das CMM verlangt nicht, dass es ein separates Verfahren für die Leitung jedes einzelnen Parameters gibt, sondern nur, dass diese Parameter nach einem Verfahren geleitet werden. Eine kleinere Organisation kann, wie ich in Kapitel 2 bereits erwähnte, u. U. nur über ein einziges Verfahren mit diversen Checklisten verfügen.

Einige der Verfahrenspunkte möchte ich nun hervorheben. Der Parameter Größe (*Ak 6*) erfordert eine unabhängige Bewertung der Schätzungen, der Effekt von Commercial-Off-The-Shelf-Software (COTS-Software) oder wiederverwendbarer Software sollte berücksichtigt und ein Schwellenwert für die Einleitung von Gegenmaßnahmen definiert werden. Für die Parameter Aufwand und Kosten (*Ak 7*) sollten vorhandene Modelle (z. B. Mitarbeiterprofile) und Daten (z. B. Produktivitätsdaten) an projektspezifische Unterschiede angepasst werden, Schätzungen sollten bei Bedarf für die Restdauer des Projekts überarbeitet und ein Schwellenwert für die Einleitung von Gegenmaßnahmen definiert werden. Die Schätzungen des Parameters kritische Computerressourcen (*Ak 8*) erfolgen nicht nur nach historischen Daten, sondern basieren auch auf Prototyping und Simulationen. Anforderungen und Design sollten bei Bedarf angepasst werden, um innerhalb der Grenzen der Ressourcen zu bleiben. Hier ist ebenfalls ein Schwellenwert für die Einleitung von Gegenmaßnahmen notwendig.

Für *Ak 9*, die Leitung des kritischen Pfads und der kritischen Abhängigkeiten, legt das Verfahren fest, dass der Abschluss von Aufgaben und das Erreichen von Meilensteinen, die vom definierten Software-Prozess abgeleitet wurden, in einer binären, d. h. unzweideutigen, Art und Weise definiert sind. Und auch hier ist ein Schwellenwert für die Einleitung von Gegenmaßnahmen notwendig, und zwar bei Problemen, die sich aus dem kritischen Pfad ergeben.

Ak 10, die letzte *Durchzuführende Aktivität* von Ziel 2, betrifft Projektrisiken und deren Erkennung, Assessment, Dokumentation und Leitung nach einem dokumentierten Verfahren. (Wenn die Organisation Stufe 3 erreicht, hat sie ihre Praktik des Risikomanagements bereits kodifiziert, obgleich ein Risiko eine recht abstrakte Sache darstellt – es existiert eben nur als Eventualität. Diese Praktik baut auf *Ak 13* von *Software-Projektplanung* und *Ak 10* von *Software-Projektlenkung und -verfolgung* auf.) Auf Stufe 3 gehört folgendes zum Verfahren: Assessment von Risikoauswirkungen, die Art und Weise, wie Risiken überwacht werden, und was unternommen wird, wenn die Überwachung zeigt, dass ein Risiko tatsächlich eintreten könnte. Bei der Kommunikation, der Planung und der Überwachung der Risiken sollte auch der Kunde mit eingeschlossen werden. Die Erfahrung mit dem Risikomanagement seit dem Erscheinen des CMMs zeigt, dass die versäumte Kommunikation von Risiken eines der größten Hindernisse beim Risikomanagement darstellt. Das Verleugnen potenzieller Probleme, d. h. Risiken, führt dazu, dass diese sich zu Krisen auswachsen, sobald sie eintreten.

Software-Produkt-Engineering (SPE)

(SPE)

Betrachtung der Ziele

Im SPB *Software-Produkt-Engineering* auf Stufe 3 geht das CMM ausführlich auf das ein, was allgemein als Software-Engineering bezeichnet wird: Anforderungsanalyse, Design, Code und Tests. In diesem SPB wird ganz konkret das Engineering und die Produktion der Software durchgeführt. Selbstverständlich bedeutet das Platzieren des Großteils des Software-Engineerings in nur einem der 18 *Schlüssel*prozessbereiche nicht, dass das CMM in den anderen 17 SPBs das eigentlich Wichtigste ignoriert. Stattdessen bedeutet es, dass die meisten Hindernisse für die konsistente und effiziente Produktion von Software sich daraus ergeben, wie die Arbeit organisiert ist. Und genau dies wird in den anderen SPBs thematisiert. Es bedeutet weiterhin, dass Software-Projekte weit mehr als nur Aktivitäten umfassen, die das Entwickeln von Software enthalten. Wenn der Kunde bei einem Produkt Zuverlässigkeit und Wiederholbarkeit erwartet, sollte man den gesamten Produktionsprozess betrachten, ganz gleich, ob es sich um die Entwicklung oder die Wartung von Software handelt.

Die Tatsache, dass sich der SPB *Software-Produkt-Engineering* auf Stufe 3 befindet, bedeutet nicht, dass das Software-Engineering nur auf Stufe 3 stattfindet. Stattdessen bedeutet es, dass das Software-Engineering auf Stufe 3 auf einem organisationsweiten Satz an Praktiken basiert.

Im *SPE* gibt es zwei einfache Ziele.

Das Piktogramm zu Ziel 1 zeigt ein Stufe 3-Prozessdiagramm mit den Hauptphasen und den Aufgaben, die in diesen Hauptphasen definiert sind (mit Definitionen, die möglicherweise aus dem projektdefinierten Software-Prozess stammen). Der abgebildete Prozess folgt einem einfachen Wasserfall-Lebenszyklus. Die Hauptphasen sind: Anforderungsanalyse, Design, Code und Tests. Und es gibt ein Beispiel für Feedback-Schleifen, vom Code zum Design.

Ziel 2 wird im Piktogramm dargestellt, indem die Produkte jeder Phase dieses Lebenszyklus gezeigt und die Konsistenzprüfungen durch Feedback-Schleifen wiedergegeben werden. Somit ist das Piktogramm von Ziel 2 auch eine bildliche Darstellung der Rückverfolgbarkeit.

Ziel 1: Die Software-Engineering-Aufgaben werden definiert, integriert und konsistent durchgeführt, um die Software zu produzieren.

Ziel 2: Die Konsistenz der Software-Arbeitsprodukte wird gewährleistet.

SPE: Betrachtung der Ziele

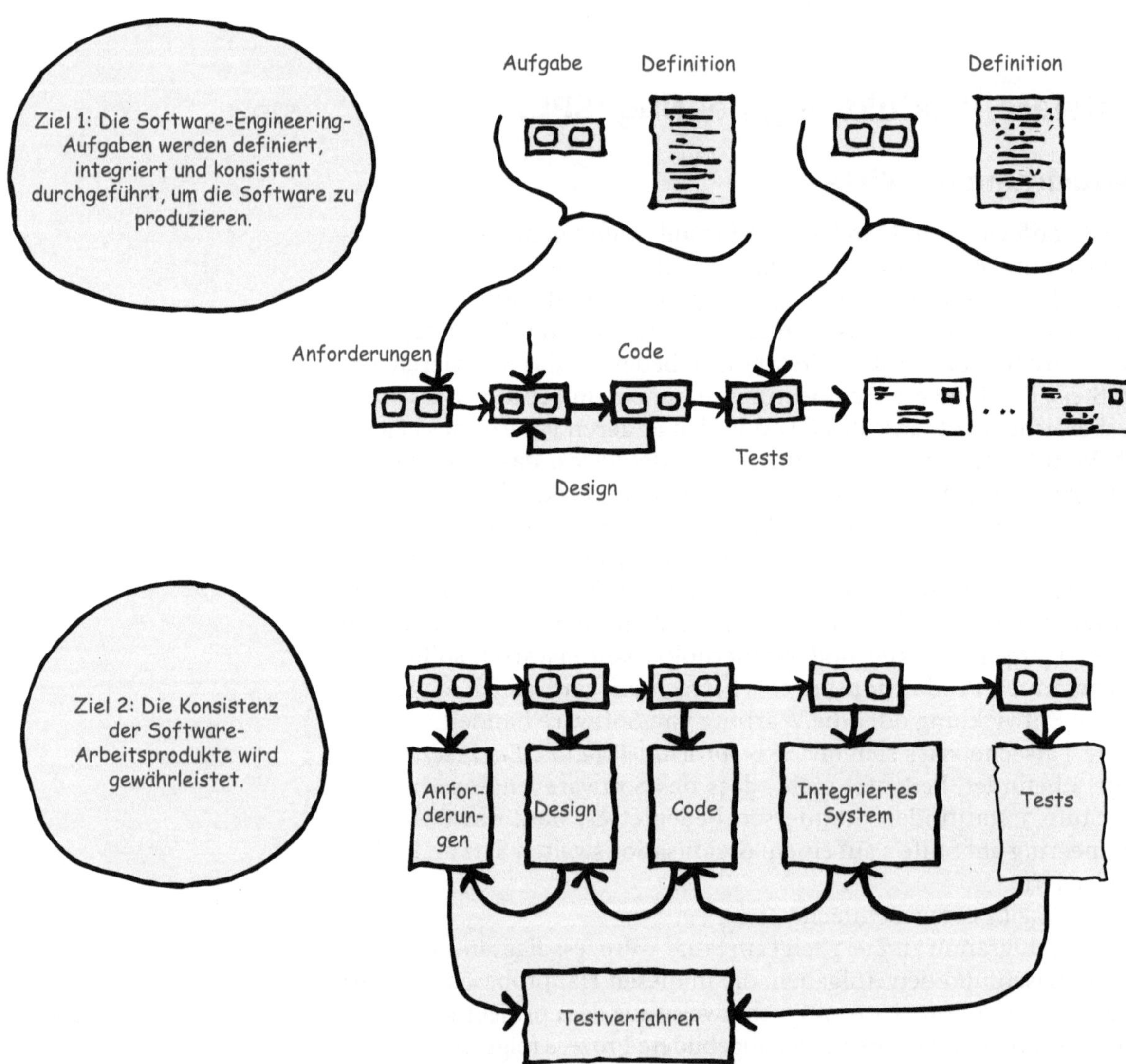

Beachten Sie, dass das CMM zwei Praktiken der *Messung und Analyse* für das *SPE* vorsieht.[15] (Auch das *Trainingsprogramm* hat hier zwei *Me*-Praktiken, während alle anderen SPBs nur eine Praktik der *Messung und Analyse* haben: Messungen werden vorgenommen und verwendet, um u. a. den Status der [SPB-] Aktivitäten zu bestimmen.) Die zusätzlichen Messungen beziehen sich auf die Produktqualität und -funktionalität (z. B. Abgleich der Fehlerdaten und Anzahl der Anforderungen mit den Testfällen). Diese Arten von Daten, abgesehen vom Nutzen für diesen SPB, dienen dem Aufbau einer quantitativen Übersicht über den Prozess und das Produkt, die eine Organisation auf Stufe 4 erreicht hat.

Betrachtung der Zielaktivitäten: Ziel 1

SPE hat zehn *Durchzuführende Aktivitäten*. Neun davon werden im Piktogramm mit Ziel 1 in Verbindung gebracht, aus diesem Grund wirkt es etwas überladen.

Ziel 1: Die Software-Engineering-Aufgaben werden definiert, integriert und konsistent durchgeführt, um die Software zu produzieren.

Ak 1 besagt, dass „geeignete Software-Engineering-Methoden und -Tools in den projektdefinierten Software-Prozess integriert werden".[16] Bestandteil dieser Integration ist, dass die Begründung für die Auswahl der Methoden und Tools dokumentiert wird und die Tools dem Konfigurations-Management unterstellt werden. *Ak 2* erfordert, dass „die Software-Anforderungen entwickelt, gepflegt, dokumentiert und verifiziert werden, indem die zugewiesenen Anforderungen systematisch dem projektdefinierten Software-Prozess entsprechend analysiert werden".[17] Die zwölf Unterpraktiken dieser *Durchzuführenden Aktivität* stellen eine gute Checkliste für einen kompletten Anforderungsprozess dar. Beachten Sie beispielsweise folgende zwei Unterpraktiken: Methoden der Anforderungsanalyse werden aufgelistet, u. a. einschließlich der objektorientierten und funktionalen Dekomposition, der Simulationen und des Prototyping. Außerdem werden einige Methoden der Verifizierung und Analyse genannt (Präsentation, Abnahmetests etc.).

Ak 3 erfordert das für das Software-Design, was *Ak 2* für die Anforderungen erforderte: „Das Software-Design wird dem projektdefinierten Software-Prozess entsprechend entwickelt, gepflegt, dokumentiert und verifiziert, *um den Software-Anforderungen zu entsprechen und um die Grundlagen für das Codieren zu schaffen*".[18] Meine Hervorhebung durch die Kursive soll unterstreichen, dass die Integration und Konsistenz, die in Ziel 1 verlangt werden, hier implementiert werden. Das Pik-

---

[15] Vgl. 93-TR-25, S. L3-79 f.
[16] Vgl. 93-TR-25, S. L3-65.
[17] Vgl. 93-TR-25, S. L3-66.
[18] Vgl. 93-TR-25, S. L3-69.

SPE: Betrachtung der Zielaktivitäten

Ziel 1: Die Software-Engineering-Aufgaben werden definiert, integriert und konsistent durchgeführt, um die Software zu produzieren.

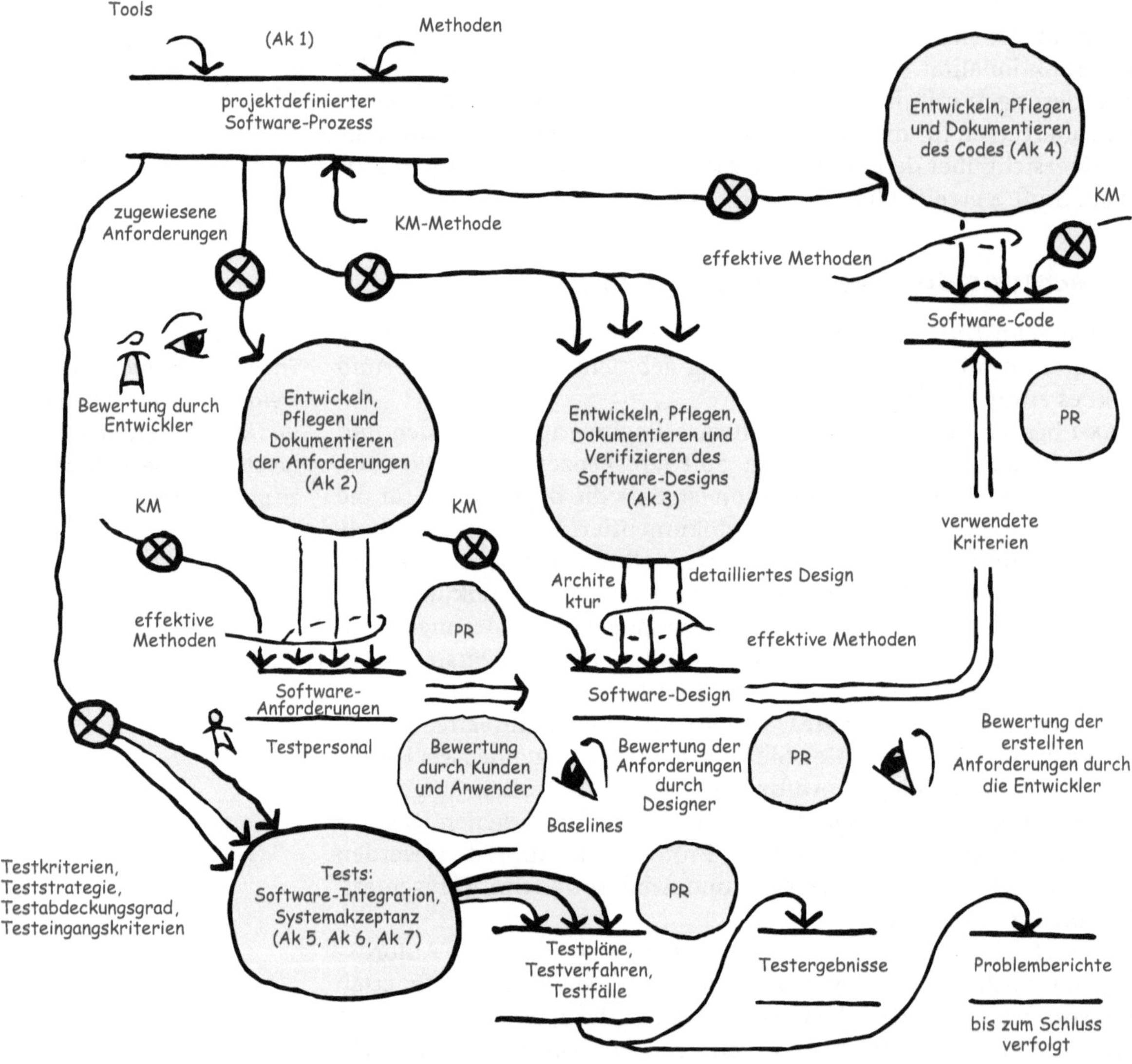

SPE: Betrachtung der Zielaktivitäten von Ziel 1 (Teil 2)

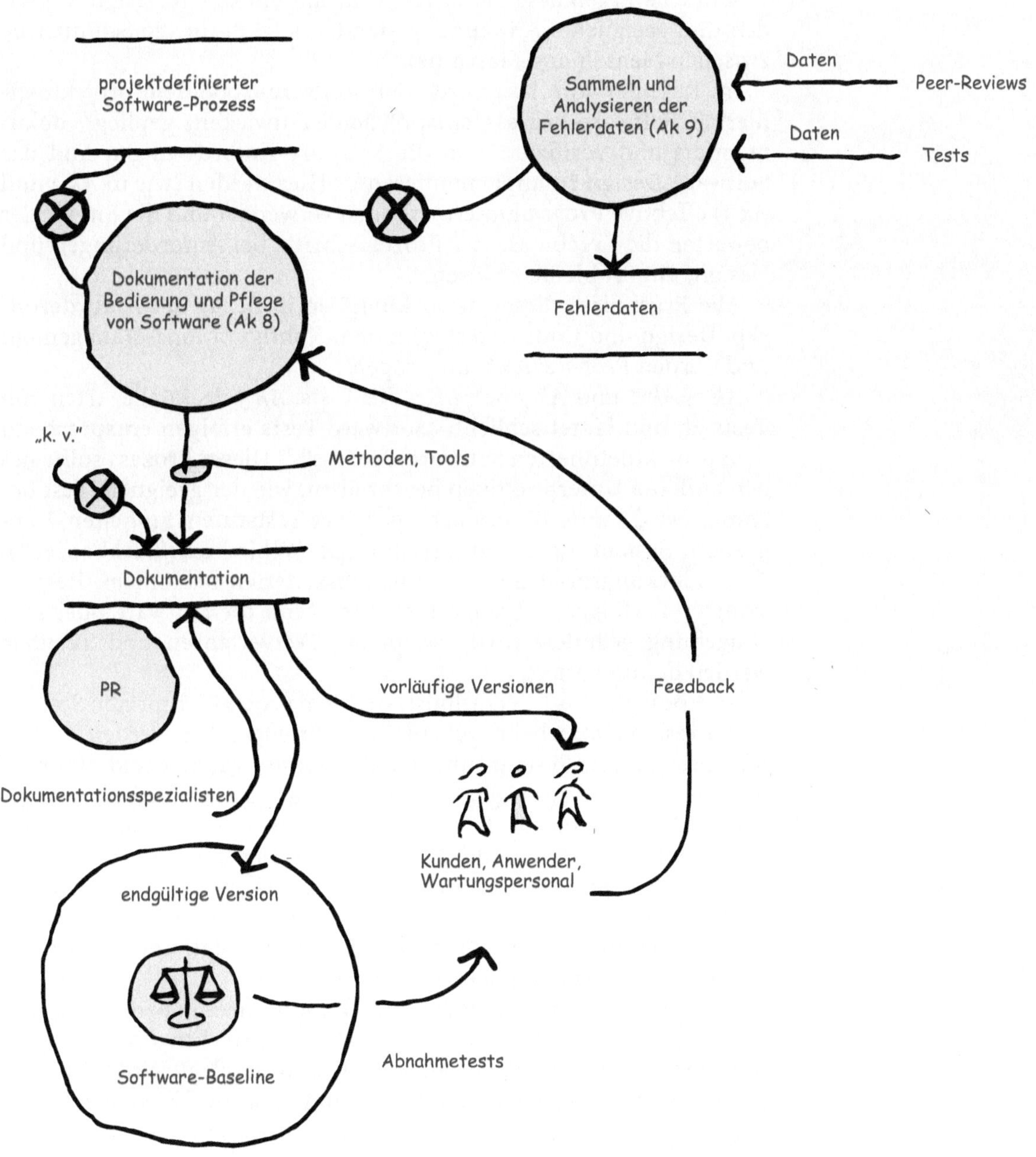

togramm zeigt außerdem die Bewertungen der Anforderungen durch die Designer, den Kunden und den Anwender. Die Software-Architektur (das Design auf oberster Ebene) und das detaillierte Design sind wesentliche Ergebnisse dieser Aktivität mit effektiven Design-Methoden und geeigneten Anwendungsstandards (z. B. für die Schnittstelle zwischen Mensch und Maschine).

Im Rahmen von *Ak 4* wird „der Software-Code dem projektdefinierten Software-Prozess entsprechend entwickelt, gepflegt, dokumentiert und verifiziert, um die Software-Anforderungen und das Software-Design zu implementieren".[19] Hier werden (wie in *Ak 2* und *Ak 3*) effektive Programmiermethoden verwendet und die Entwickler bewerten die Ergebnisse der Prozessschritte bei Anforderungen und Design, um Probleme zu lösen.

Alle Ergebnisse dieser drei Aktivitäten in Bezug auf Anforderungen, Design und Code unterliegen dem Konfigurations-Management und werden *Peer-Reviews* unterzogen.

Ak 5, *Ak 6* und *Ak 7* betreffen die Tests. *Ak 5* deckt alle Arten von Tests ab und lautet schlicht: „Software-Tests erfolgen entsprechend dem projektdefinierten Software-Prozess".[20] Dieser Prozess sollte neben anderen Unterpraktiken beschreiben, wie der geeignete Test bestimmt wird (unter Berücksichtigung der Teststufen: Einheiten, Integration, System etc.), und Teststrategie (Whitebox, Blackbox etc.), Testabdeckungsgrad und Testeingangskriterien behandeln. Regressionstests erfolgen auf jeder Teststufe, wenn die Software oder ihre Umgebung geändert wird. Testpläne, Testverfahren und Testfälle werden dokumentiert.

Ak 6 besagt, dass Integrationstests „dem projektdefinierten Software-Prozess entsprechend geplant und durchgeführt werden"[21], und *Ak 7* besagt, dass System- und Abnahmetests „geplant und durchgeführt werden, um zu zeigen, dass die Software den Anforderungen genügt".[22] Diese Arten von Tests werden anhand vorgegebener Baselines durchgeführt. System- und Abnahmetests sowie Verfahren werden von einer Gruppe geplant und vorbereitet, die von den Entwicklern unabhängig ist. Probleme, die während der Tests erkannt werden, werden dokumentiert und bis zum Schluss verfolgt, und alle Testergebnisse werden aufgezeichnet.

Ak 8 erfordert, dass „die Dokumentation, die zur Bedienung und Wartung der Software verwendet wird, dem projektdefinierten Software-Prozess entsprechend entwickelt und gepflegt wird".[23] Neben der Anwendung geeigneter Methoden und Tools sind hier auch Doku-

---

[19] Vgl. 93-TR-25, S. L3-71.
[20] Vgl. 93-TR-25, S. L3-72.
[21] Vgl. 93-TR-25, S. L3-74.
[22] Vgl. 93-TR-25, S. L3-75.
[23] Vgl. 93-TR-25, S. L3-76.

mentationsspezialisten beteiligt. Vorläufige Versionen der Dokumentation werden vom Software-Wartungspersonal, den Kunden und den Anwendern bewertet, und dem Dokumentationspersonal wird frühzeitig Feedback gegeben. Die endgültige Version der Dokumentation wird außerdem bei der Abnahme jener Baseline verwendet, der die zur Lieferung bestimmten Produkte genügen müssen.

Die letzte *Durchzuführende Aktivität* dieses Ziels, *Ak 9*, betrifft die Fehlerdaten: „Daten über Fehler, die in Peer-Reviews und Tests erkannt wurden, werden dem projektdefinierten Software-Prozess entsprechend gesammelt und analysiert".[24] Arten von Fehlerdaten sind: wo der Fehler entdeckt wurde (in welchem Arbeitsprodukt und Prozessschritt), welches Testszenario angewendet wurde, wie schwerwiegend der Fehler war etc. Diese Daten stellen eine weitere Quelle für die quantitative Betrachtung auf Stufe 4 dar und sind sehr wertvoll für eine Organisation.

Betrachtung der Zielaktivitäten: Ziel 2

Ziel 2 wird allein mit *Ak 10* erreicht. Diese *Durchzuführende Aktivität* lautet schlicht: „Die Konsistenz aller Software-Arbeitsprodukte wird aufrechterhalten ...".[25] Dann werden diese Produkte im CMM aufgezählt. Das Piktogramm zeigt alle Software-Arbeitsprodukte – Pläne, Anforderungen, Design, Code und Tests – in Verbindung mit der Lebenszyklusphase, in der sie produziert werden, und der Rückverfolgbarkeit ($\cong$) zwischen den Schritten. Prozessbeschreibungen werden vom projektdefinierten Software-Prozess abgeleitet. Änderungen an Arbeitsprodukten oder Aktivitäten werden hinsichtlich ihrer Auswirkung auf das Projekt beurteilt, bevor sie akzeptiert werden, außerdem werden sie mit den beteiligten Gruppen verhandelt und diesen kommuniziert. Änderungen werden dokumentiert und bis zum Schluss verfolgt.

Ziel 2: Die Konsistenz der Software-Arbeitsprodukte wird gewährleistet.

---

[24] Vgl. 93-TR-25, S. L3-78.
[25] Vgl. 93-TR-25, S. L3-78.

SPE: Betrachtung der Zielaktivitäten

Ziel 2: Die Konsistenz der Software-Arbeitsprodukte wird gewährleistet.

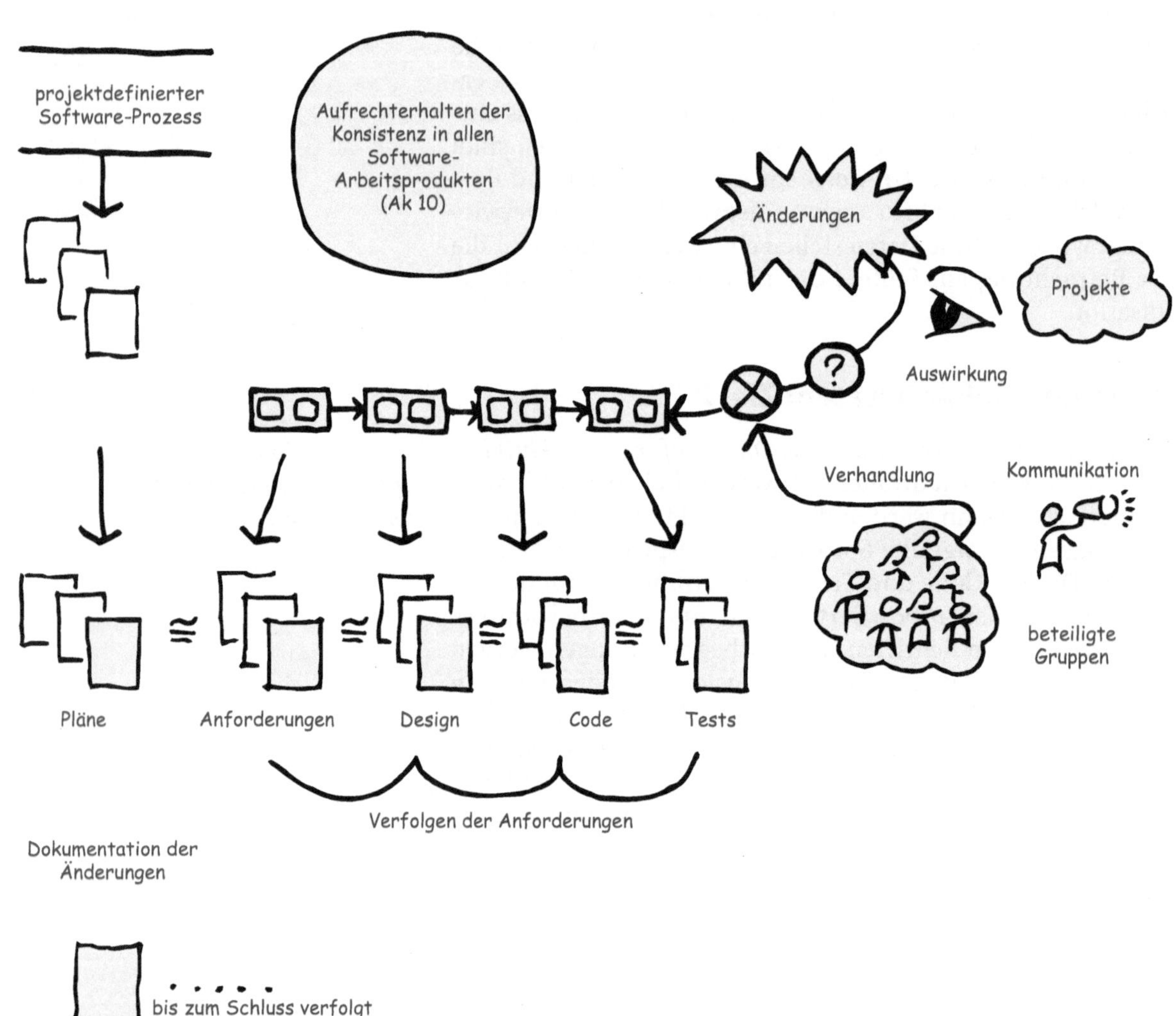

Gruppen-Koordination (GK)

(GK)

Betrachtung der Ziele

Der Zweck der *Gruppen-Koordination* ist, einen Mechanismus zu schaffen, durch den die Software-Engineering-Gruppen sich bei den anderen Engineering-Gruppen beteiligen können. Als Resultat sollten alle Bedürfnisse des Kunden in Bezug auf das gesamte Projekt, einschließlich der Software, befriedigt werden. Drei Ziele gewährleisten dieses Resultat.

In Ziel 1 wird deutlich, dass „Kunde" auch den Anwender impliziert – vergleichen Sie hierzu den Text im SPB *Anforderungs-Management* bezüglich der Begrifflichkeiten „Kunde", „Anwender" und „zugewiesene Software-Anforderungen".

In Ziel 2 werden die Verpflichtungen verhandelt und schließlich vereinbart.

Die *Durchzuführenden Aktivitäten* dieses SPBs beschäftigen sich in erster Linie mit den „Engineering-Gruppen". In den Piktogrammen werden weitere beteiligte Gruppen mit einbezogen. Der Text zu den Betrachtungen der Ziele und den Betrachtungen der Zielaktivitäten interpretiert die *Gruppen-Koordination* freier, über den Schwerpunkt des SPBs (das Engineering) hinaus. Meiner Ansicht nach umfasst der Begriff „Engineering-Gruppen" alle Gruppen (Marketing, Finanzen, Verkauf etc.), die dazu beitragen, die Bedürfnisse des Kunden zu erfüllen. Selbst einer Organisation, die ausschließlich Software produziert, kommt dieser SPB zugute (auch wenn nur eine Engineering-Gruppe, nämlich die Software-Engineering-Gruppe, existiert).

Ziel 1: Alle beteiligten Gruppen erklären sich mit den Anforderungen des Kunden einverstanden.

Ziel 2: Die beteiligten Gruppen erklären sich mit den gegenseitigen Verpflichtungen zwischen den Engineering-Gruppen einverstanden.

Ziel 3: Die Engineering-Gruppen erkennen, verfolgen und lösen Probleme zwischen den Gruppen.

Betrachtung der Zielaktivitäten: Ziel 1

Ziel 1 wird mit *Ak 1* implementiert: „Die Software-Engineering-Gruppe und die anderen Engineering-Gruppen arbeiten bei Bedarf mit dem Kunden und den Anwendern zusammen, um die Systemanforderungen zu erstellen".[26] Diese Zusammenarbeit schließt außerdem kritische Abhängigkeiten zwischen den Gruppen und Abnahmekriterien des Kunden für das Produkt ein.

Obwohl dieser SPB, so wie er formuliert ist, scheinbar auf den Fall eines umfangreichen Systems anzuwenden ist, kann man ihn auch auf ein Wirtschaftsszenario ausweiten. An der Herstellung eines Produkts mit eingebetteter Software, z. B. eines Fernsehgeräts oder eines Videorekorders, müssen folgende Gruppen beteiligt sein: Produktion, Marketing, Verpackung und Vertrieb. Auch der Handel könnte betroffen sein, besonders wenn, beispielsweise in der Vorweihnachtszeit, eine

Ziel 1: Alle beteiligten Gruppen erklären sich mit den Anforderungen des Kunden einverstanden.

---

[26] Vgl. 93-TR-25, S. L3-86.

GK: Betrachtung der Ziele

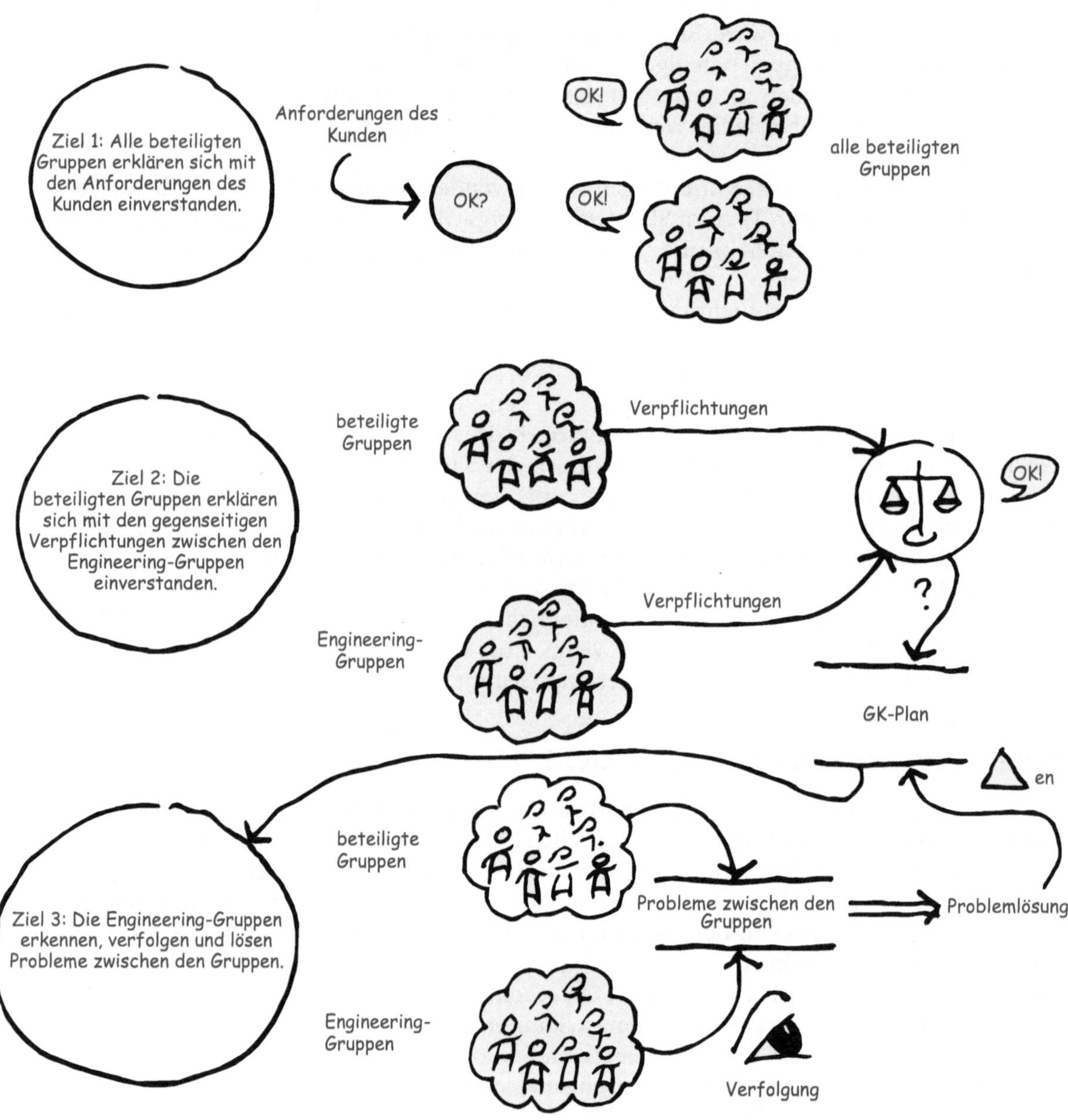

GK: Betrachtung der Zielaktivitäten

Ziel 1: Alle beteiligten Gruppen erklären sich mit den Anforderungen des Kunden einverstanden.

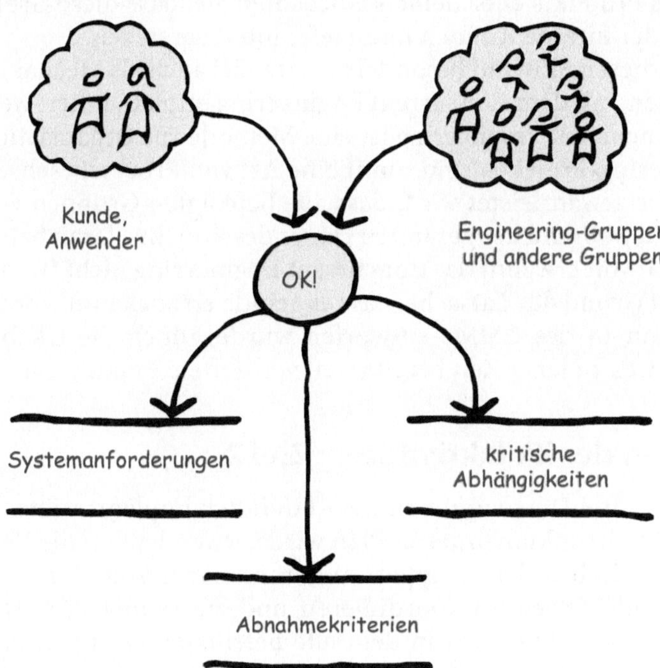

Die Software-Engineering-Gruppe und die anderen Engineering-Gruppen arbeiten bei Bedarf mit dem Kunden und den Anwendern zusammen, um die Systemanforderungen zu erstellen.
(Ak 1)

besondere Zeitplanung notwendig ist. Jeder, der schon versucht hat, einen Videorekorder zu programmieren, weiß, wie wichtig Bedienungsanleitungen sind. Die technischen Redakteure arbeiten in einer kritischen Abhängigkeit von allen anderen Engineering-Gruppen, da ihre Arbeit, bis auf Versand und Verkauf, den Abschluss des Projekts bedeutet. In diesem Wirtschaftsszenario ist die Koordination all dieser Gruppen, einschließlich der reinen Engineering-Gruppen, für die Lieferung des Produkts entscheidend. Beachten Sie, dass diese Gruppen füreinander interne Kunden und Lieferanten darstellen.

Man kann diesen SPB und besonders dieses Ziel auch als Mechanismus betrachten, mit dem Concurrent Engineering implementiert werden kann. Concurrent Engineering ist eine Methode zur Organisation eines Engineering-Projekts (und somit eine Art von Prozessbeschreibung), mit der gewährleistet wird, dass alle beteiligten Gruppen von Anfang an und während der gesamten Dauer des Projekts daran beteiligt sind. Das CMM erwähnt das Concurrent Engineering nicht (wahrscheinlich auf Grund der Tatsache, dass es gerade erst bekannt wurde, als die Version 1.1 des CMMs entworfen wurde), doch die *GK* beschreibt das, was zu jener Zeit bereits weit verbreitete Praktik war.

Betrachtung der Zielaktivitäten: Ziel 2

Ziel 2 wird von drei *Durchzuführenden Aktivitäten* implementiert.

Ak 3 lautet: „Ein dokumentierter Plan wird verwendet, um die Verpflichtungen zwischen den Gruppen zu kommunizieren und um die durchzuführende Arbeit zu koordinieren und zu verfolgen".[27] Das Piktogramm zeigt einen Plan, in dem alle beteiligten Gruppen ihre Verpflichtungen in Bezug auf Zeitplan, vertragliche und technische Aspekte sowie ihre gegenseitigen Verantwortungen aufzeichnen. Mit dem Plan und seinen Überarbeitungen sollten sich der Projektleiter und alle beteiligten Gruppen einverstanden erklären.

Mit *Ak 4* ist der Prozess des Erkennens, Verhandelns und Verfolgens von kritischen Abhängigkeiten zwischen Engineering-Gruppen so weit zur Routine geworden, dass er nach einem dokumentierten Verfahren erfolgt. Dieses Verfahren, das auch Praktiken aus *Ak 9* des SPBs *Integriertes Software-Management* enthält, bestimmt die kritischen Abhängigkeiten innerhalb des Koordinationsplans und legt fest, wie diese verhandelt werden, wie diesbezügliche Vereinbarungen dokumentiert, bewertet und genehmigt werden, wie die kritischen Abhängigkeiten verfolgt und wie Korrekturmaßnahmen durchgeführt werden.

---

[27] Vgl. 93-TR-25, S. L3-88.

GK: Betrachtung der Zielaktivitäten

Ziel 2: Die beteiligten Gruppen erklären sich mit den gegenseitigen Verpflichtungen zwischen den Engineering-Gruppen einverstanden

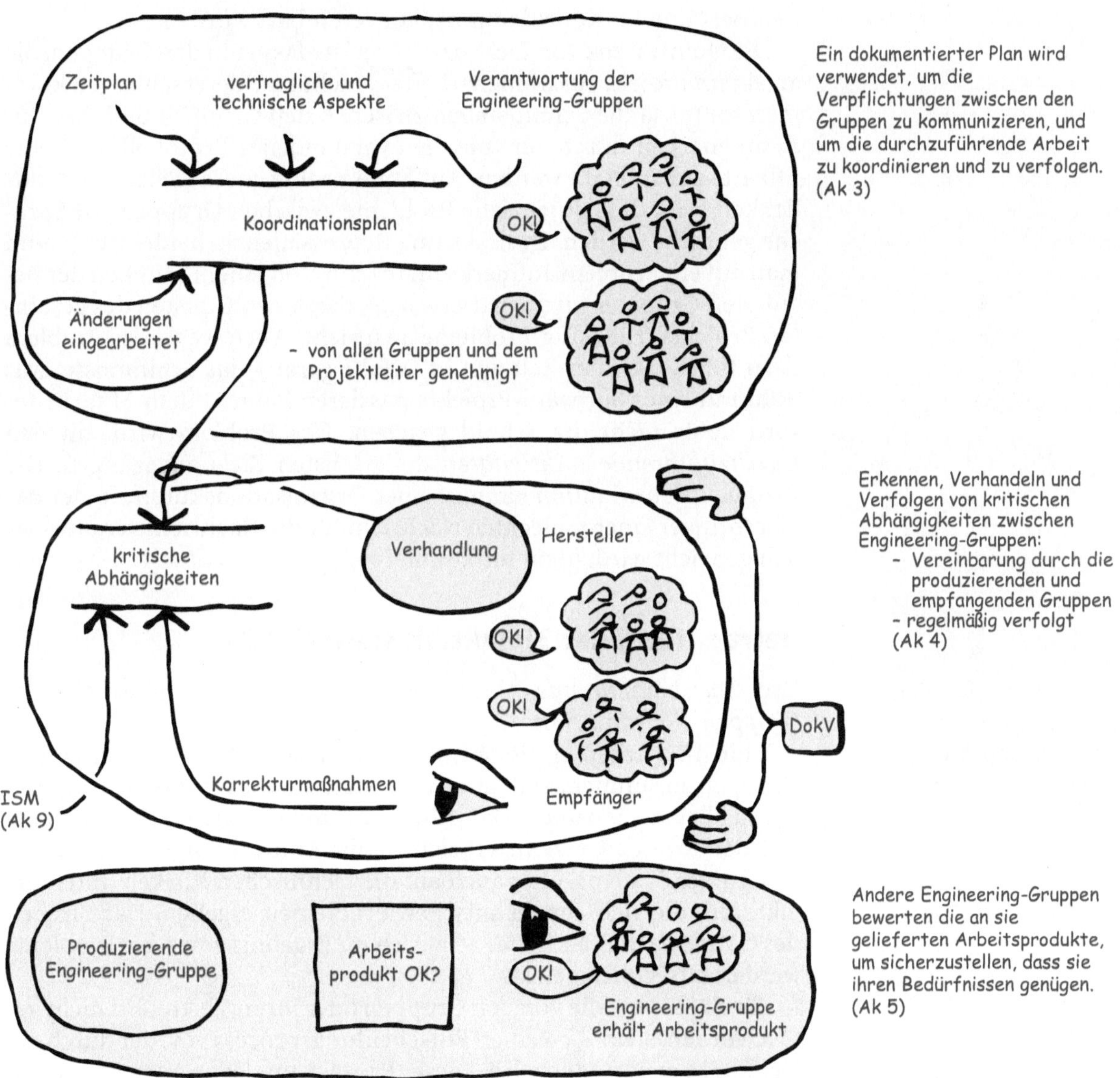

Ein dokumentierter Plan wird verwendet, um die Verpflichtungen zwischen den Gruppen zu kommunizieren, und um die durchzuführende Arbeit zu koordinieren und zu verfolgen. (Ak 3)

Erkennen, Verhandeln und Verfolgen von kritischen Abhängigkeiten zwischen Engineering-Gruppen:
- Vereinbarung durch die produzierenden und empfangenden Gruppen
- regelmäßig verfolgt
(Ak 4)

Andere Engineering-Gruppen bewerten die an sie gelieferten Arbeitsprodukte, um sicherzustellen, dass sie ihren Bedürfnissen genügen. (Ak 5)

Ak 5 legt fest, dass die Gruppen, die Arbeitsprodukte von anderen Engineering-Gruppen erhalten, diese bewerten, um sicherzustellen, dass sie ihren Anforderungen genügen. Zu dieser *Durchzuführenden Aktivität* liefert das CMM keine Details. Meine Interpretation von *Ak 5* ist, dass die Kriterien für die Bewertung des Arbeitsprodukts dokumentiert und im Koordinationsplan vereinbart wurden.

Die Quintessenz von Ziel 1 und Ziel 2 ist, dass es in den Gruppen, die an einem Projekt zusammenarbeiten, nicht zu Überraschungen kommen sollte, da die Schnittstellen zwischen den Gruppen und ihre Zusammenarbeit durch ein von allen verstandenes Protokoll oder eine Etikette gehandhabt werden. Auf Stufe 3 sollte es eine Selbstverständlichkeit sein, dass potenzielle Probleme zwischen Gruppen zur Sprache gebracht werden. Es sind keine Repressalien zu befürchten, wenn man auf ein Problem aufmerksam macht: Von einem Mitglied der beteiligten Gruppen wird sogar erwartet, dass es zu Gunsten des gesamten Projekts frühzeitig Probleme anspricht. Auch wenn das Problem dazu führt, dass der Zeitplan in Gefahr gerät – das Schlimmste, was während eines Software-Projekts passieren kann –, dem Mitarbeiter wird dafür nicht die Schuld gegeben. Das Problem wird mit den *Durchzuführenden Aktivitäten* des nächsten Ziels angegangen. Die *Gruppen-Koordination* kann in einer Organisationskultur, in der der Überbringer einer schlechten Nachricht für die Nachricht verantwortlich gemacht wird, nicht funktionieren.

Betrachtung der Zielaktivitäten: Ziel 3

Ziel 3: Die Engineering-Gruppen erkennen, verfolgen und lösen Probleme zwischen den Gruppen.

Drei *Durchzuführende Aktivitäten* implementieren dieses Ziel der *Gruppen-Koordination*.

Laut *Ak 2* arbeiten die Software-Engineering-Gruppe und andere Gruppen zusammen, evtl. über Vertreter, um „... technische Aktivitäten zu überwachen und zu koordinieren, und um technische Probleme zu lösen".[28] *Ak 2* konzentriert sich auf die Anforderungen und auf das Design des Systems, aber auch auf die technischen Risiken und Störfaktoren, die sich aus technischen Problemen ergeben. Das Streben des CMMs nach Effektivität zeigt sich im Ergebnis von *Ak 2*: Probleme werden tatsächlich gelöst.

Für Probleme, die von den Gruppen oder ihren Vertretern nicht gelöst wurden, sieht *Ak 6* einen Entscheidungsprozess vor, der durch ein Verfahren angestoßen wird. Dieser Prozess auf der zweiten Ebene löst daraufhin die Probleme der ersten Ebene. (Ein weiteres Beispiel für die Gründlichkeit des CMMs.)

---

[28] Vgl. 93-TR-25, S. L3-87.

GK: Betrachtung der Zielaktivitäten

Ziel 3: Die Engineering-Gruppen erkennen, verfolgen und lösen Probleme zwischen den Gruppen.

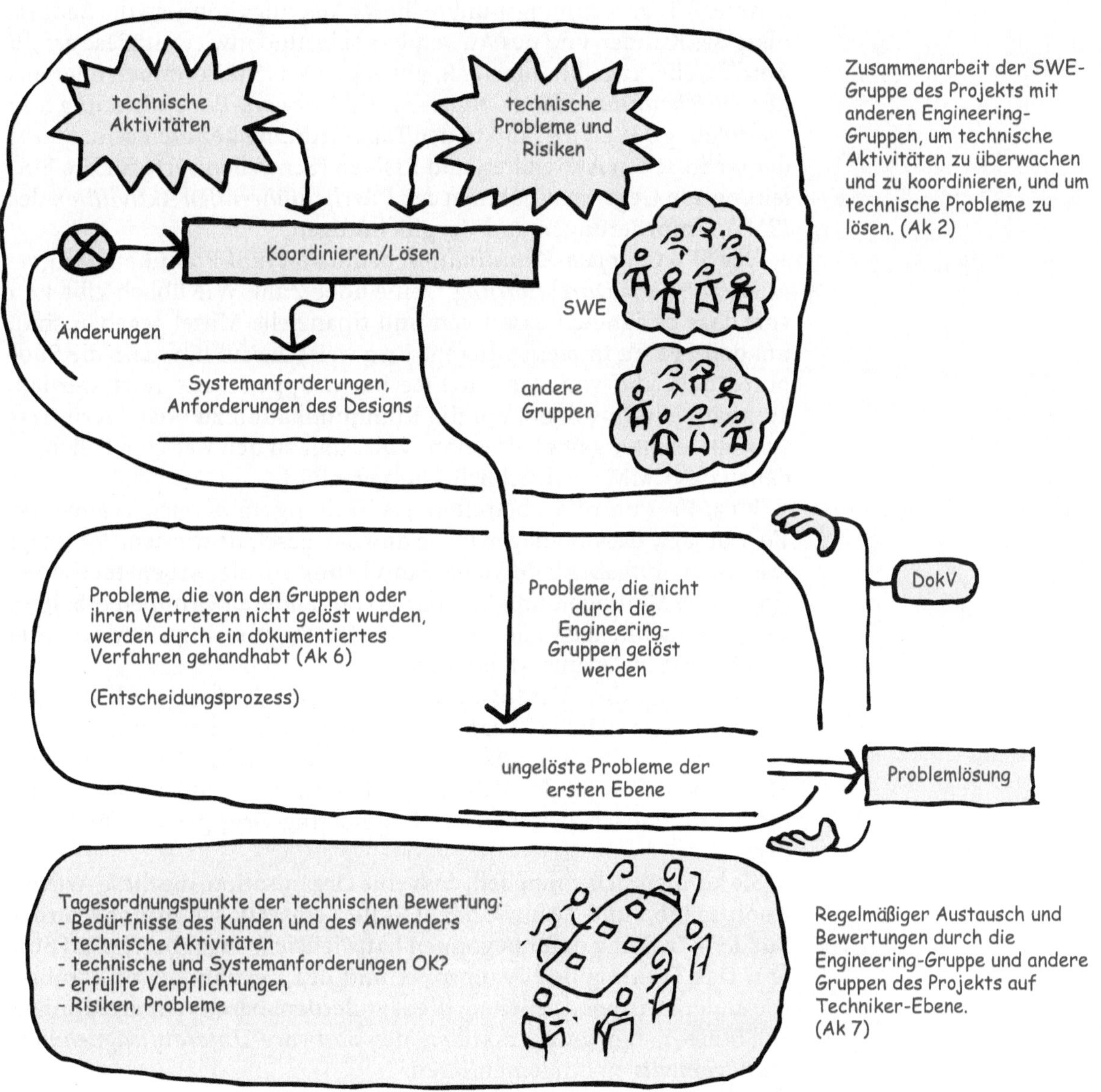

Zusammenarbeit der SWE-Gruppe des Projekts mit anderen Engineering-Gruppen, um technische Aktivitäten zu überwachen und zu koordinieren, und um technische Probleme zu lösen. (Ak 2)

Regelmäßiger Austausch und Bewertungen durch die Engineering-Gruppe und andere Gruppen des Projekts auf Techniker-Ebene.
(Ak 7)

Die letzte *Durchzuführende Aktivität* dieses Ziels, *Ak 7*, verlangt regelmäßigen Austausch und Bewertungen durch die Engineering-Gruppe und andere Gruppen des Projekts auf Techniker-Ebene. (Diese Praktik erinnert an *Ak 8* des *Software-Unterauftragnehmer-Managements* mit regelmäßigen Bewertungen und Austausch auf Techniker-Ebene zwischen Hauptauftragnehmer und Unterauftragnehmer.) Tagesordnungspunkte dieser Meetings könnten die Bedürfnisse des Kunden und des Anwenders sein, und inwieweit diese erfüllt werden. (Beiträge könnten z. B. aus *Ak 11* des *ISMs* kommen oder aus den *Durchzuführenden Aktivitäten* der *Software-Projektlenkung und -verfolgung*.) Weitere Punkte der Tagesordnung könnten sein: Status der technischen Aktivitäten und Risiken (Schwellenwerte für die Einleitung von Gegenmaßnahmen der *Durchzuführenden Aktivitäten* des *ISMs*), Anforderungen und Verpflichtungen.

Der SPB *Gruppen-Koordination* beinhaltet fünf Praktiken der *Voraussetzung zur Durchführung*[29], eine hohe Zahl. Wie üblich gibt *Vo 1* vor, dass geeignete Ressourcen und finanzielle Mittel gegeben sind, um den SPB zu implementieren. *Vo 2* weist darauf hin, dass die Support-Tools, die von den Engineering-Gruppen verwendet werden, kompatibel sein sollten, um die Kommunikation zu erleichtern. Das ist wohl leichter gesagt als getan. *Vo 2* zählt zu den wenigen Fällen, in denen das CMM ausdrücklich Tools erwähnt.

Vo 3, *Vo 4* und *Vo 5* betreffen das Training im Bereich Teamwork. *Vo 3* besagt, dass Manager in Teamwork geschult werden. *Vo 4* legt fest, dass Aufgabenleiter eine Einführung in die Arbeitsmethoden (Prozesse, Methoden und Standards) der anderen Gruppen erhalten. *Vo 5* empfiehlt, dass alle Mitglieder der Engineering-Gruppen eine Einführung in Teamwork erhalten.

Mit diesen drei *Voraussetzungen zur Durchführung* erkennt das CMM an, dass sich die Zusammenarbeit zwischen den Gruppen möglicherweise nicht automatisch ergibt, und dass Stufe 3-Organisationen Möglichkeiten gefunden haben, die Mauern einzureißen, die anscheinend automatisch zwischen den Engineering-Gruppen errichtet werden.

Sie können sich vorstellen, dass eine Organisation, die diese Art von Koordination und Teamwork auf Stufe 3 einsetzt, schon lange vorher mit dem Training dafür begonnen hat, vielleicht sogar bereits auf Stufe 1. Das Training des Teamworks und des Verständnisses darüber, wie andere Gruppen arbeiten, dient außerdem bereits Organisationen auf Stufe 2, um gute Praktiken des *Software-Unterauftragnehmer-Managements* zu implementieren.

---

[29] Vgl. 93-TR-25, S. L3-85 f.

Peer-Reviews (PR)

(PR)

Betrachtung der Ziele

Der SPB *Peer-Reviews* ist die einzige Praktik des Software-Engineerings, die im CMM ihren eigenen Prozessbereich hat. Die *Peer-Reviews* wurden zwar bereits in *SPE* erwähnt, sind hier jedoch der Schwerpunkt. Der Grund für einen eigenen SPB im CMM ist die Erfahrung von nahezu allen Software-Engineers, dass *Peer-Reviews* effektiv verhindern, dass Fehler bis zu späteren Schritten im Lebenszyklus unbemerkt bleiben.

Der Begriff „Peer-Review" umfasst jede systematische Untersuchung eines Arbeitsprodukts durch einen Partner des Herstellers, d. h. Bewertungen von einer formlosen Überprüfung durch einen Kollegen bis hin zu einer sehr formellen Software-Inspektion à la Michael Fagan.[30]

Nach dem CMM ist „der Zweck von Peer-Reviews, Fehler in Software-Arbeitsprodukten frühzeitig und effizient zu beseitigen". Ein Pluspunkt der *Peer-Reviews* ist der Trainingseffekt: „... bessere Kenntnis der Software-Arbeitsprodukte und der Fehler, die vermieden werden können".[31] *Peer-Reviews*, voll eingebunden und Routine auf Stufe 3, sind die Basis für die Entwicklung einer stabilen Fehlervermeidung auf Stufe 5.

Der SPB *Peer-Reviews* wird in zwei Zielen näher erläutert: In Ziel 1 werden die Aktivitäten der *Peer-Reviews* als Teil des Projektplans geplant. Im Piktogramm ist zu sehen, dass der Hersteller die Bewertung seines Arbeitsprodukts unangenehm findet, obwohl das nicht der Fall sein sollte. Es fällt nicht immer leicht, auf Fehler der eigenen Arbeitsleistung hingewiesen zu werden. *Peer-Reviews* funktionieren deshalb so gut, weil alle Beteiligten gleichgestellt sind – die Manager der Beteiligten sind nicht anwesend. (Übrigens, die gleiche Regel – alle Beteiligten in Gesprächen sind gleichgestellt – gilt für Software-Prozess-Assessments, und genau deshalb sind Assessments so beliebt.)

Ziel 1: Die Aktivitäten der Peer-Reviews werden geplant.

Das Piktogramm zeigt für Ziel 2 das Arbeitsprodukt einer Projektphase mit einem erkannten Fehler, der für die Fehlerbeseitigung gekennzeichnet wurde. Die beiden Ziele charakterisieren *Peer-Reviews* auf sehr einfache Art und Weise: *Peer-Reviews* werden geplant und sie funktionieren.

Ziel 2: Fehler in den Arbeitsprodukten werden erkannt und beseitigt.

Dieser SPB ist recht einfach: Er beinhaltet nur insgesamt neun Schlüsselpraktiken, im Vergleich zu allen anderen SPBs die geringste Anzahl, darunter nur drei *Durchzuführende Aktivitäten*.

---

[30] Die detaillierteste Quelle ist Freedman und Weinberg, 1982.
[31] Vgl. 93-TR-25, S. L3-93.

PR: Betrachtung der Ziele

Ziel 1: Die Aktivitäten der Peer-Reviews werden geplant.

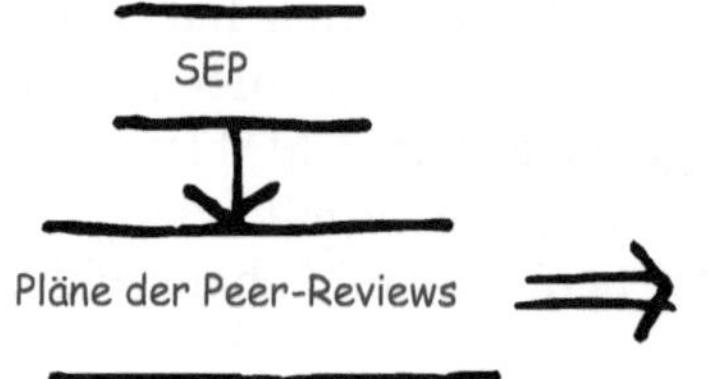

Ziel 2: Fehler in den Arbeitsprodukten werden erkannt und beseitigt.

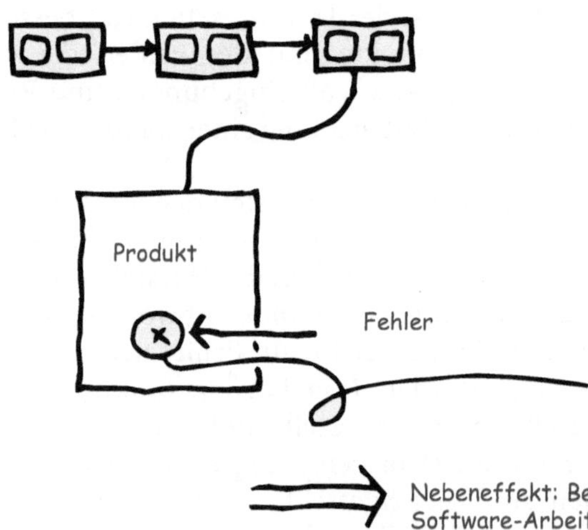

Betrachtung der Zielaktivitäten: Ziel 1

Das Ziel wird mit *Ak 1* implementiert: „Peer-Reviews werden geplant und die Pläne dokumentiert".[32] Das Piktogramm zeigt, wie der *Peer-Review*-Plan des Projekts seinen Ursprung im Standard-Software-Prozess der Organisation hat – denn *Peer-Reviews* stellen auf Stufe 3 eine organisationsweite Praktik dar – und von dem projektdefinierten Software-Prozess und dem Projekt-SEP abgeleitet wird. Der Standard-Software-Prozess der Organisation bestimmt die Arbeitsprodukte, die in der Regel zu bewerten sind. Neben der Bestimmung der Arbeitsprodukte für die *Peer-Reviews* sind auch der Zeitplan für die Bewertungen und die Namen der Leiter und bewertenden Mitarbeiter enthalten.

Ziel 1: Die Aktivitäten der Peer-Reviews werden geplant.

Betrachtung der Zielaktivitäten: Ziel 2

In Ziel 2 erfüllen die *Peer-Reviews* ihre Funktion: Fehler werden erkannt und beseitigt.

Nach *Ak 2* werden „Peer-Reviews nach einem dokumentierten Verfahren durchgeführt".[33] Das Verfahren geht ausdrücklich auf die wichtigsten Punkte ein, die die Software-Industrie über die Leitung von *Peer-Reviews* gelernt hat. Bewertungen erfordern einen Leiter, der für diese Aktivität geschult wurde (deshalb der Heiligenschein im Piktogramm). Das Material, das bewertet werden soll, wird frühzeitig im Voraus verteilt, damit die bewertenden Mitarbeiter genug Zeit haben, um sich vorzubereiten. Das Verfahren legt Eingangskriterien (z. B. sollten die bewertenden Mitarbeiter das Dokument bereits vorher gelesen haben) und Abschlusskriterien fest. Checklisten werden verwendet, um die Eigenschaften des Arbeitsprodukts zu bestimmen. Aktionspunkte werden während der Bewertung aufgezeichnet und bis zum Schluss verfolgt.

Damit *Peer-Reviews* gut funktionieren, müssen sich der Hersteller (der anwesend ist), die bewertenden Mitarbeiter und insbesondere der Leiter so verhalten, dass eine Bewertung des Produkts und nicht der Person stattfindet. Der Leiter sollte darin geschult sein, eine solche Atmosphäre zu schaffen. Das Verfahren mit seinen Standards, Checklisten und Kriterien macht die *Peer-Reviews* zu einem objektiven Prozess für alle Produkte und alle Hersteller.

Ak 3 sorgt dafür, dass „die Daten über die Durchführung und die Ergebnisse der Peer-Reviews aufgezeichnet werden".[34] Die Daten umfassen Faktoren wie den Prozess des *Peer-Reviews* – Stundenzahl der Vorbereitungszeit, Stundenzahl der Bewertungszeit pro Seite des Doku-

Ziel 2: Fehler in den Arbeitsprodukten werden erkannt und beseitigt.

---

[32] Vgl. 93-TR-25, S. L3-97.
[33] Vgl. 93-TR-25, S. L3-97.
[34] Vgl. 93-TR-25, S. L3-99.

PR: Betrachtung der Zielaktivitäten

Ziel 1: Die Aktivitäten der Peer-Reviews werden geplant.

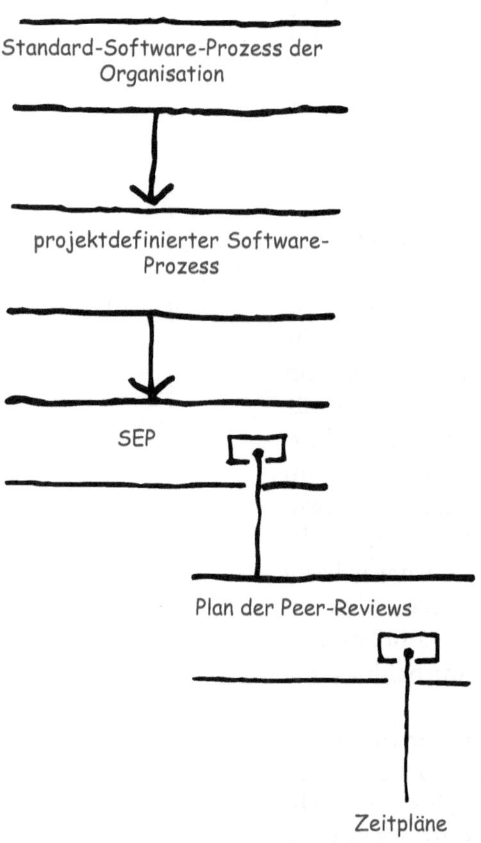

Peer-Reviews werden geplant und die Pläne
dokumentiert.
(Ak 1)

PR: Betrachtung der Zielaktivitäten

Ziel 2: Fehler in den Arbeitsprodukten werden erkannt und beseitigt.

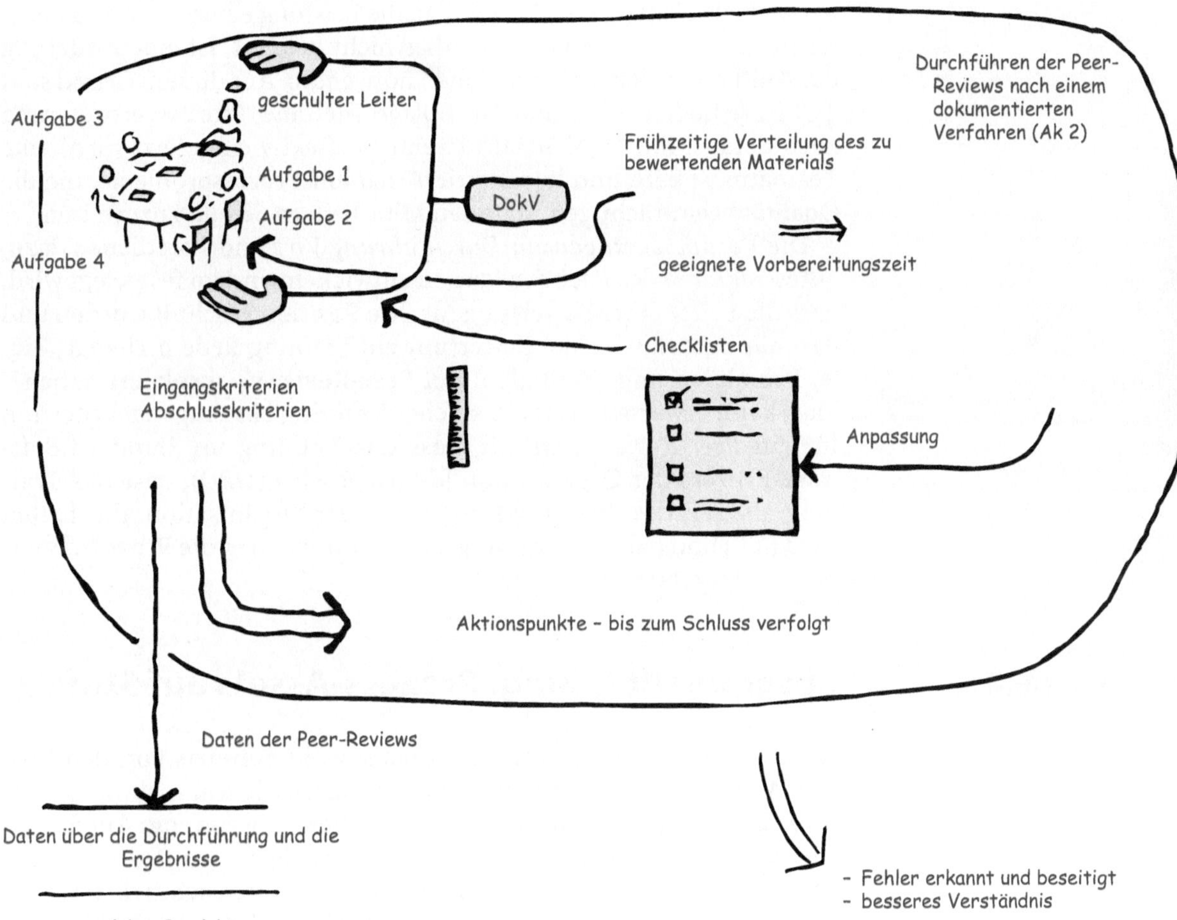

Daten über die Durchführung und die Ergebnisse

- welches Produkt
- Größe und Zusammensetzung des Bewertungsteams
- Parameter der Bewertung:
  - Vorbereitungszeit
  - Dauer der Bewertung
- Anzahl und Art der entdeckten und beseitigten Fehler

(Ak 3)

ments sowie Größe und Zusammensetzung des Bewertungsteams. Auch Ergebnisdaten werden aufgezeichnet: welches Produkt bewertet wurde sowie Anzahl und Art der entdeckten und beseitigten Fehler. Die Verwendung der Daten wird wahrscheinlich besonderen Regeln unterliegen, so dass der Hersteller nicht diskreditiert wird. Fehlerdaten dürfen niemals dazu verwendet werden, die Leistung einer Person zu beurteilen. Um sicherzustellen, dass dies nicht passiert, ist eine Änderung der Kultur in vielen Organisationen notwendig. Aus diesem Grund sind TQM-Methoden eine gute Grundlage für eine Prozessverbesserung nach dem CMM. TQM schafft (wenn es effektiv eingesetzt wird) eine Teamatmosphäre und konzentriert sich auf Prozessprobleme, die die Qualität beeinträchtigen, statt den Mitarbeitern Schuld zuzuweisen.

Die *Voraussetzungen zur Durchführung Vo 2* und *Vo 3* dienen dazu, gute Praktiken des *Peer-Reviews* zu entwickeln, indem festgelegt wird, dass die Leiter einer Bewertung für ihre Position geschult wurden und dass alle Beteiligten einer Bewertung ein Training zu dem Thema „Ziele, Prinzipien und Methoden von Peer-Reviews" absolviert haben.[35] Man kann erwarten, dass ein solches Training ein Eingangskriterium für ein *Peer-Review* darstellt, dass das Training im Standard-Software-Prozess der Organisation festgelegt wird (*OPD*), dass das Training als Teil des *Trainingsprogramms* der Organisation abgehalten wird (*TP*) und dass die Trainingsaufzeichnungen in die Prozessdatenbank eingegeben werden (*OPF*).

Zusammenfassung: Prozess-Assets auf Stufe 3

Auf Stufe 3 migrieren Prozess-Assets sowohl aufwärts von den Projekt-Assets der Stufe 2 als auch abwärts durch die Anpassung von der organisationsweiten zur projektspezifischen Anwendung. Auf Stufe 3 wird auch das erwähnt, was das CMM als „Software-Prozessdatenbank der Organisation" bezeichnet – somit ist offensichtlich, dass das Asset-Repository organisationsweit ist. Obwohl das CMM hier den Begriff „Datenbank" verwendet, ist die zugrunde liegende Technologie des Repositorys nicht wichtig (obwohl wahrscheinlich eine Art von computerunterstütztem Speicherungs- und Retrieval-System verwendet wird). Wichtig ist allerdings, dass die Prozess-Assets gesammelt und (entsprechend angepasst) in allen Projekten verwendet werden, da sie die gesammelte Engineering-Erfahrung, die besten Praktiken und somit die Software-Prozessfähigkeit der gesamten Organisation widerspiegeln. Ein Charakteristikum sich weiterentwickelnder Organisationen ist die Fähigkeit, dies in die Praxis umzusetzen!

---

[35] Vgl. 93-TR-25, S. L3-95 ff.

Prozess-Assets auf Stufe 3

Repository

Beispiele

Software-Prozessdatenbank der Organisation

Trainingsaufzeichnungen (TP)

Koordinationspläne (GK)

langfristige SPV-Pläne der Organisation (OPF)

Verfahren

Fehlerdaten (PR)

Standard-Software-Prozess der Organisation (OPD)

kritische Abhängigkeiten (ISM: Ak 9)

Aktionen, um kritische Abhängigkeiten aufzulösen (GK: Ak 4)

Beschreibungen des Projektlebenszyklus (OPD)

Aktionspläne für die SPV (OPF)

Beschreibungen der projektdefinierten Software-Prozesse (ISM)

Erkenntnisse der Assessments (OPF)

Testverfahren, -aufzeichnungen, -fälle (SPE)

organisationweiter Trainingsplan (TP)

Aufzeichnungen, Pläne und Checklisten der Peer-Reviews (PR)

Messung der SPB-Aktivitäten:
OPF, OPD, ISM, GK, SPE, PR, TP

Messung der:
– Qualität des TPs
– Qualität und Funktionalität der Software-Produkte

Das Repository auf Stufe 3 enthält weiterhin die Prozess-Assets der Stufe 2. Doch ebenso enthält es die Artefakte der Stufe 3-Praktiken; viele davon sind im begleitenden Piktogramm dargestellt.

- Trainingsaufzeichnungen (für einzelne Mitarbeiter)[36]
- Koordinationspläne für die Koordination zwischen Gruppen[37]
- Langfristige Pläne für die Software-Prozessverbesserung (*OPF*)
- Beschreibung des Standard-Software-Prozesses der Organisation (*OPD*)
- Beschreibung der Lebenszyklen (für Software-Entwicklung, -Wartung und -Tätigkeiten)
- Beschreibung der projektdefinierten Software-Prozesse (*ISM*)
- Kritische Abhängigkeiten (von Projektplänen) sowie vorgeschlagene und durchgeführte Korrekturmaßnahmen
- Erkenntnisse der Assessments (*OPF*)
- Aktionspläne für die Software-Prozessverbesserung, evtl. in Verbindung mit den Erkenntnissen der Assessments (*OPF*)
- Organisationsweiter Trainingsplan (*TP*)
- Richtlinien für die Anpassung des Standard-Software-Prozesses der Organisation auf ein Projekt (*ISM*)
- Tagesordnungen für technische Bewertungen des Projekts (*ISM*)
- Risikomanagement-Pläne einschließlich der erkannten und verfolgten Risiken (*ISM*)
- Verfahren für die Durchführung der Stufe 3-Praktiken
- Aufzeichnungen, Pläne und Checklisten der *Peer-Reviews* (*PR*)
- Testergebnisse, -verfahren und -fälle (*SPE*)
- Fehlerdaten (*PR*)
- Entdeckte Gruppenprobleme und implementierte Problemlösungen (*GK*)
- Messung des Status der Aktivitäten aller SPBs (*Messung und Analyse*)
- Messung der:
  - Qualität des *Trainingsprogramms* (*TP*)
  - Qualität und Funktionalität der Software-Produkte (*SPE*)

Beachten Sie, dass die letzten beiden Punkte Variationen der sonst üblichen Praktiken der *Messung und Analyse* sind. Im CMM wird betont, dass von einer Stufe 3-Organisation erwartet werden kann, dass sie einen quantitativen Überblick darüber hat, wie gut ihr *Trainingsprogramm* funktioniert. Außerdem wird von einer Organisation auch erwartet, dass sie die Qualität und Funktionalität ihrer Software-Produkte unter metrischen Gesichtspunkten einzustufen weiß. Das CMM gibt für diese Aktivitäten keine Metriken vor. Diese Informa-

---

[36] Vgl. ISO 9001:1987, Abschnitt 4.18.
[37] Vgl. *Ak 3* in *GK*.

tionslücke spiegelt meiner Ansicht nach zwei Aspekte des CMMs wider: Erstens, die Absicht, nicht zu viel vorzuschreiben, und zweitens, die realistische Erwartung, dass eine Organisation auf Stufe 3 in der Lage ist, die notwendigen Messungen selbst zu definieren und zusammenzutragen.[38]

Zusammenfassung: Beziehungen zwischen den SPBs der Stufe 3

(Zusammenfassung)

Das Piktogramm ist eine Betrachtung der Beziehungen zwischen den SPBs der Stufe 3 und Resultat einer Übung in einem CMM-Workshop. Somit ist es wirklich praxisbezogen.

Beachten Sie, dass die Gruppe, die diese Betrachtung zeichnete, das *ISM* im Mittelpunkt des Piktogramms platzierte. Dafür gibt es sicher gute Argumente. (Ebenso gute Argumente gibt es sicher auch für eine zentrale Platzierung der SPBs *Gruppen-Koordination*, *Software-Produkt-Engineering* oder sogar *Organisationsweiter Prozessfokus* in Stufe 3. Das Zeichnen eines Piktogramms für einen dieser Fälle und die Begründung Ihrer Platzierung stellen eine gute zusammenfassende Übung für Stufe 3 dar.)

Wenn eine Organisation Stufe 3 erreicht hat, ist es für die Software-Gruppen zur Routine geworden, die besten Praktiken, Projekterfahrung und Daten ihres Software-Prozesses gemeinsam zu nutzen. Da es für die Organisation selbstverständlich ist, sich effektiv auf ihren gesamten Software-Prozess zu konzentrieren, kann sie die Prozess-Assets systematisch sammeln und innerhalb der Organisation veröffentlichen, ein Merkmal einer Stufe 3-Organisation. Die „Prozessbetrachtung" ist für Organisationen der Stufe 3 selbstverständlich. Genau so selbstverständlich ist die Wiederverwendung all dieser Assets.

Da der SPB *ISM* die Aktivitäten des Engineerings und des Managements für die Leitung eines Projekts verbindet (führen Sie die Übungen am Ende dieses Kapitels durch, um zu sehen, wie sich *ISM* aus den Stufe 2-Praktiken heraus entwickelt), kann er als Schwerpunkt aller SPBs auf Stufe 3 betrachtet werden. Der SPB *Gruppen-Koordination* ist eng mit *ISM* verbunden, vielleicht sogar seine Basis. Wenn eine Organisation Stufe 3 erreicht hat, ist es ihr gelungen, die grundsätzlich schwierige Aufgabe, Gruppen zu koordinieren, mit Hilfe eines Prozesses zu handhaben. Somit sollten auf Stufe 3 die Vereinbarungen von Verpflichtungen zwischen Gruppen problemlos und als Teil einer Routine getroffen werden können. Mitglieder eines Assessment-Teams sollten den Eindruck einer eingespielten Mannschaft bekom-

---

[38] Vgl. Baumert und McWhinney, 1992, für eine umfassende Beschreibung eines Satzes von Software-Messungen, die auf die CMM-Praktiken abgestimmt sind.

Beziehungen zwischen den SPBs auf Stufe 3

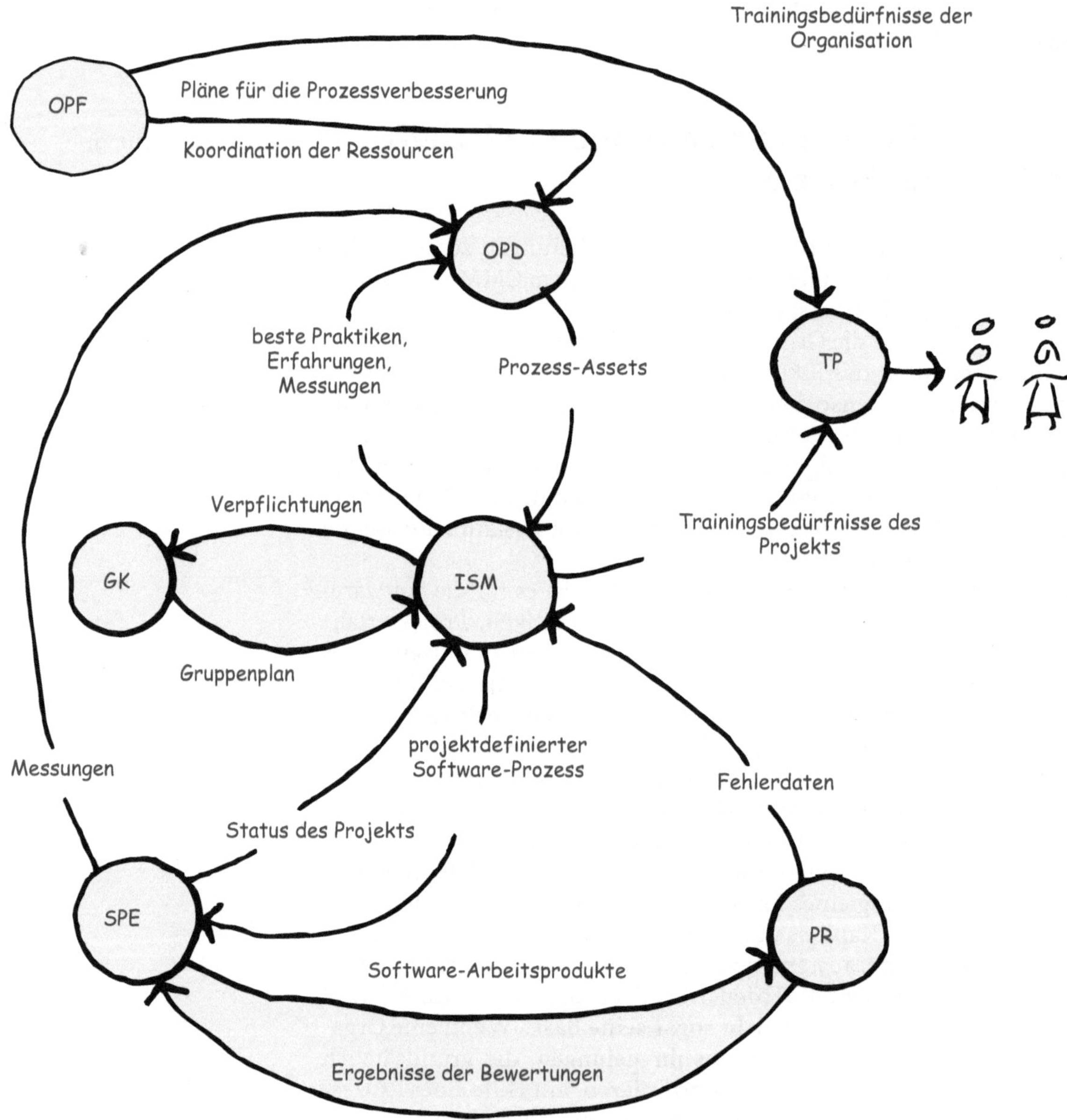

men. (Assessoren erwarten, dass sie durch die Praktiker von diesem Teamwork erfahren. Da Organisationen auf Stufe 3 recht selten sind (weniger als 20 %), spielen externe Assessoren sogar mit dem Gedanken, sich um eine Stellung in solchen Organisationen zu bewerben und so die Überstunden und harte Arbeit eines Software-Prozess-Assessments hinter sich zu lassen.)

Die Stufe 3-Organisation hat definitiv ihr Software-Engineering unter Kontrolle: Alle Lebenszyklusphasen eines Projekts funktionieren wie ein Uhrwerk. *Peer-Reviews* sind zur Routine geworden und ein herausragender Bestandteil der Software-Aktivitäten (die Assessoren sollten über ihren Nutzen informiert werden).

Die Aktivitäten des *ISMs* sollten etabliert sein (ganz gleich, ob die Praktiken als *ISM* oder anders bezeichnet werden), das bedeutet, die Software-Pläne, -Aktivitäten und -Phasen aller Projekte sollten auf einer Struktur auf Organisationsebene basieren, die vom definierten Software-Prozess vorgegeben wird.

Die Organisation sollte einer regelmäßigen Routine folgen, um sicherzustellen, dass das erforderliche Training rechtzeitig abgehalten wird. Ein Teil dieser Routine sollte ein *Trainingsprogramm* auf Organisationsebene sein, d. h. eine konstante Fortentwicklung des Trainings und der Fähigkeiten. Kurz, das Training ist eine vernünftige Investition in das Haupt-Asset der Organisation, nämlich die Kenntnisse und Fähigkeiten der Mitarbeiter. Ebenso wie die Organisation über ein Finanzprogramm verfügt, um ihre Immobilien oder finanziellen Assets zu entwickeln und zu leiten, sollte die gleiche oder sogar eine erhöhte Aufmerksamkeit dem wertvollsten Asset einer Organisation für Spitzentechnologie gelten: den Kenntnissen und den Fähigkeiten ihrer Engineers, ihrer Manager und ihres gesamten Personals.

Übungen: Stufe 3   (Übungen)

Übung 3.1 (Fortgeschrittene):
Zusammenfassung des CMMs

Ihr Chef hat Ihnen aufgetragen, eine Liste jener Bestandteile des CMMs vorzubereiten, die es einer sehr beschäftigten Person ermöglicht, einen raschen Überblick zu gewinnen. Erstellen Sie die Liste und erläutern Sie Ihrem Chef die Gründe für Ihre Auswahl und die Reihenfolge in der Liste.

Übung 3.2 (Fortgeschrittene):
Präsentation der Gruppen-Koordination

Sie sind Mitglied einer SEPG in einer Stufe 2-Organisation. Herzlichen Glückwunsch! Sie und die anderen Mitglieder des Verbesserungsteams, einschließlich des Senior Managements, entwerfen den Aktionsplan, mit dem Stufe 3 erreicht werden soll. Sie sind alle stolz darauf, dass Sie Stufe 2 erreicht haben, da Sie nun zu den 68 % der Organisationen gehören, die von Stufe 1 aufgestiegen sind. Doch nun müssen Sie nach vorne schauen und sich selbst und Ihre Organisation motivieren, die nächsten Entwicklungsschritte des CMMs zu gehen.

Sie haben mit dem SPB *Gruppen-Koordination* ganz schön zu kämpfen. Sie müssen der Organisation beschreiben, was anders wäre, wenn die *Gruppen-Koordination* voll und ganz funktionieren würde. Sie müssen deutlich zum Ausdruck bringen, warum das CMM über einen solchen SPB verfügt. Und außerdem: Läuft es nicht ziemlich gut auf Stufe 2?

Ein Tipp: Überlegen Sie sich, welche Probleme für ihre Stufe 2-Organisation gelöst würden, wenn die *Gruppen-Koordination* voll und ganz funktionierte. Welchen Unterschied würde es im Arbeitsalltag machen, wenn eine *GK* nach den hohen Standards dieses SPBs existieren würde?

Übung 3.3 (Experten):
Vorteile des Integrierten Software-Managements

Dies ist eine Übung, um den Entwicklungsansatz des CMMs nachzuvollziehen.

Worin besteht der Vorteil des *Integrierten Software-Managements* auf Stufe 3 gegenüber seinen Vorgängern in der Entwicklung auf Stufe 2, der *Software-Projektplanung* und *Software-Projektlenkung und -verfolgung*? Bereiten Sie eine kurze Präsentation vor, um diesen Zusammenhang einem Publikum darzulegen, das über allgemeine Kenntnisse des CMMs verfügt.

Übung 3.4 (Experten):
Voraussetzungen für das Software-Produkt-Engineering

Welche Praktiken müssen auf Stufe 2 vorhanden sein, um eine stabile Implementierung des SPBs *Software-Produkt-Engineering* auf Stufe 3 vornehmen zu können? Bedenken Sie, dass die Aktivitäten, die man gewöhnlich mit Software-Engineering in Verbindung bringt – Design, Code und Tests – im CMM auf Stufe 2 kaum Erwähnung finden. Offensichtlich geht das CMM einfach davon aus, dass jemand diese Arbeit macht. Versuchen Sie, als Experte des CMMs und als Planer von Prozessverbesserungen, zu beschreiben, wie die Praktiken des *SPEs* in einer Stufe 2-Organisation aussehen würden. Vergessen Sie nicht, zu beschreiben, welche Unterschiede die Implementierung des *SPEs* auf Stufe 3 für Ihre Organisation mit sich bringen würde. Erarbeiten Sie diese und verwenden Sie Begriffe, die die beteiligten Personen in Ihrer Organisation direkt ansprechen: Engineers, Projektleiter, Middle Manager, Senior Manager und die „anderen beteiligten Gruppen", von denen das CMM spricht. Die Ergebnisse präsentieren Sie Ihren Workshop-Kollegen, deren Kenntnisse des CMMs mittlerweile bereits recht ausgeprägt sind.

Übung 3.5 (Experten):
Aufgaben der SQS und der SEPG

Stellen Sie sich vor, Sie sind Mitarbeiter in einer Stufe 3-Organisation. Worin besteht die Aufgabe der *SQS* auf Stufe 3? In welcher Verbindung stehen die Aufgaben der *SQS* mit denen der SEPG (*Organisationsweiter Prozessfokus*)? Bedenken Sie im Besonderen, ob die Funktionen der *SQS* und SEPG, die sie hervorheben, von nur einer Gruppe erfüllt werden könnten. Entwickeln Sie einige unterschiedliche Szenarien, veranschaulichen Sie diese in Piktogrammen, und präsentieren Sie sie Ihren Kollegen.

Hinweis: Diese Übung erfordert sehr viel Phantasie, besonders dann, wenn Sie bisher weder in einer SEPG gearbeitet, noch an einem SEPG-Workshop teilgenommen oder entsprechende Fachliteratur gelesen haben. Den meisten Software-Praktikern ist die Aufgabe der *SQS* weitaus vertrauter. Diese Übung hilft Ihnen dabei, über die Probleme nachzudenken, die sich ergeben könnten, wenn Ihre Organisation versucht, eine SEPG einzurichten. Wird es mit der *SQS* zu Kompetenzstreitigkeiten kommen? Gibt es Aufgaben der *SQS*, die von der SEPG übernommen würden? Wie würden *SQS* und SEPG zusammenarbeiten?

Übung 3.6 (Experten):
Anforderungs-Management auf Stufe 3

Beschreiben Sie, wie das *Anforderungs-Management* in einer Stufe 3-Organisation durchgeführt würde. Schildern Sie die Beziehungen zu implementierten Praktiken auf Stufe 2. Präsentieren Sie den Workshop-Teilnehmern Ihre Ergebnisse. Vergessen Sie nicht, die *Institutionalisierenden SPB-Indikatoren* in Ihre Präsentation einzubinden.

Übung 3.7 (Fortgeschrittene):
Vorstellung der Technologie

Was muss vorhanden sein, um die effektive und produktive Verwendung einer Technologie zu ermöglichen? Wählen Sie Ihre bevorzugte Software-Engineering-Technologie (oder einen Trend), und beschreiben Sie ein Szenario, um sie beispielhaft in einer Stufe 2- oder Stufe 3-Organisation einzuführen. Beschreiben Sie, welchen Beitrag jeder SPB auf der jeweiligen oder den vorausgegangen Stufen leistet. Beispiele für Technologien: Wiederverwendung, Client / Server.

Hinweis: Diese Übung eignet sich auch für Stufe 4 und Stufe 5.

Übung 3.8 (Fortgeschrittene): Effektivität

Eine Person, die als Experte gilt, behauptet Ihnen gegenüber, das CMM trage nicht unbedingt zur Effektivität der Software- oder Management-Praktiken bei. In der Begründung heißt es: Um eine Stufe zu erreichen, müsse man zwar die Praktiken dieses Reifegrads implementieren, allerdings müsse das nicht bedeuten, dass diese Praktiken die Organisation effektiver machen (wie auch immer man Effektivität definieren mag). Sie können dem zustimmen oder nicht. Entscheiden Sie sich und verteidigen Sie Ihren Standpunkt in einer kurzen Präsentation für Ihre Kollegen. Wenn Sie der Überzeugung sind, das CMM erfordert von Prozessen, die Effektivität für das Geschäft der Organisation zu erhöhen, dann weisen Sie auf die Stellen im CMM hin, die Ihre These untermauern.

Kapitel 4
Reifegrad-Stufe 4: Der geleitete Prozess

Auf Stufe 2 waren die besten Praktiken noch in den Projekten vorzufinden. Wenn eine Organisation Stufe 3 erreicht hat, hat sie die Methode erlernt, diese besten Praktiken in der gesamten Organisation zu verbreiten. Die besten Praktiken aller Projekte wurden verwendet, um einen stabilen Prozess zu definieren und ihn in der gesamten Organisation zu implementieren. Die Stufe 4-Organisation verwendet nun alle Prozess-Assets, die sie im Rahmen der Stufe 2- und Stufe 3-Praktiken gesammelt hat, um Projekte nach einem in der Quantität verstandenen, stabilen Prozess durchzuführen.

Meine Interpretation von Stufe 4 und Stufe 5 ist theoretischer Natur, da es so wenige Stufe 4- und Stufe 5-Organisationen gibt. Sie leitet sich ab von Stufe 3 und von Beispielen aus der Industrie, die Merkmale aufweisen, die für Stufe 4 und Stufe 5 typisch sind.

> *Das ist das Gute am Zählen. Es verschafft Klarheit über all die Dinge, die zuvor noch diffus durch den Kopf schwirrten.*
>
> Samuel Johnson, britischer Schriftsteller, 1709-1784 (zitiert nach Ramsay MacMullen, *Changes in the Roman Empire: Essays in the Ordinary*, 1990, S. 21)

> *Ein stabiler Prozess ohne Anzeichen für besondere Ursachen von Abweichungen unterliegt nach Shewhart einer statistischen Lenkung. Es ist ein beliebiger Prozess und seine Entwicklung in der nahen Zukunft ist vorhersehbar. Selbstverständlich kann ein unvorhergesehener Schock den Prozess und damit auch die statistische Lenkung vom Kurs abbringen. Ein System, das der statistischen Lenkung unterliegt, hat eine definierbare Identität und eine definierbare Fähigkeit.*
>
> Dr. W. Edwards Deming, Out of the Crisis, 1989

(QPM)

Quantitatives Prozess-Management (QPM – Prozessqualität)

Betrachtung der Ziele

Es gibt nur zwei SPBs auf Stufe 4. Der eine Schlüsselprozessbereich, *Quantitatives Prozess-Management*, betrifft die Prozessqualität, d. h. die Prozessleistung, und der andere SPB, *Software-Qualitäts-Management*, befasst sich mit der Produktqualität.

Der im Piktogramm veranschaulichte Prozessqualitäts-SPB (so bezeichne ich ihn) hat drei Ziele. Das erste Ziel ist Ihnen bereits aus Stufe 2 und Stufe 3 bekannt: Die Praktiken des SPBs erfolgen nach einem zuvor erstellten Plan.

Ziel 1: Die Aktivitäten des Quantitativen Prozess-Managements werden geplant.

Mit Ziel 2 werden die Ergebnisse der Durchführung des projektdefinierten Software-Prozesses quantitativ gelenkt.

Ziel 2: Die Prozessleistung des projektdefinierten Software-Prozesses wird quantitativ gelenkt.

Das Piktogramm enthält ein Prozessdiagramm mit den durchzuführenden Schritten für die Messung der Prozessleistung. Wenn die Metriken eine Abweichung anzeigen, die gelenkt werden sollte, wird der Prozess umgehend angepasst. Das angestrebte Gesamtergebnis ist die quantitative Lenkung der Leistung, im Piktogramm als Prozesskurve innerhalb von oberen und unteren Kontrollgrenzen dargestellt.

Mit diesen Prozesskurven der Projekte wird eine Baseline mit Lenkungsparametern für Projekte aller Art gesammelt.

Ziel 3: Die Prozessfähigkeit des Standard-Software-Prozesses der Organisation ist in ihrer Quantität bekannt.

Auf Stufe 4 integriert die Organisation die Lenkungsparameter in alle Projekte, um eine quantitative Definition der Prozessfähigkeit der Organisation hervorzubringen, die in diesem *Handbuch* durch „f(x)" symbolisiert wird, um zu zeigen, dass sie numerischer Natur ist. Diese quantitative Definition der Prozessfähigkeit ist in der Software-Prozessdatenbank der Organisation abgelegt. Außerdem werden die Daten über die Prozessfähigkeit der Organisation von Projekten verwendet, um deren eigene Prozessleistungsziele zu definieren, die sich schließlich im SPB *Prozess-Change-Management* auf Stufe 5 in Prozessverbesserungen niederschlagen. Der Zweck dieses SPBs ist, sich auf die gesamte Organisation auszuwirken: die quantitative Lenkung der Prozessleistung.

Cindi Wise, die an der Erstellung der Version 1.0 des CMMs maßgeblich beteiligt war, geht auf ein paar Punkte ein, die dazu beitragen, Stufe 4 und Stufe 5 zu erläutern. Sie sagt, dass der SPB *Quantitatives Prozess-Management* hauptsächlich dazu dient, besondere Ursachen von Abweichungen im Software-Prozess zu beseitigen. Die *Verpflichtung zur Durchführung 1* des SPBs *QPM* erläutert, dass eine *besondere* Ursache ein vorübergehender Umstand ist, der eine unerwartete Ab-

QPM: Betrachtung der Ziele

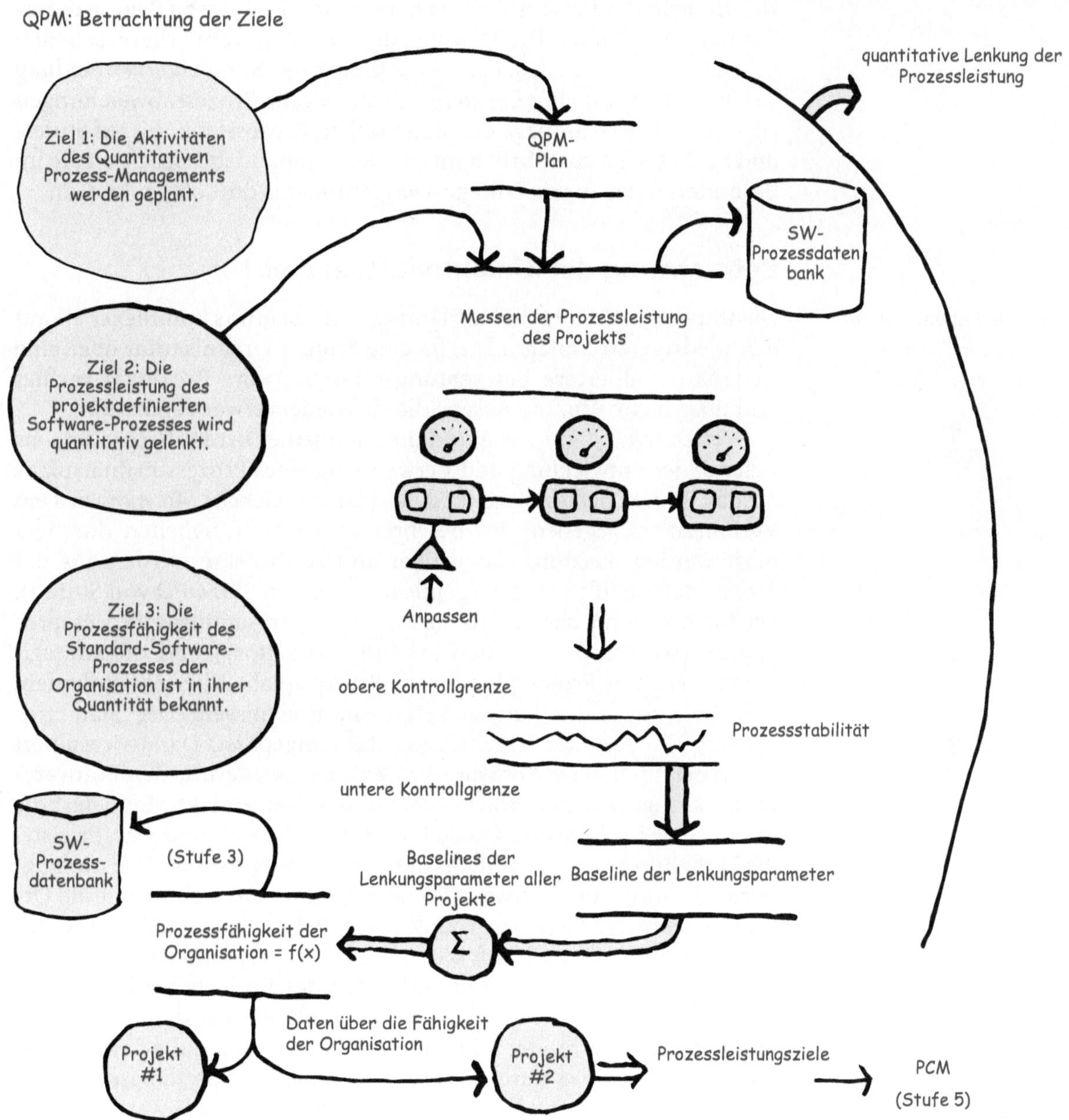

weichung in der Prozessleistung hervorruft.[1] Im Zitat zu Beginn dieses Kapitels bezeichnet Dr. Deming dies als den „unvorhergesehenen Schock". Wie Sie noch sehen werden, zielt der SPB *Fehlervermeidung* auf Stufe 5 darauf ab, *allgemeine* Ursachen für Prozessabweichungen zu lenken. Die Grundlage der statistischen Prozesslenkung auf Stufe 4 und Stufe 5 wird ausführlich im 93-TR-24 behandelt.[2] Beachten Sie im Besonderen das Juran Trilogie-Diagramm, das dort abgebildet ist.

Betrachtung der Zielaktivitäten: Ziel 1

Ziel 1: Die Aktivitäten des Quantitativen Prozess-Managements werden geplant.

Die Implementierung dieses Planungsziels ist etwas komplexer als auf den niedrigeren Reifegraden, da eine Stufe 4-Organisation über eine weitaus detailliertere Betrachtung ihres Software-Prozesses verfügt und über mehr Prozess-Assets, die sie wiederverwenden kann.

Drei *Durchzuführende Aktivitäten* implementieren dieses Ziel, das sich mit der Entwicklung und Verwendung eines Prozessqualitätsplans für das Projekt befasst. Wie wird der Plan entwickelt? Mit *Ak 1* wird ein Verfahren vorgegeben, das beschreibt, welche Tätigkeiten durchgeführt werden. Leistungsdaten über andere Projekte werden aus der Prozessdatenbank bezogen (gepflegt durch den SPB *OPD* von Stufe 3). Leistungsziele für das Projekt liefern das organisationsweite Messprogramm (basierend auf Daten im *OPD*-Repository) und die strategischen Ziele. Der Projektplan für die Prozessqualität bezieht außerdem Eingaben aus einer langen Kette von Ereignissen: Der Standard-Software-Prozess der Organisation wird angepasst. Daraus resultiert der projektdefinierte Software-Prozess, der wiederum den Software-Entwicklungsplan des Projekts beeinflusst. Der Projekt-SEP liefert die Projektziele für Software-Qualität und Produktivität und gewährleistet die Einhaltung des Zeitrahmens des Entwicklungszyklus. Eine umfangreiche Kenntnis des Software-Prozesses ist unerlässlich, damit die Organisation in der Lage ist, Produktivität und Zeitrahmen des Entwicklungszyklus, basierend auf Daten und Routinepraktiken aus einem Verfahren, zu definieren. Der *QPM*-Plan des Projekts wird von Partnern und der SEPG bewertet: Eine quantitative Prozesskenntnis sollte möglichst weit verbreitet sein, um die Organisation in die Lage zu versetzen, *Peer-Reviews* durchzuführen und eine Gruppe zu beschäftigen, die sich auf den Prozess konzentriert und Projektpläne bewerten kann.

Ak 2 besagt, dass die quantitative Leitung des Prozesses anhand von Daten im Projekt in Übereinstimmung mit dem *QPM*-Plan von *Ak 1* durchgeführt wird. Die *QPM*-Aktivitäten legen fest, wie die Prozessschritte implementiert werden (was wie gemessen wird), wer wofür

---

[1] Vgl. 93-TR-25, S. L4-3.
[2] Vgl. a. a. O., S. 16 ff.

QPM: Betrachtung der Zielaktivitäten

Ziel 1: Die Aktivitäten des Quantitativen Prozess-Managements werden geplant.

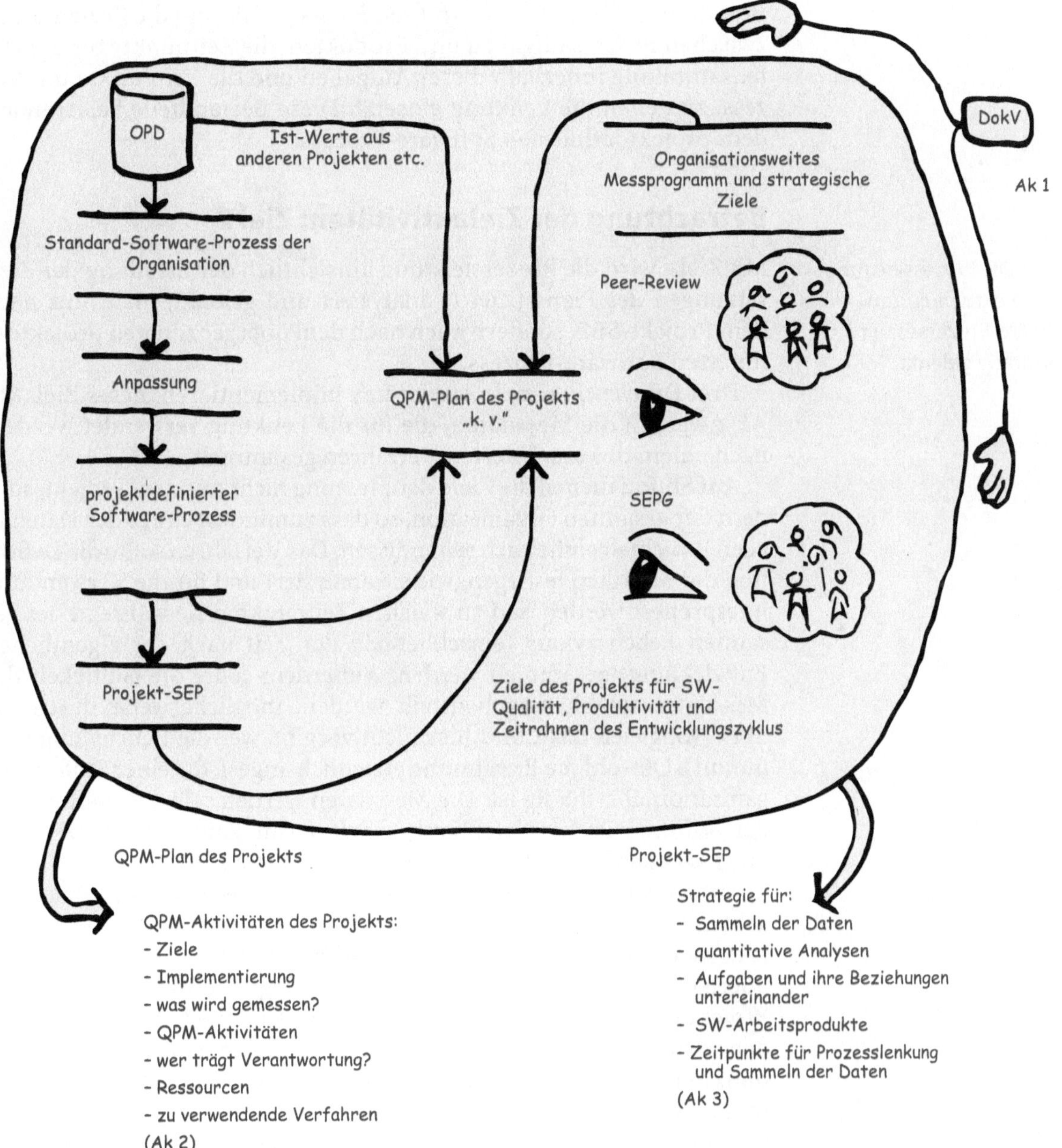

verantwortlich ist, welche Ressourcen verwendet werden, und wie der Zeitplan aussieht, den es zu beachten gilt.

Ak 3 legt fest, welche Strategie der Datensammlung verfolgt wird und welche Analysen der quantitativen Daten vorgenommen werden. Bestandteile dieser *Durchzuführenden Aktivität* sind die Beziehungen zwischen Prozessaufgaben und Produkten, die Zeitpunkte für die Datensammlung innerhalb dieser Aufgaben und die Zeitpunkte im Prozess, zu denen die Lenkung einsetzt. Diese Bestandteile basieren auf dem projektdefinierten Software-Prozess.

Betrachtung der Zielaktivitäten: Ziel 2

Ziel 2: Die Prozessleistung des projektdefinierten Software-Prozesses wird quantitativ gelenkt.

Mit Ziel 2 wird die Prozessleistung hinsichtlich der Erfüllung der Zielsetzungen des Plans (Ziel 1) analysiert und gelenkt, nicht nur nach dem Projekt-SEP, sondern auch nach dem übergeordneten projektdefinierten Software-Prozess.

Drei *Durchzuführende Aktivitäten* implementieren dieses Ziel. Mit *Ak 4* werden die Messdaten, die für die Lenkung verwendet werden, nach einem dokumentierten Verfahren gesammelt.

Auf Stufe 4 dienen die Ziele der Messung nicht nur dem Projekt, sondern der gesamten Organisation, so dass zumindest einige der Daten in allen Projekten einheitlich sein müssen. Das Verfahren sollte die Definition der Metriken festlegen, wie sie analysiert und für die Verwendung interpretiert werden und zu welchen Zeitpunkten sie während des gesamten Lebenszyklus (einschließlich der Zeit nach der eigentlichen Entwicklung) gesammelt werden. Außerdem sollte die Gültigkeit der Messdaten unabhängig beurteilt werden, möglicherweise durch die SEPG (obgleich das CMM hier nicht vorgibt, wer die Beurteilung vornimmt). Obwohl die Erwähnung eigentlich angesichts einer Stufe 4-Organisation überflüssig ist: Die Messdaten werden selbstverständlich in der Software-Prozessdatenbank abgelegt (im Rahmen von *OPD* aus Stufe 3 – auch hier geht das CMM gründlich vor).

Mit *Ak 5* wird der projektdefinierte Software-Prozess gelenkt. Beachten Sie, dass es dieser ist, der auf Stufe 4 gelenkt wird und das Projekt wiederum seiner Lenkung unterliegt. Existiert der Projekt-SEP überhaupt noch? Er existiert schon noch, legt allerdings fest, wie das Projekt dem definierten Software-Prozess entsprechend geleitet werden wird.[3] Die Messdaten des Projekts werden zu vorgegebenen Zeitpunkten der Messung gesammelt, in einem Repository aufgezeichnet und verwendet, um Lenkungsaktionen für das Projekt festzulegen, die mit der Zeit die Ergebnisse der Aufgaben beeinflussen. Das Verfahren von *Ak 5* bestimmt die Datenanalysen und Methoden, die verwendet werden (das Piktogramm zeigt ein Pareto-Diagramm, ein Kurvendia-

---

[3] Vgl. *Ak 3* des *ISMs*.

QPM: Betrachtung der Zielaktivitäten

Ziel 2: Die Prozessleistung des projektdefinierten Software-Prozesses wird quantitativ gelenkt.

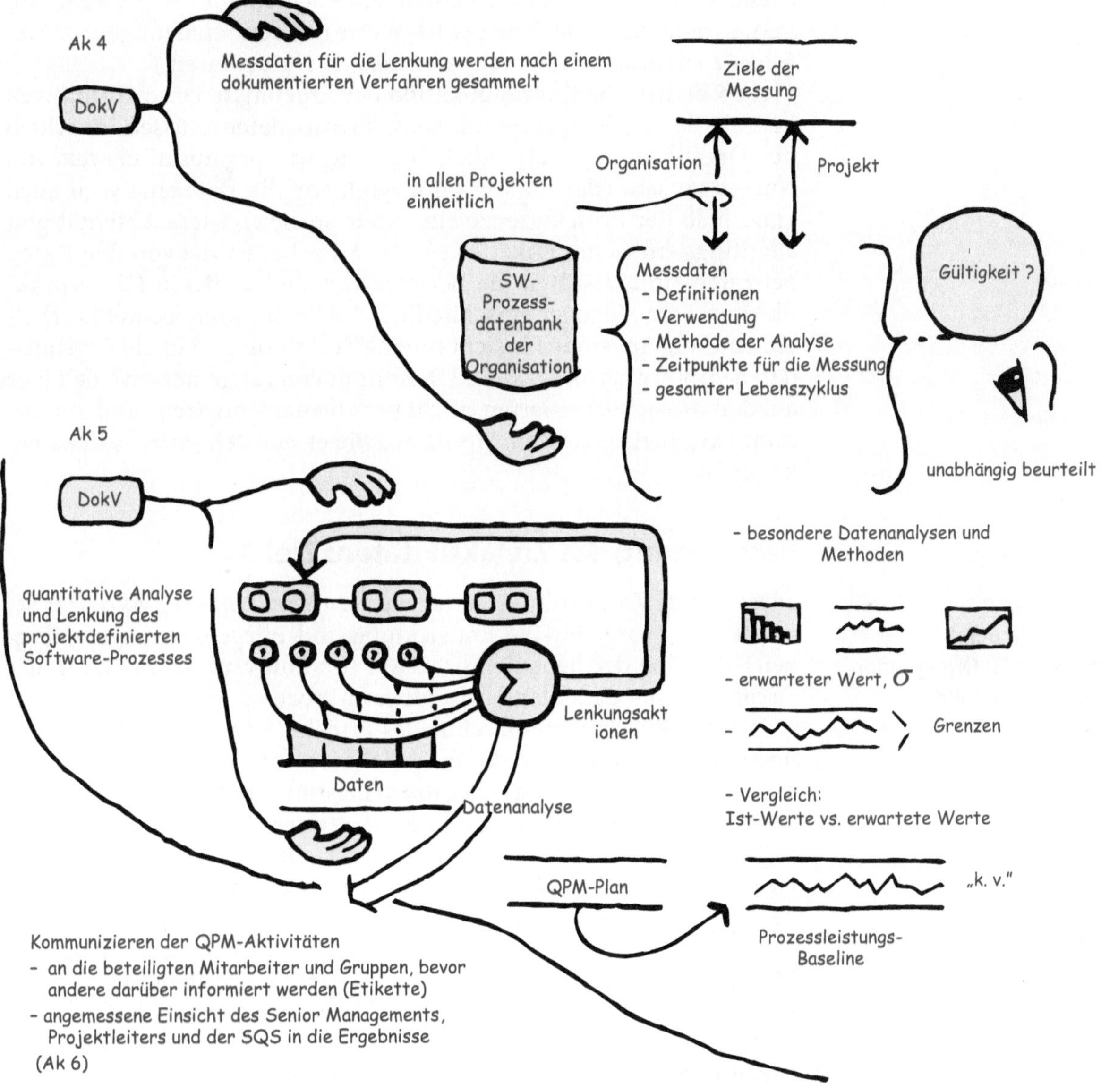

gramm mit und eines ohne Kontrollgrenzen), den erwarteten Wert und die Standardabweichung, die gesammelt werden müssen, die Kontrollgrenzen für die Korrektur der gemessenen Abweichungen und den Vergleich von beabsichtigten („erwarteter Wert") und abweichenden Daten. (Beachten Sie den Unterschied auf Stufe 4 zum SPB *ISM*, in dem die Vergleiche der Ist-Werte mit den Schätzungen, im Gegensatz zu diesem SPB, nicht statistischer Natur waren.)

Ak 6 betrifft die Kommunikation der Ergebnisse der quantitativen Leitung des Projektprozesses. Diese Prozessdaten müssen innerhalb der Organisation veröffentlicht werden, um organisationsweit von Nutzen zu sein (das Piktogramm zeigt, wie die Datenanalysen auch außerhalb der Projektgrenze eine Rolle spielen). Diese Aktivität gibt allerdings ein wenig Etikette vor: Die Mitarbeiter, die von den Daten betroffen sind, erhalten die Berichte vor allen anderen (Unterpraktik 1) und die Manager einschließlich des Senior Managements erhalten eine angemessene Einsicht (meine Terminologie) in die Ergebnisdaten (Unterpraktik 2). Meine Definition von „angemessen" zielt hier auf den prozessorientierten (nicht personenorientierten) und auf Zusammenarbeit setzenden Ansatz ab, wie er aus den *Peer-Reviews* bekannt ist.

Betrachtung der Zielaktivitäten: Ziel 3

Ziel 3: Die Prozessfähigkeit des Standard-Software-Prozesses der Organisation ist in ihrer Quantität bekannt.

Dieses letzte Ziel wird durch nur eine *Durchzuführende Aktivität* erreicht: *Ak 7* sorgt für die Entwicklung und Pflege der Prozessfähigkeits-Baseline der bedeutendsten Art von Software-Prozessen in der Organisation – dem Standard-Software-Prozess.

Die Prozessleistungs-Baseline des Projekts wurde von der Analyse und der quantitativen Lenkung im Rahmen von *Ak 5* in Ziel 2 abgeleitet. Diese Projektleistungs-Baselines (Leistungshistorien und erwartete statistische Werte) werden in der Software-Prozessdatenbank der Organisation gesammelt und verwendet, um die Prozessfähigkeits-Baseline der Organisation zu berechnen. Nicht nur die Entwicklung der Prozessfähigkeit kann anhand der Baseline der Organisation erkannt, sondern auch die Möglichkeiten für die Prozessverbesserung können vorhergesehen werden (die wiederum Eingaben für die SPBs *Prozess-Change-Management* und *Fehlervermeidung* auf Stufe 5 sind).

Die Prozess-Baseline der Organisation wird überarbeitet, wenn die Leistung neuartiger Projekte in die Definitionsänderung der Baseline einfließt. Beachten Sie den Zusatzeffekt, dass Vorschläge für die Überarbeitung der Anpassungsrichtlinien, die in den SPBs *Organisationsweite Prozessdefinition* und *Integriertes Software-Management* gepflegt und verwendet werden, in ebendiese SPBs mit einfließen.

QPM: Betrachtung der Zielaktivitäten

Ziel 3: Die Prozessfähigkeit des Standard-Software-Prozesses der Organisation ist in ihrer Quantität bekannt.

Ak 7:

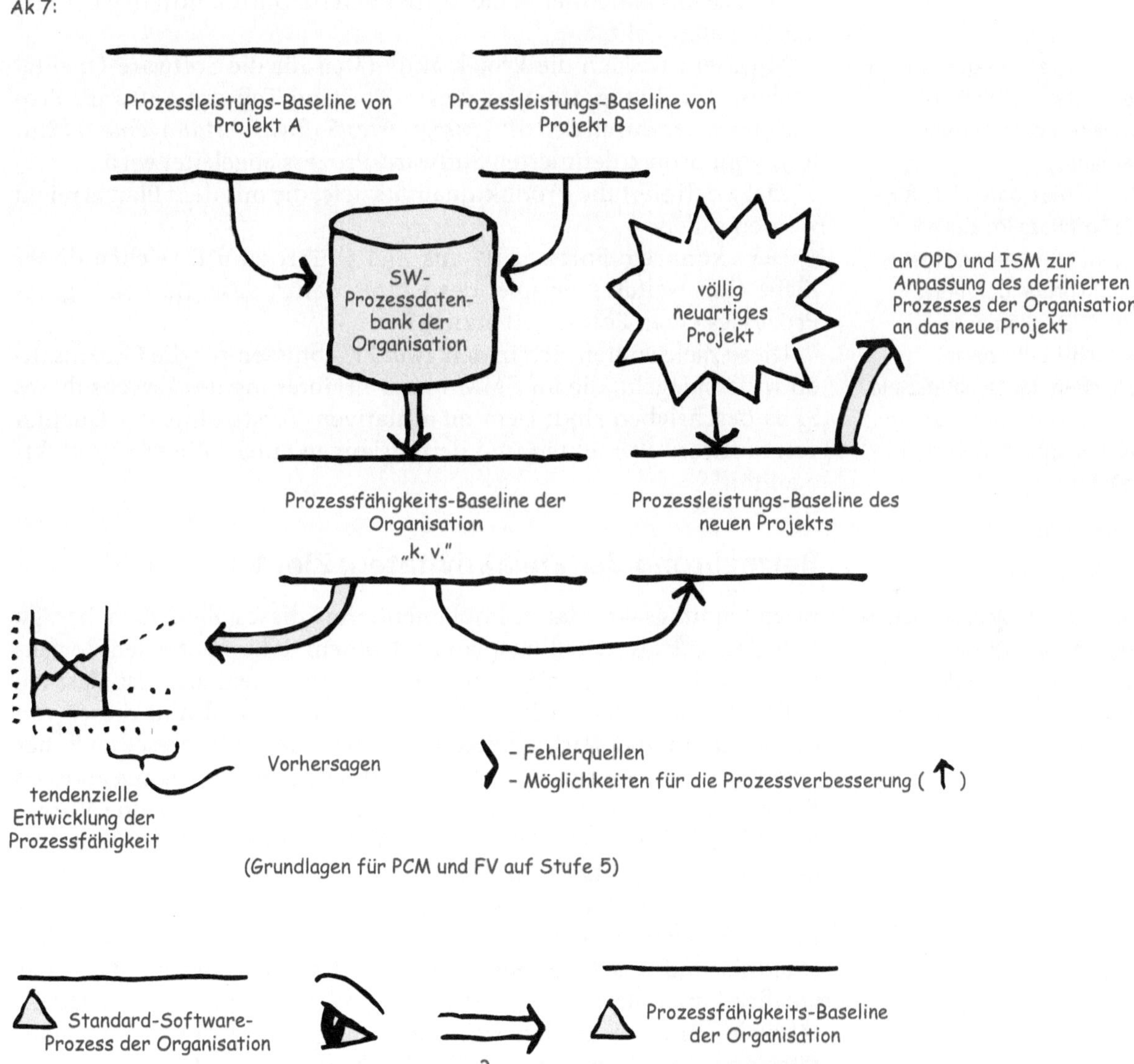

(SQM)

Software-Qualitäts-Management (SQM – Produktqualität)

Betrachtung der Ziele

Drei Ziele implementieren die Aktivitäten für die quantitative Leitung der Produktqualität.

Mit Ziel 1 werden die Projektaktivitäten für die Software-Qualität geplant. Im Piktogramm ist dieser Vorgang Teil des Software-Projektplans, der durch den SPB *Integriertes Software-Management* (Stufe 3) vom projektdefinierten Software-Prozess abgeleitet wird.

Ziel 2 definiert die Produktqualitätsziele, die mit dem Plan erreicht werden sollen.

Der „konkrete Fortschritt" aus Ziel 3 führt zum Erreichen dieser Ziele. (Ein weiteres Beispiel des CMMs dafür, dass die Reifung des Prozesses einen Fortschritt erzielt.)

Diese Ziele sollten sich in den zwei Ergebnissen für die Organisation widerspiegeln, die im CMM in der Erläuterung des Zwecks dieses SPBs beschrieben sind: Dem quantitativen Verständnis der Qualität von Software-Produkten und dem Erlangen einer höheren Produktqualität.[4]

Ziel 1: Die Projektaktivitäten des Software-Qualitäts-Managements werden geplant.
Ziel 2: Messbare Ziele für die Software-Produktqualität und deren Einstufung werden definiert.
Ziel 3: Der konkrete Fortschritt hin zum Erreichen der Qualitätsziele für die Software-Produkte wird quantifiziert und geleitet.

Betrachtung der Zielaktivitäten: Ziel 1

Ziel 1: Die Projektaktivitäten des Software-Qualitäts-Managements werden geplant.

Zwei Planungsaktivitäten implementieren dieses Ziel. *Ak 1* besagt, dass der Software-Qualitätsplan nach einem dokumentierten Verfahren entwickelt und gepflegt wird. Das Verfahren legt u. a. fest, dass ein Software-Qualitätsplan für das Projekt erstellt wird und dieser von den Partnern und den beteiligten Gruppen, die ein Interesse an hoher Qualität haben, bewertet wird. Die Partner können auch aus anderen Projekten hinzugezogen werden, hier macht das CMM keine Vorgaben. Eingaben zur Produktqualität macht der Kunde (Anforderungen des Anwenders). Man kann von einer Stufe 4-Organisation erwarten, dass sie die Ziele der Produktqualität mit dem Kunden in angemessenem Rahmen bespricht. Eine der Methoden, die das CMM für das Verständnis und das Erreichen von Qualitätszielen vorschlägt, ist das Quality Function Deployment (QFD).[5] Weitere Eingaben für Qualitätsziele stammen aus den organisationseigenen, strategischen Qualitätsplänen, die in der Prozessdatenbank abgelegt sind.

Der projektdefinierte Software-Prozess ermöglicht die quantitative Bestimmung der Fähigkeit eines Projekts, Software-Qualität zu erzielen. Der Software-Qualitätsplan wird bei Bedarf für eingehaltene (oder

---

[4] Vgl. 93-TR-25, S. L4-19.
[5] Vgl. GOAL/QPC Research Committee, 1989.

SQM: Betrachtung der Ziele

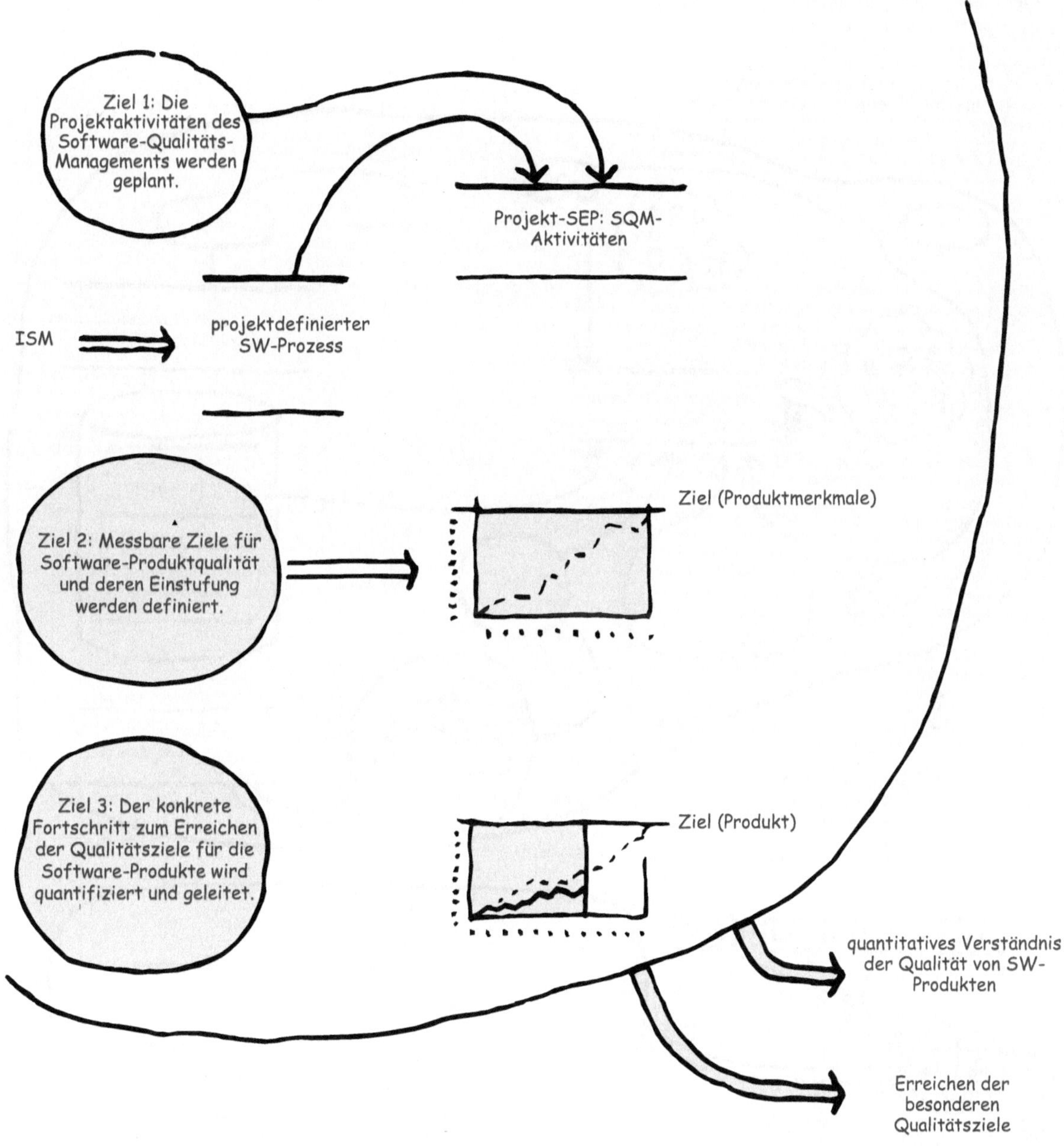

SQM: Betrachtung der Zielaktivitäten

Ziel 1: Die Projektaktivitäten des Software-Qualitäts-Managements werden geplant.

Ak 1:   Dokumentiertes Verfahren des SW-
         Qualitätsplans des Projekts

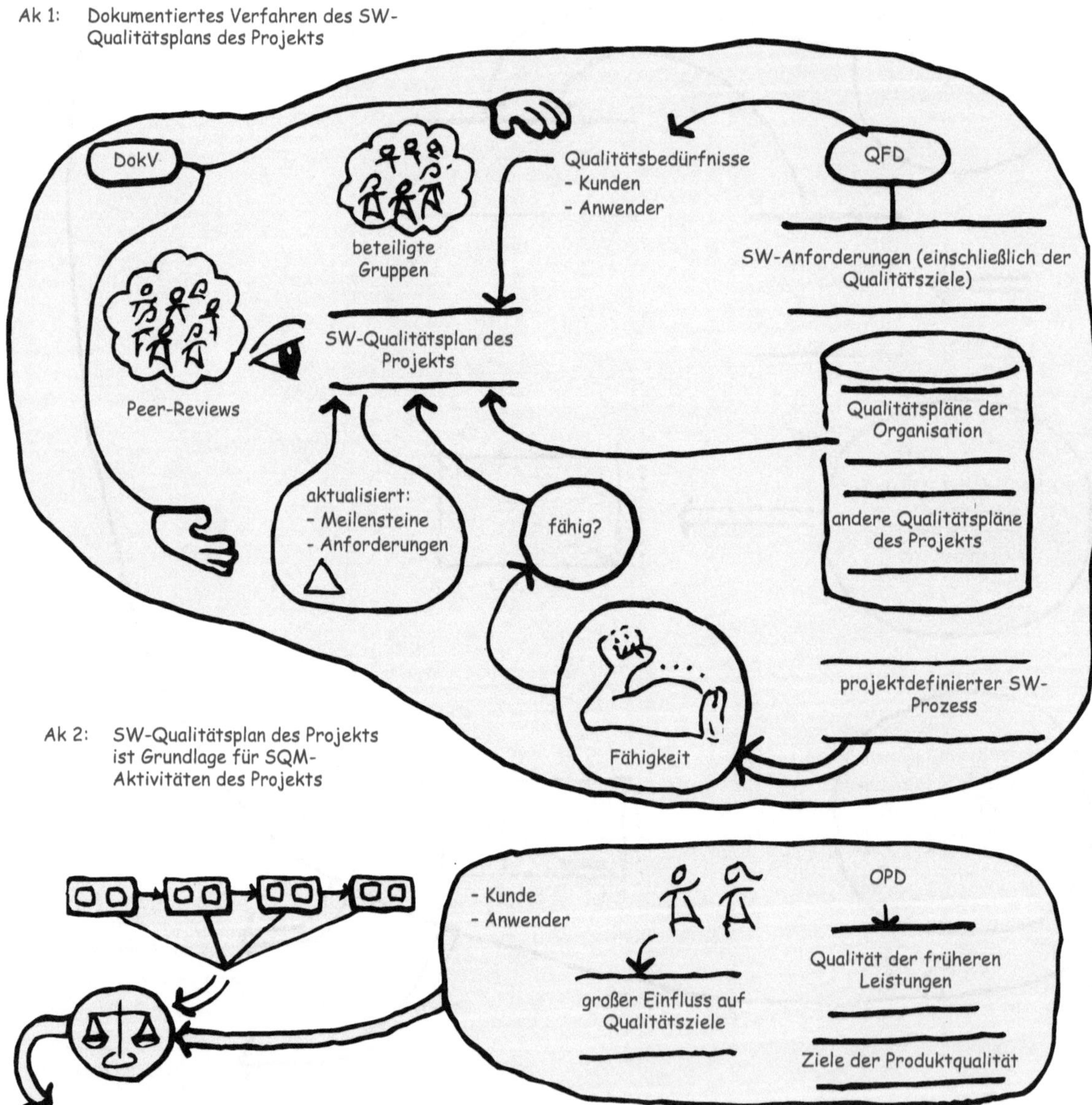

Ak 2:   SW-Qualitätsplan des Projekts
         ist Grundlage für SQM-
         Aktivitäten des Projekts

Aktionen, wenn (erwartete) Qualität < Qualität (Ziele)

verpasste) Meilensteine und für den größten Störfaktor bei Software-Projekten, den Änderungen der Anforderungen, aktualisiert. (Beachten Sie das Verhalten einer Stufe 4-Organisation gegenüber Änderungen der Anforderungen: Der Produktqualitätsplan wird nach einem Verfahren aktualisiert. Die weiteren Änderungen im SEP einschließlich der Zeitpläne, Schätzungen, Aufgaben etc. werden nahezu automatisch vollzogen – durch Prozesse wie dem *ISM* auf Stufe 3.)

Ak 2 in diesem Ziel besagt im Wesentlichen, dass das Projekt dem Plan für die Leitung der Software-Produktqualität von *Ak 1* folgt. Manche der *Durchzuführenden Aktivitäten* des Plans sind im Piktogramm enthalten. Festgelegt sind die Zeitpunkte im Prozess, zu denen Messungen vorgenommen werden und wie das geschieht (Tests, Simulationen, *Peer-Reviews*). Die Einstufung der Qualitätsziele erfolgt nach den Produktmerkmalen, die dem Kunden und Anwender am wichtigsten sind und nach der Qualität der früheren Leistungen. Der Plan bestimmt zudem die Aktionen, die durchgeführt werden, wenn anhand Messdaten erwartet wird, dass Qualitätsziele nicht erfüllt werden können. (Beachten Sie, dass präventive Maßnahmen getroffen werden, sobald die *erwartete* Qualität nicht den Qualitätszielen entspricht.)

Betrachtung der Zielaktivitäten: Ziel 2

Die Produktqualitätsziele für Projekte sind in *Ak 3* und die für Unterauftragnehmer in *Ak 5* definiert. In *Ak 3* werden die Produktqualitätsmerkmale von den Software-Anforderungen abgeleitet. Diese Qualitätsanforderungen werden zu numerischen Qualitätszielen, wenn die Werte, die die Qualitätsmerkmale beschreiben, im Rahmen des Messplans entstehen.

Die Produktqualitätsziele werden im SEP aufgezeichnet und ihre einzelnen Elemente für jede Lebenszyklusphase definiert. Die Produktqualitätsziele sowohl der Arbeitsprodukte als auch der Lebenszyklusphasen werden überarbeitet, sobald die Kundenbedürfnisse besser verstanden werden. *Ak 5* verteilt die Produktqualitätsziele sinnvoll unter den Unterauftragnehmern, und diese Ziele stellen eine neue Eingabe für die Praktik des *Software-Unterauftragnehmer-Managements* dar. Beachten Sie, dass sich der Unterauftragnehmer auf einem niedrigeren Reifegrad befinden könnte und somit nicht über ein quantitatives Verständnis seines Software-Prozesses verfügt. In solch einem Fall umfasst eine sinnvolle Zuweisung der numerischen Qualitätsziele nicht nur deren gleichmäßige Verteilung nach der Systemkomponente, die vom Unterauftragnehmer geliefert wird, sondern möglicherweise auch die Umwandlung dieser Ziele in nichtnumerische Qualitätsziele.

Ziel 2: Messbare Ziele für die Software-Produktqualität und deren Einstufung werden definiert.

SQM: Betrachtung der Zielaktivitäten

Ziel 2: Messbare Ziele für Software-Produktqualität und deren Einstufung werden definiert.

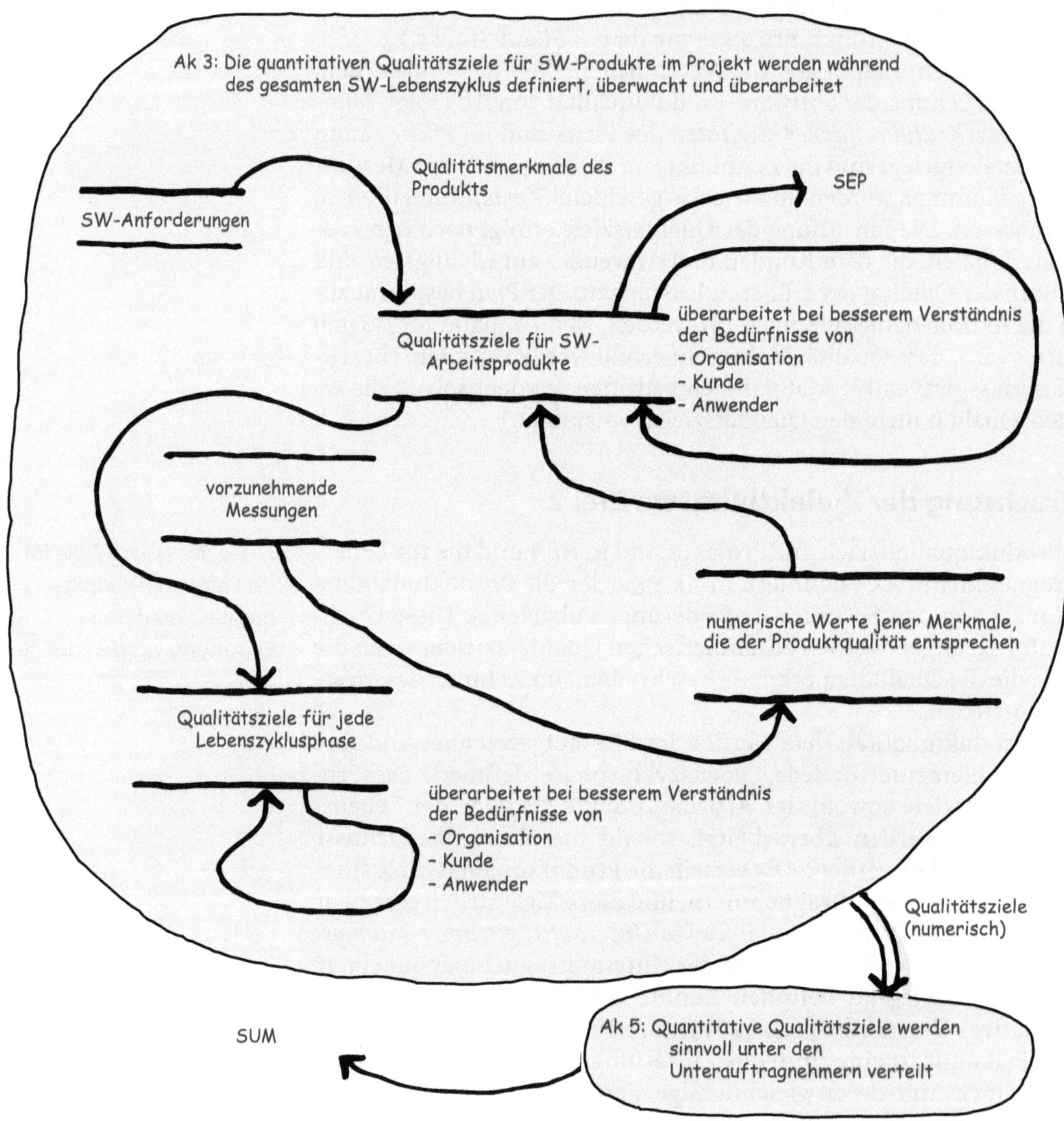

Betrachtung der Zielaktivitäten: Ziel 3

Über das letzte Ziel kann man zusammenfassend sagen, dass es Qualität erzeugt, d. h. konkreten Fortschritt in der Produktqualität. Die Praktiken stammen aus *Ak 4*, wo die Qualität des Produkts gemessen und auf einer ereignisbezogenen Grundlage mit den Qualitätszielen verglichen wird. Wie die Unterpraktiken 1 und 2 zeigen, finden die Ereignisse, die der Messung und dem Vergleich Impulse geben, zu Beginn von Software-Aufgaben und in jeder Lebenszyklusphase statt (deshalb die Zuweisung der Produktqualitätsziele zu den Lebenszyklusphasen in *Ak 3*).[6] Das Piktogramm zeigt, wie der Projekt-SEP und die Software-Qualitätsziele des Projekts das Prozessdiagramm eines Projekts beeinflussen. Zu Beginn jeder Aufgabe bewertet das Aufgabenteam die Produktqualitätsziele, legt fest, in welcher Beziehung die Aufgabe zu diesen Zielen steht, setzt die Pläne in Gang, mit denen diese Ziele erreicht werden, und bewertet alle relevanten Prozessänderungen. Daraufhin werden die Qualitätsmerkmale der resultierenden Produkte in jeder Lebenszyklusphase gemessen und mit den Qualitätszielen verglichen. Wenn die Qualitätsziele nicht erreicht werden, werden die Aktionen durchgeführt, die in *Ak 4* festgelegt sind. Wenn es einen Konflikt zwischen den Qualitätszielen gibt (manche können nicht erfüllt werden, ohne dass andere vernachlässigt werden), dann wird eine Analyse der Kosten für das Erreichen von Qualitätszielen vorgenommen und auf Grundlage der Strategie der Organisation und der Präferenzen des Kunden oder Anwenders über die Zielprioritäten entschieden. Der Konflikt zwischen Qualitätszielen kann zu Änderungen in den Software-Qualitätsplänen führen.

Die Tatsache, dass der Schwerpunkt in den SPBs der Stufe 4 auf Qualität gelegt wird, soll nicht bedeuten, dass eine Organisation auf einem niedrigeren Reifegrad sich nicht um Qualität kümmert. Allerdings zeigen *SQM* und *QPM*, wie das Qualitätssystem funktionieren würde, wenn es komplett und stabil eingesetzt sowie gemessen und quantitativ gelenkt werden würde.

Ziel 3: Der konkrete Fortschritt hin zum Erreichen der Qualitätsziele für die Software-Produkte wird quantifiziert und geleitet.

---

[6] Vgl. 93-TR-25, S. L4-29.

SQM: Betrachtung der Zielaktivitäten

Ziel 3: Der konkrete Fortschritt hin zum Erreichen der Qualitätsziele für die Software-Produkte wird quantifiziert und geleitet.

Ak 4: Die Produktqualität wird gemessen und auf einer ereignisbezogenen Grundlage mit den Qualitätszielen verglichen

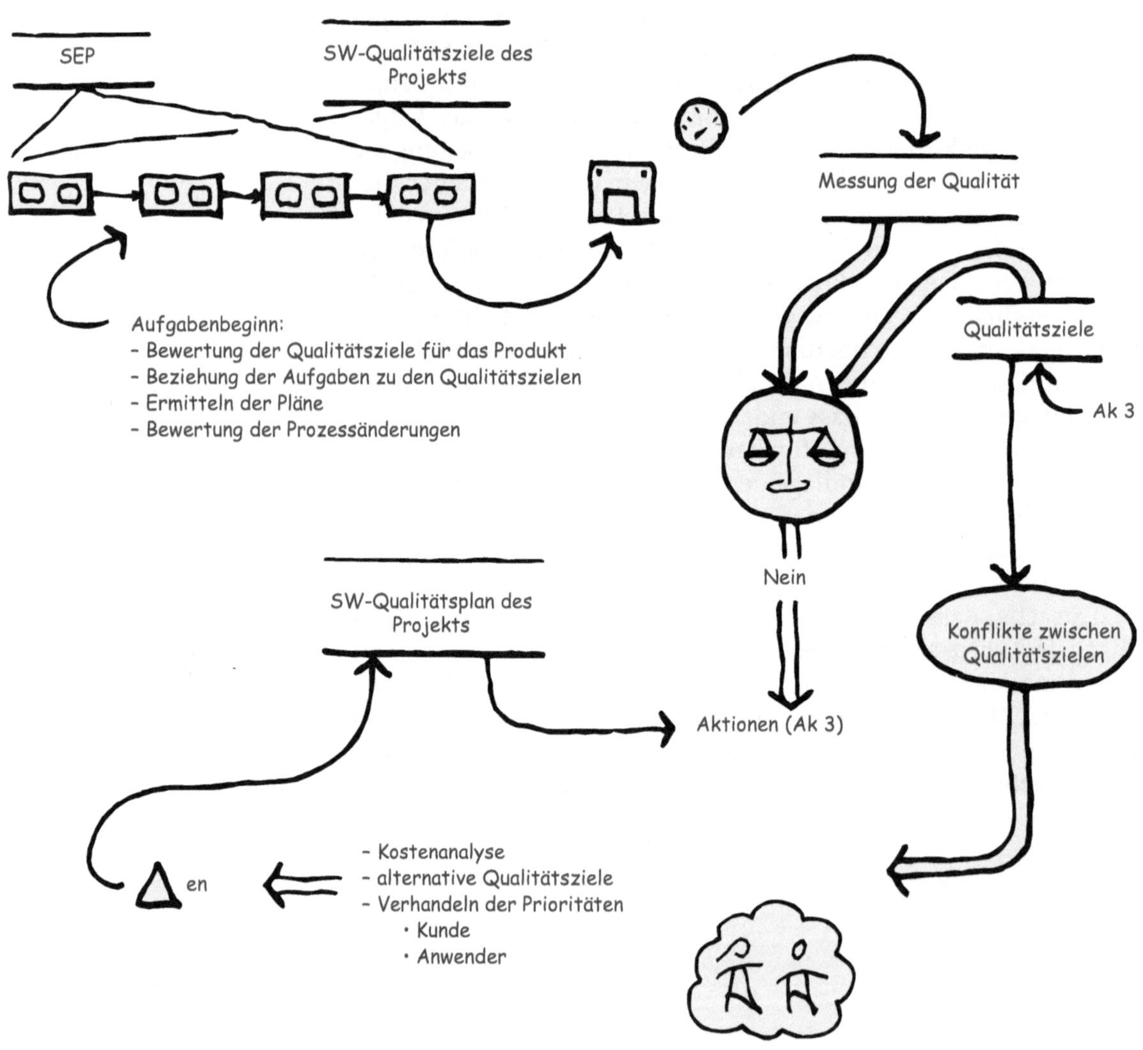

Zusammenfassung: Prozess-Assets auf Stufe 4   (Zusammenfassung)

Welche Prozess-Assets fügt die Stufe 4-Organisation jenen der Stufe 2 und Stufe 3, die sich bereits in ihrer Software-Prozessdatenbank befinden, hinzu? Eine kurze Betrachtung der Piktogramme oder der SPBs liefert uns diese Auswahl:

- Projektpläne für das Erreichen der Software-Produktqualität
- Messdaten des Software-Prozesses des Projekts
- Projekt-Baselines der Prozesslenkungsparameter
- Projektziele für die Software-Produktqualität
- Messungen der gegenwärtigen Produktqualität im Projekt
- Historische Aufzeichnungen der Produkt- und Prozessqualität, zusammengestellt aus früheren Projekten
- Quantitative Definitionen und Modelle der Prozessfähigkeit der Organisation

Der SPB-Indikator *Messung und Analyse* leistet, wie alle SPBs, einen Beitrag zum Status der *SQM*- und *QPM*-Aktivitäten.

(Als Übung könnten Sie herausfinden, welche weiteren Prozess-Assets aus Stufe 4 dieser Liste hinzugefügt werden könnten.)

Zusammenfassung: Beziehungen zwischen den SPBs der Stufe 4   (Zusammenfassung)

Bei der zusammenfassenden Betrachtung der Stufe 4 wird durch das Zeichnen eines Diagramms der Beziehungen zwischen den SPBs auf dieser Stufe deutlich, dass von einem Kernstück-SPB keine Rede sein kann. Das liegt daran, dass hier nur zwei SPBs vorhanden sind: Wenn es hier einen Mittelpunkt geben sollte, dann muss es sich um das Gravitationszentrum eines Systems handeln, wie bei einem Doppelstern. Entsprechend werden die Beziehungen zwischen den SPBs im Piktogramm dargestellt.

Ich beginne willkürlich mit dem SPB *Quantitatives Prozess-Management*, der sich mit der Qualität der Prozessleistung befasst. Dieser SPB hängt von den Aktionsvorgaben des projektdefinierten Software-Prozesses ab, der dem SPB *ISM* von Stufe 3 entstammt. Die Praktiken des *QPMs* führen zur Messung des Software-Prozesses des Projekts, die im Gegenzug die Aktionsvorgaben bzw. die Baseline der Lenkungsparameter des Projekts hervorbringt. Beachten Sie, dass die Baseline nicht nur Zeitpunkte innerhalb des Prozesses für die Messung, sondern auch Zeitpunkte für Lenkung und Korrekturmaßnahmen beschreibt, die nahezu in Echtzeit erfolgen.

Prozess-Assets auf Stufe 4

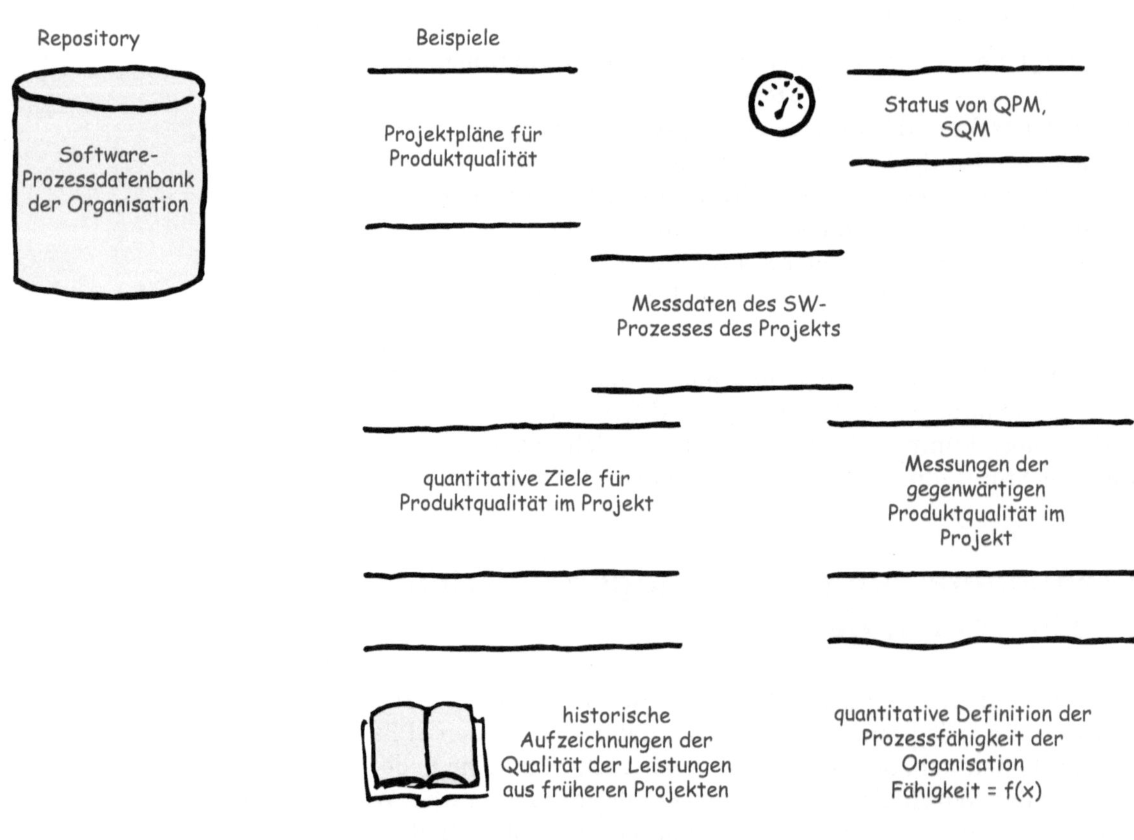

Beziehungen zwischen den SPBs der Stufe 4

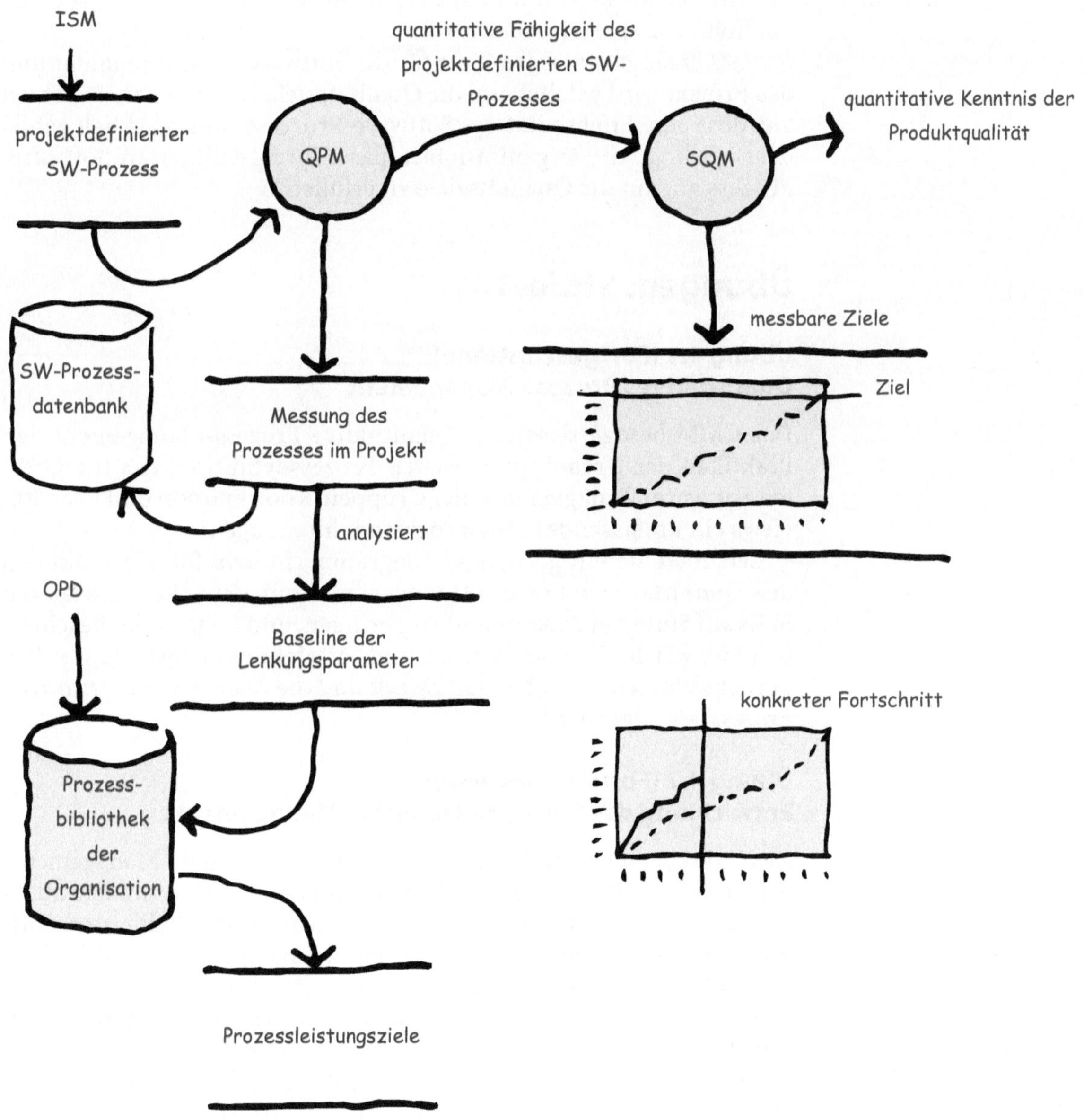

Die Baseline ist in der Prozessbibliothek der Organisation abgelegt, die auf Stufe 3 vom SPB *OPD* gepflegt wird. Die Baseline wird verwendet, um Prozessleistungsziele für das Projekt festzulegen.

All diese Prozess-Assets ermöglichen eine quantitative Definition des projektdefinierten Software-Prozesses, die wiederum als Eingabe für das *Software-Qualitäts-Management*, das sich mit der Produktqualität befasst, verwendet wird.

SQM erzeugt messbare Ziele für die Software-Produktqualität und das Projekt wird geleitet, um die Qualitätsziele zu erreichen. Beachten Sie, dass eine Effektivität des Software-Prozesses ausdrücklich gefordert wird: „... die Organisation ... passt ihren definierten Software-Prozess an, um die Qualitätsziele zu erfüllen".[7]

(Übungen)

Übungen: Stufe 4

Übung 4.1 (Fortgeschrittene): Quantitatives Prozess-Management

Das CMM besagt, dass das „Quantitative Prozess-Management den Praktiken der Organisationsweiten Prozessdefinition, des Integrierten Software-Managements, der Gruppen-Koordination und Peer-Reviews ein umfassendes Messprogramm hinzufügt".[8]

Zeichnen Sie ein geeignetes Diagramm, in dem Sie die Praktiken des *Quantitativen Prozess-Managements* mit den oben erwähnten SPBs auf Stufe 3 in Zusammenhang bringen, und zeigen oder beschreiben Sie, welche Messaktivitäten und -artefakte hinzugefügt werden. Berücksichtigen Sie dabei den Zweck und die Ziele des *Quantitativen Prozess-Managements*.

Übung 4.2 (Fortgeschrittene): Entwicklung des Software-Qualitäts-Managements

Das CMM besagt: „Die Praktiken des Software-Qualitäts-Managements bauen auf den Praktiken der SPBs Integriertes Software-Management und Software-Produkt-Engineering (die den projektdefinierten Software-Prozess etablieren und implementieren) sowie dem SPB Quantitatives Prozess-Management (der ein quantitatives Verständnis der Fähigkeit des projektdefinierten Software-Prozesses etabliert, um die gewünschten Ergebnisse zu erzielen) auf".[9] Erarbeiten Sie mit ihrem Team ein Flussdiagramm, das die Einflüsse auf den SPB *Software-Qualitäts-Management* (wie oben beschrieben) darstellt.

---

[7] Vgl. 93-TR-25, S. L4-19.

[8] Vgl. 93-TR-25, S. O-23.

[9] Vgl. 93-TR-25, S. L4-19.

**Übung 4.3 (Fortgeschrittene):
Diagramm einer Stufe 4-Organisation**

Zeichnen Sie ein Diagramm einer Stufe 4-Organisation. Bedenken Sie
dabei die Schlüsselpraktiken oder Prozessbereiche, die aus den niedrigeren Reifegraden unverändert übernommen wurden bzw. sich daraus
ableiteten und auf Stufe 4 eine weiterentwickelte Form angenommen
haben. Berücksichtigen Sie besonders den Beitrag, den Messungen zum
Auftreten einer Stufe 4-Organisation leisten.

**Übung 4.4 (Fortgeschrittene):
Projektleiter auf Stufe 4**

Stellen Sie sich vor, wie es wäre, wenn Sie Projektleiter in einer Stufe 4-Organisation wären. Beginnen Sie mit den SPB-Zielen auf Stufe 4.
Sie könnten zeigen, wie Projektleiter die Ergebnisse der Stufe 3-SPBs
nutzen können, und wie die Stufe 3-Praktiken für den Einsatz auf Stufe 4 verbessert bzw. weiterentwickelt wurden.

Kapitel 5
Reifegrad-Stufe 5: Der optimierende Prozess

Wenn eine Organisation Stufe 5 erreicht hat, sind ihre Prozessmechanismen zur Herstellung ihrer Software-Produkte Routine. Sie laufen im Hintergrund ab und stellen den normalen Geschäftsablauf dar. Der Prozess der Software-Herstellung läuft auf Stufe 5 so gut wie von selbst ab. Es gibt sogar einen Prozess für den Umgang mit Abweichungen in Prozessen. Alle Mitarbeiter wissen, welche Aufgaben wann zu erledigen sind und wer dafür zuständig ist. Also, welche Aufgaben haben die Mitarbeiter in einer Stufe 5-Organisation eigentlich? Sie konzentrieren sich darauf, den Software-Prozess entsprechend der Geschäftsstrategien zu verändern: für Wettbewerbsvorteile durch höhere Qualität und Produktivität sowie ein schnelleres Time-to-Market. Sobald die Produktionsmechanismen effektiv und effizient sind sowie gelenkt werden, können sich die Mitarbeiter auf deren Verbesserung konzentrieren.

> *Änderungen sind notwendig. Es gibt einen Prozess für Änderungen, ebenso wie es einen Prozess für eine Produktion oder den Anbau von Weizen gibt. Das Problem ist: Wie wird eine Änderung durchgeführt?*
> Dr. W. Edwards Deming, im Vorwort zu
> *The Team Handbook*, 1992

> *... Muße ist nicht des Menschen Schicksal.*
> Oliver Wendell Holmes, Jr.,
> Richter am Supreme Court (Oberster
> Gerichtshof der USA), 1841-1935

Fehlervermeidung (FV)   (FV)

Betrachtung der Ziele

Die *Fehlervermeidung* ist als SPB zwar auf Stufe 5 platziert, das bedeutet jedoch nicht, dass Organisationen auf niedrigeren Reifegraden keine *Fehlervermeidung* praktizieren. Denn: Vermeiden *Peer-Reviews* letzten Endes nicht auch Fehler? Und werden Baselines im *Software-Konfigurations-Management* nicht Audits unterzogen, um zu verhindern, dass ein fehlerhaftes Produkt ausgeliefert wird? Dieser SPB befindet sich nicht deshalb auf Stufe 5, weil ihn nur „optimierende" Organisationen praktizieren, sondern weil er ein Hauptmerkmal einer Stufe 5-Organisation ist. Ein Assessment-Team sollte beobachten können, wie reibungslos funktionierende Prozesse Fehler frühzeitig im Lebenszyklus beseitigen, und es sollte einen nachhaltigen Eindruck über die Effektivität dieser Prozesse gewinnen.

Solch eine stabile und ideale Form der *Fehlervermeidung* auf Stufe 5 basiert auf folgenden Aktionen:

- Analyse der Vergangenheit
- Vorhersage der Entwicklungstrends
- Erkennung der grundlegenden Ursachen
- Ergreifung von präventiven Maßnahmen
  (nicht nur Korrekturmaßnahmen)

Drei Ziele charakterisieren den optimierenden Aspekt der *Fehlervermeidung* und ein Assessment-Team sollte die Implementierung dieser Ziele überprüfen.

Das erste Ziel haben viele SPBs gemeinsam: Es existiert ein Plan für die Aktivität.

Die nächsten beiden Ziele besagen im Wesentlichen, dass der Plan funktioniert und Erfolg hat. Das Piktogramm zeigt für Ziel 2 Fehlerdaten, die aus Projekten gesammelt wurden, und deren vorhergesagte Entwicklung für den Prozess der Organisation.

Ziel 3 ist der wichtigste Faktor dieses SPBs. Das Assessment-Team, das die Stufe 5-Aktivitäten der *Fehlervermeidung* untersucht, sollte in etwa das feststellen, was im Piktogramm veranschaulicht ist: Die Verwendung einer systematischen Methode (z. B. ein Fischgräten- bzw. Ishikawa-Diagramm), um die Ursache eines Fehlers zu analysieren, das Ableiten der Bedeutung dieser Ursache für den Prozess der Organisation und schließlich das Ergreifen von präventiven Maßnahmen, soweit angemessen. Und nach dem CMM sollte das Team erwarten können, dass der Standard-Software-Prozess der Organisation angepasst wird, um die präventiven Maßnahmen nach dem SPB *Prozess-Change-Management* zu integrieren.

Betrachtung der Zielaktivitäten: Ziel 1

Dieses Planungsziel wird mit zwei Aktivitäten implementiert, die eine Aktivität gilt für Projekte und die andere für Aufgabenteams innerhalb eines Projekts. Laut der *Durchzuführenden Aktivität 1* entwickelt das Projekt einen eigenen Projektplan für die Aktivitäten der *Fehlervermeidung*. Obwohl das CMM es nicht ausdrücklich erwähnt, sollte der Projektplan für die *Fehlervermeidung*, über den projektdefinierten Software-Prozess, auf dem Standard-Software-Prozess der Orga-

FV: Betrachtung der Ziele

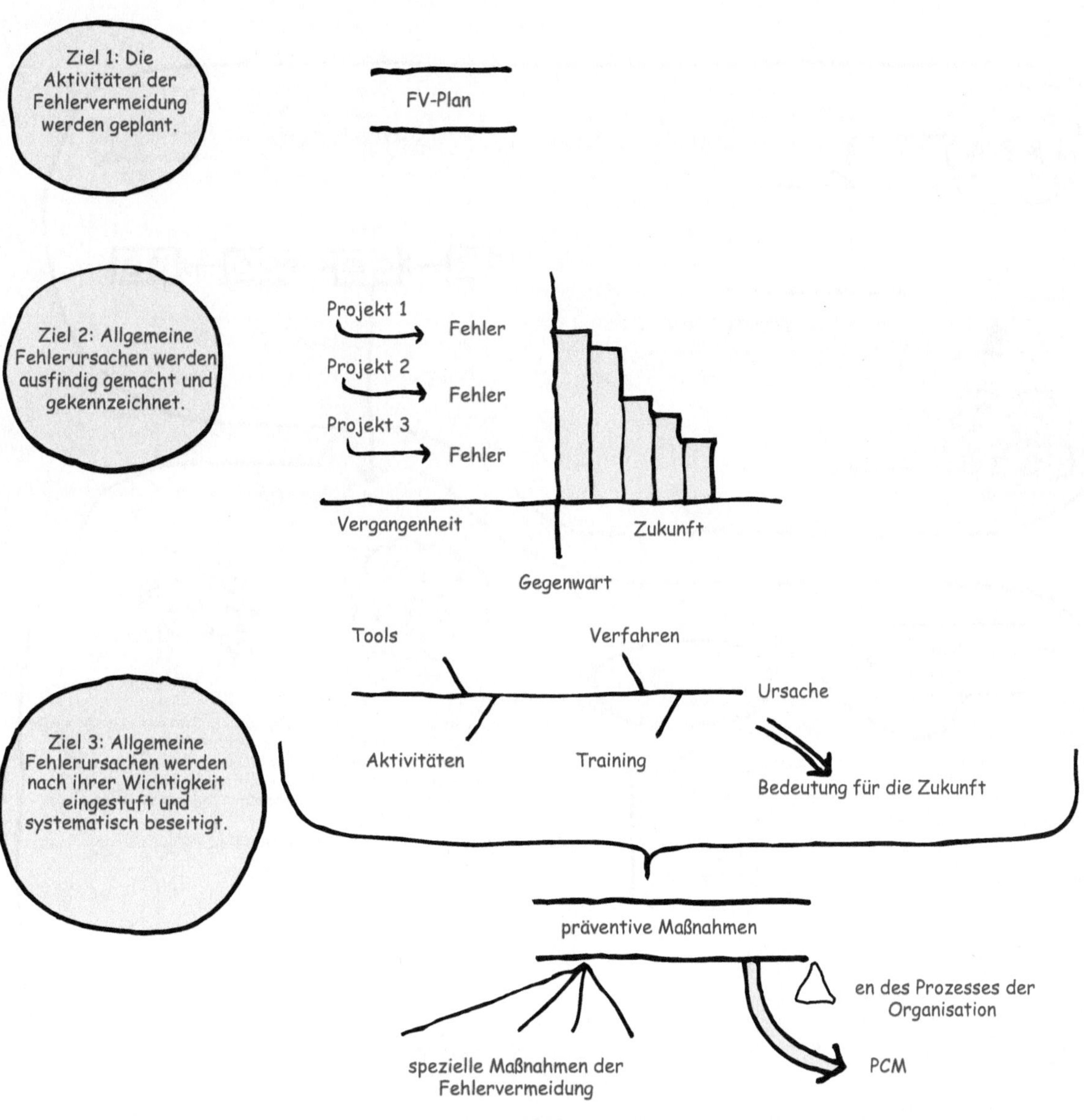

FV: Betrachtung der Zielaktivitäten

Ziel 1: Die Aktivitäten der Fehlervermeidung werden geplant.

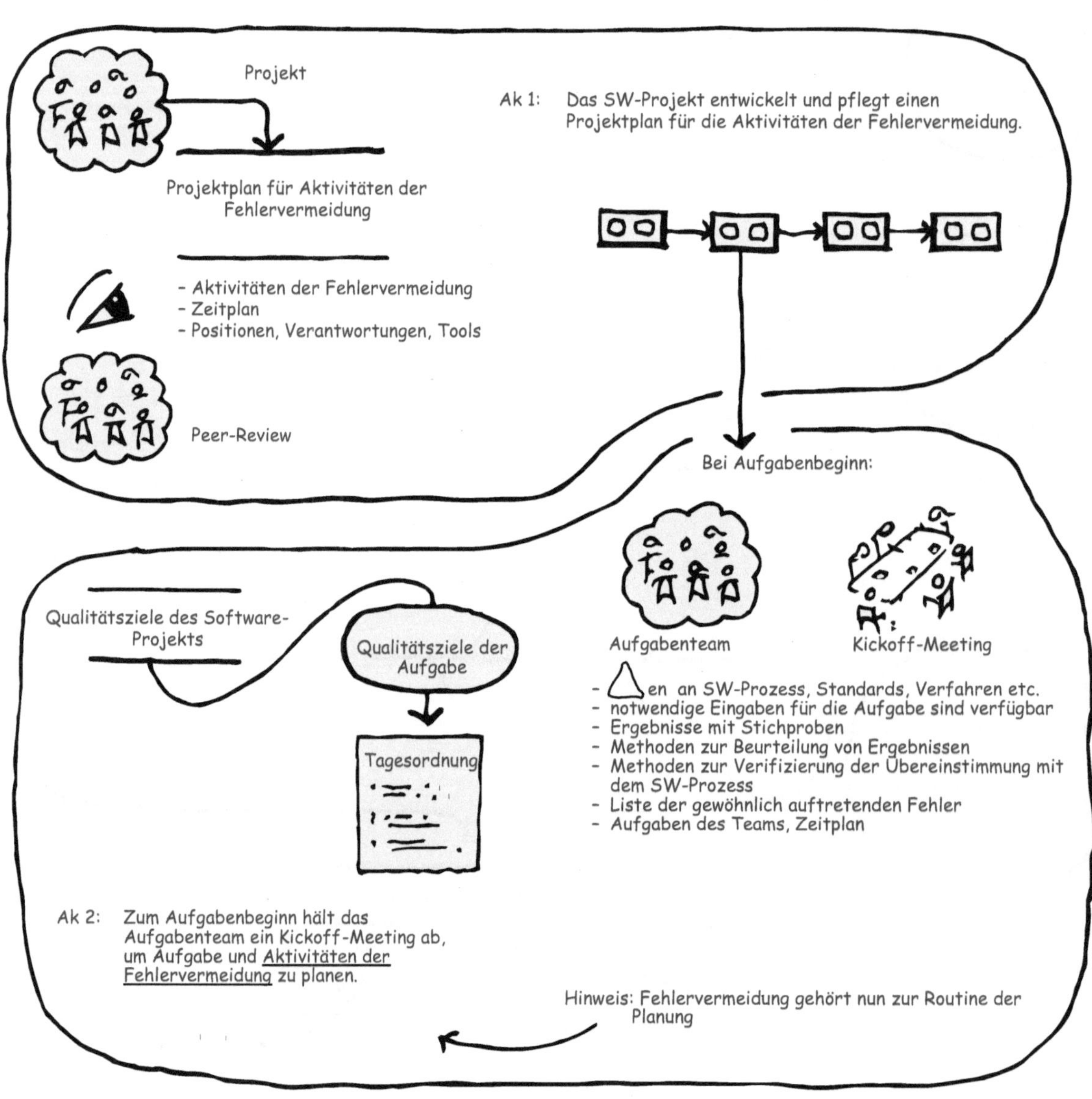

nisation basieren. Jedenfalls sind die Bestandteile des Projektplans die üblichen, die aus SPB-Plänen bekannt sind: Die *Durchzuführenden Aktivitäten*, wer diese durchführt, nach welchem Zeitplan und mit welcher Art von Unterstützung. Der Plan wird außerdem einem *Peer-Review* unterzogen.

Ak 2 geht auf die Aufgaben innerhalb der Projekte ein. (Laut dem Glossar des CMMs ist eine Aufgabe im Grunde genommen eine definierte Arbeitseinheit mit festgelegten Kriterien für ihren Beginn und Abschluss. Das Piktogramm zeigt die Aufgaben innerhalb der Hauptphase eines Projekts.) Zum Aufgabenbeginn hält das Aufgabenteam ein Kickoff-Meeting ab, um die Aufgabe und die Aktivitäten der *Fehlervermeidung* zu planen. Beachten Sie, dass die *Fehlervermeidung* auf Stufe 5 ein ganz gewöhnlicher Bestandteil der Projektplanung ist. Statt von einem Verfahren bestimmt zu werden, hat das Kickoff-Meeting eine Tagesordnung. Einer der Gründe für dieses Meeting ist, sicherzustellen, dass jeder Mitarbeiter im Team über den zu befolgenden Prozess und jegliche Änderungen an diesem informiert ist. (Eine Stufe 5-Organisation wird sich auf die Leitung von Änderungen konzentrieren. Das bedeutet, dass der stabile, gelenkte und konsistente Prozess auch dann eine effektive und effiziente Produktion mit sich bringt, wenn er sich gleichzeitig verändert.) Die Tagesordnung des Meetings verwendet die Produktqualitätsziele (aus dem SPB *SQM*) als Eingaben, übertragen auf die Ebene der Aufgaben. Außerdem enthält diese Tagesordnung auch Ergebnisse (oder Stichproben von Ergebnissen), die erzielt werden, Angaben darüber, wie die Ergebnisse der Aufgaben beurteilt werden, und wie verifiziert wird, ob der Software-Prozess für die Aufgaben befolgt wird. Zudem sollte es eine Liste jener Fehler geben, die in der Regel auftreten, und Vorschläge, wie man diese vermeiden kann.

Betrachtung der Zielaktivitäten: Ziel 2

Allgemeine Ursachen (von Fehlern) sind prozessbedingt; besondere Ursachen (von Fehlern) sind vorübergehend und nicht vom Prozess abhängig.[1] Zwei *Durchzuführende Aktivitäten* ermöglichen, dass allgemeine Fehlerursachen ausfindig gemacht und gekennzeichnet werden. (Beachten Sie das proaktive Merkmal der *Fehlervermeidung*: Fehler werden „ausfindig gemacht".)

Ak 3 bestimmt, dass eine Methode für die Fehlersuche und -kennzeichnung, nämlich die Ursachenanalyse-Meetings, nach einem Prozess, also nach einem Verfahren, angewendet wird. Das Aufgabenteam leitet diese Meetings, die regelmäßig während der Aufgabe stattfinden, zusätzlich, wenn sie während der Aufgabe auf Grund der Fehlerhäufigkeit notwendig sind, wenn die Aufgabe beendet ist und nach der Liefe-

Ziel 2: Allgemeine Fehlerursachen werden ausfindig gemacht und gekennzeichnet.

---

[1] Vgl. Glossar im 93–TR–25.

rung des Produkts an den Kunden. (Was für ein Unterschied zum Stufe 1-Prozess, bei dem Problembekämpfungseinsätze die Regel sind! Auf Stufe 1 bleibt keine Zeit dafür, den Unterschied zwischen allgemeinen und besonderen Ursachen auszumachen, sondern nur dafür, auf die nächste Krise zu reagieren. Auf Stufe 5 gibt es einen Prozess für den Umgang mit Krisen – der unvorhergesehenen, besonderen Ursache – und man kann sich darauf konzentrieren, systembedingte Probleme vorherzusehen und zu vermeiden.) Der Leiter des Ursachenanalyse-Meetings ist darin geschult, solche Meetings zu leiten und Methoden der Ursachenanalyse zu verwenden. Die Meetings resultieren in gekennzeichneten grundlegenden Fehlerursachen, die in Fehlerkategorien eingestuft werden, und in Aktionsvorschlägen zur zukünftigen Vermeidung von Fehlern.

Die andere *Durchzuführende Aktivität* für das Ausfindigmachen und Kennzeichnen der allgemeinen Fehlerursachen ist *Ak 5*: Die Ergebnisse der Ursachenanalyse-Meetings werden dokumentiert, in einem Repository aufgezeichnet und in allen Teams, die Aktivitäten der *Fehlervermeidung* koordinieren, verfolgt. Aktionspunkte zur Vermeidung von Fehlern werden hinsichtlich ihres Status und ihrer Ergebnisse verfolgt. Stellen Sie den Aktionsbericht der *Fehlervermeidung* einem Problembericht gegenüber. Dem Problembericht liegt wahrscheinlich eine besondere Ursache zugrunde, er ist womöglich mit einem bestimmten zur Lieferung vorgesehenen Produkt und Kunden in Verbindung zu bringen, und die notwendigen Schritte zur Fehlerbeseitigung könnten auch von Dritten vorgenommen werden. Der Aktionsbericht der *Fehlervermeidung* hingegen zielt auf eine Prozessänderung ab und nicht auf ein Produkt, das zur Lieferung bestimmt ist.

Cindi Wise, Mitautorin des CMMs in der Version 1.0, war schon bei Process Inc US meine Geschäftspartnerin und ist es auch heute noch bei Process Transition International, Inc. Sie wies auf folgendes Beispiel für eine „beste Praktik" der Fehlererkennung im Rahmen des Space Shuttle-Projekts von IBM für die NASA hin. Die Methode wird als Analyse der „übersehenen" Fehler bezeichnet. Sie geht über die Suche nach Fehlerursachen hinaus: Sie untersucht, ob ein Fehler in einem der vorausgegangenen Verifizierungsschritte im Software-Prozess übersehen wurde. Die Analyse der „übersehenen" Fehler betrachtet außerdem, warum der Fehler unbemerkt bleiben konnte und ob womöglich ähnliche Fehler übersehen wurden und definiert einen Auditvorgang, um diese zu entdecken.

Diese „beste Praktik" erfordert zudem die Aufzeichnung der Fehlerhistorie in der Qualitätsdatenbank des Projekts, einschließlich der Gründe für das Übersehen des Fehlers. Dann werden die relevanten Verfahren und Prozessschritte überarbeitet, nicht nur, um den Fehler zu vermeiden, sondern auch, um zukünftig zu vermeiden, dass derartige Probleme übersehen werden. Schließlich werden die Ergebnisse

FV: Betrachtung der Zielaktivitäten

Ziel 2: Allgemeine Fehlerursachen werden ausfindig gemacht und gekennzeichnet.

Ak 3: Ursachenanalyse-Meetings werden nach einem dokumentierten Verfahren durchgeführt

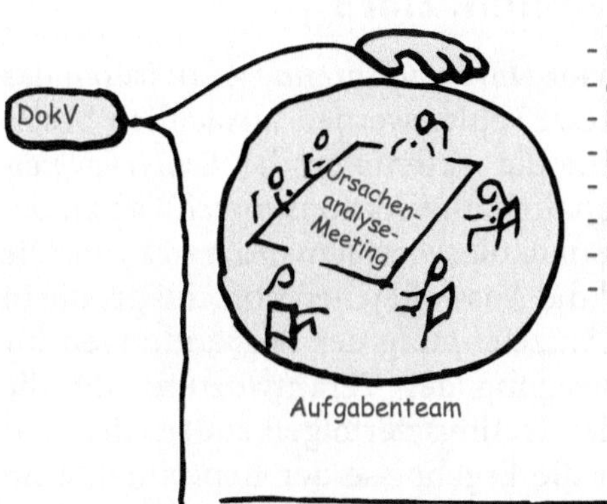

– regelmäßig während der Aufgabe
– auf Grund der Fehlerhäufigkeit während der Aufgabe
– bei Aufgabenende
– regelmäßig nach Lieferung des Produkts an den Kunden
– Trainer ist für die Leitung der Ursachenanalyse-Meetings geschult
– Fehler hinsichtlich Ursache gekennzeichnet und analysiert
– Einstufung in Ursachenkategorien
– Aktionsvorschläge für zukünftige Fehlervermeidung

Kennzeichnen der Fehler und
Ursachen in Ergebnissen der
Meetings

Ak 5:

aller Fehleranalysen vierteljährlich zusammen mit dem Management des Kunden bewertet. Das ist ein Beispiel für die Gründlichkeit in Bezug auf das Entdecken von Fehlern nicht nur im Produkt, sondern auch im Prozess der Fehlerentdeckung.[2]

Betrachtung der Zielaktivitäten: Ziel 3

Ziel 3: Allgemeine Fehlerursachen werden nach ihrer Wichtigkeit eingestuft und systematisch beseitigt.

In diesem Ziel implementieren vier *Durchzuführende Aktivitäten* das Ergebnis für den Software-Prozess: Fehler werden tatsächlich beseitigt. *Ak 4* besagt, dass Teams, die die Aktivitäten der *Fehlervermeidung* koordinieren, Meetings abhalten, um Aktionsvorschläge zu bewerten und um zu bewerten, wie man diese implementieren kann. Die Ergebnisse dieser Meetings sind die Auswahl jener Vorschläge, die in die Tat umgesetzt werden, die Aufzeichnung der Begründungen für Entscheidungen und die Übertragung der Verantwortung für die Durchführung der Aktionen. Die Meetings verfolgen zudem den Status der Aktionen und zeichnen die Ergebnisse der Experimente im Rahmen der *Fehlervermeidung* auf. Es gibt Koordinationsteams, da alle Prozesse der gesamten Organisation der *Fehlervermeidung* unterliegen und koordiniert werden müssen. Man sollte erwarten können, dass die Erfahrungen, die auf Stufe 3 mit der *Gruppen-Koordination* gemacht wurden, in der gesamten Organisation angewendet werden.

Ak 6 und *Ak 7* folgen in diesem Ziel einem dokumentierten Verfahren (und somit einer Reihe von Routineschritten), um den Standard-Software-Prozess der Organisation und den projektdefinierten Software-Prozess zu überprüfen. Diese Prozessüberprüfungen sind das Ergebnis erfolgreicher Aktionen der *Fehlervermeidung* von *Ak 4*. Die letzte *Durchzuführende Aktivität* im Rahmen dieses Ziels, *Ak 8*, umfasst die Kommunikation des Status und der Ergebnisse der Aktivitäten der Fehlervermeidung an die Software-Gruppen in der gesamten Organisation. All diese Gruppen werden auf die eine oder andere Art an den Aktionen zur *Fehlervermeidung* teilnehmen und sollten über Fortschritte und Ergebnisse informiert werden, insbesondere auf Grund der Tatsache, dass sich die Auswirkungen wahrscheinlich erst nach einiger Zeit abzeichnen. Zudem machen sich Aktionen eines Bereichs der Organisation möglicherweise nur in einem anderen Bereich bemerkbar, und deshalb sollten alle Gruppen über den Status dieser Aktionen Bescheid wissen. Schließlich gehört die Information der Beteiligten und Kunden zur Kultur der Prozessverbesserung.

---

[2] Präsentation von T. W. Keller, „Software Process for Space Shuttle Primary Avionics Software System and Support Software", [ohne Datum], IBM Systems Integration Division, Houston, Texas, USA.

FV: Betrachtung der Zielaktivitäten

Ziel 3: Allgemeine Fehlerursachen werden nach ihrer Wichtigkeit eingestuft und systematisch beseitigt.

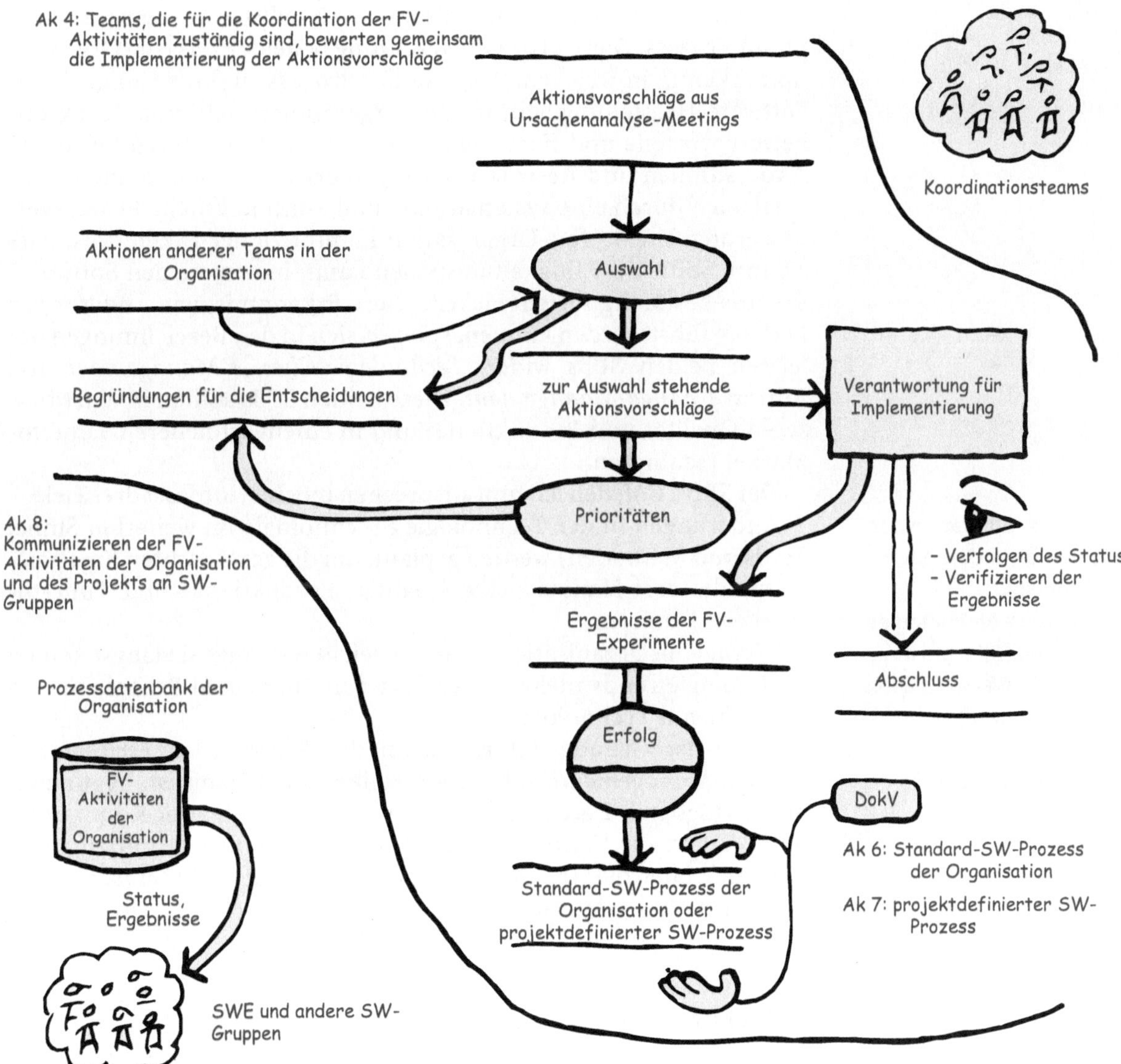

(TCM)

Technologie-Change-Management (TCM)

Betrachtung der Ziele

Auf Stufe 5 betrachtet die Organisation sich selbst unter dem Gesichtspunkt Prozess. Diese Prozessbetrachtung bedeutet, dass die Organisation erkennt, in welchem Ausmaß der Prozess zu ihrer Fähigkeit zur Software-Herstellung beiträgt. Die Organisation stellt fest, dass Wettbewerbsvorteile und finanzielle Stabilität nicht nur durch Fusionen, Akquisitionen und Restrukturierungen erzielt werden können, sondern auch durch eine systematische und kontinuierliche Prozessverbesserung. Die Stufe 5-Organisation kommt zu der Erkenntnis, dass sie ihre Software-Fähigkeit ausbauen kann, indem sie den Software-Prozess beständig fortentwickelt. Diese Erkenntnis, wie Änderungen herbeigeführt werden können, spiegelt sich in den Bezeichnungen der letzten beiden SPBs wider: *Technologie-Change-Management* und *Prozess-Change-Management*. Diese beiden SPBs sollten in einer besseren Qualität und Produktivität und in einem schnelleren Time-to-Market resultieren.

Der SPB *TCM*, den ich nun ansprechen möchte, umfasst drei Ziele.

Ziel 1: Die Integration der Technologieänderungen wird geplant.

Ziel 2: Neue Technologien werden beurteilt, um ihre Auswirkungen auf Qualität und Produktivität zu bestimmen.

Ziel 3: Geeignete neue Technologien werden als normale Praktik in der gesamten Organisation eingesetzt.

Änderungen in der Technologie (Technologie im weitesten Sinne: Tools und Methoden) werden geplant, um die gewünschten Ergebnisse für die drei Hauptaspekte Qualität, Produktivität und Time-to-Market zu erzielen.

Wenn eine Organisation Stufe 5 erreicht hat, folgt sie längst keinen Technologietrends mehr. Sie verfügt nun über einen Prozess für die Auswahl von Technologien.

Einer der Gründe dafür, warum der Prozess des *Technologie-Change-Managements* auf Stufe 5 vollkommen stabil ist, liegt an all den verfügbaren Daten auf der optimierenden Stufe. Der Kommentar im 93-TR-25 zur *Voraussetzung zur Durchführung 4* vermittelt einen Eindruck über die Art von Daten, die einer Stufe 5-Organisation bei der Beurteilung der zur Auswahl stehenden Technologien nützlich sein können.[3] In der Liste stehen u. a.:

- Produktivität nach Projekt- und Prozessphase
- Effektivität der *Peer-Reviews*
- Fehlerdaten (erstes Auftreten des Fehlers, Ausmaß des Fehlers, Aufwand der Fehlerbeseitigung)
- Daten über die Aktivitäten der Fehlererkennung
- Fehlerdichte nach Projekt- und Produktart, einschließlich der Module

---

[3] Vgl. Kommentar zu *Ability 4*, 93-TR-25, S. L5-22.

TCM: Betrachtung der Ziele

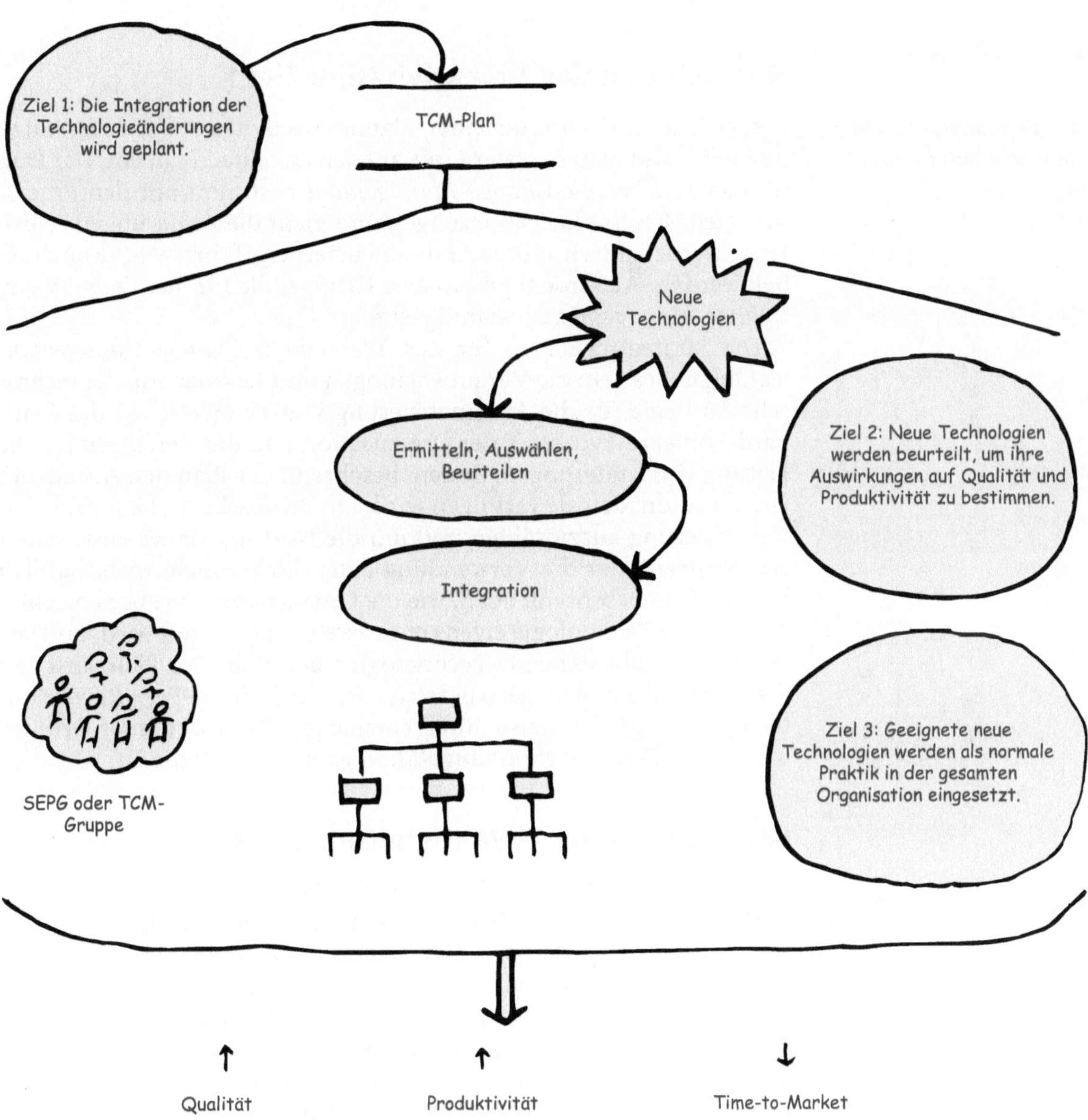

In der gesamten Organisation wird es einen Prozess für Technologietransfers geben, sowohl in allen Projekten als auch auf allen Hierarchiestufen.

Betrachtung der Zielaktivitäten: Ziel 1

Ziel 1: Die Integration der Technologieänderungen wird geplant.

Dieses Ziel wird von nur einer Planungsaktivität, *Ak 1*, unterstützt, und das CMM geht in erster Linie auf den erstellten Plan ein. Der Plan für das *Technologie-Change-Management* bestimmt nur den *Prozess* für solche Technologieänderungen und nicht die Änderungen selbst. Diese werden durch andere Aktivitäten herbeigeführt, wie Sie noch sehen werden. Außerdem gibt es eine Gruppe, die für das *Technologie-Change-Management* zuständig ist.[4]

Der strategische Plan für das *Technologie-Change-Management* legt folgendes fest: die Verantwortungen und Ressourcen, die technische Strategie für die Automatisierung von Teilbereichen des Standard-Software-Prozesses der Organisation und die Verfahren für die Leitung von Änderungen. Zudem beschreibt der Plan den Ansatz der Organisation, den sie verfolgen wird, um Prozessbereiche für die Automatisierung auszuwählen und um die Nutzungsdauer einzuschätzen, während der die Verwendung einer Technologie wirtschaftlich ist. Der Plan beschreibt auch, wie die Organisation darüber entscheidet, ob eine Technologie eigens entwickelt oder gekauft wird, und wie sie zur Auswahl stehende Technologien beurteilt. Der Plan wird von den zuständigen Managern bewertet und auch einem *Peer-Review* unterzogen, möglicherweise durch ehemalige Mitglieder jener Gruppe, die für das *Technologie-Change-Management* zuständig ist.

Betrachtung der Zielaktivitäten: Ziel 2

Ziel 2: Neue Technologien werden beurteilt, um ihre Auswirkungen auf Qualität und Produktivität zu bestimmen.

Dieses Ziel wird von vier *Durchzuführenden Aktivitäten* implementiert; zu viele Details für ein einziges Piktogramm. *Ak 2* und *Ak 4* befassen sich mit der Ermittlung von Bereichen, in denen neue Technologien von Vorteil sein könnten. *Ak 2* besagt, dass die *TCM*-Gruppe mit Projekten arbeitet, um diese Bereiche zu ermitteln: Die Gruppe macht Vorschläge und leitet die Recherche über kommerziell verfügbare Technologien; sie befasst sich mit Technologien, die außerhalb der Organisation im Einsatz sind, und insbesondere mit erfolgreichen Innovationen. Das Ergebnis könnte die Abstimmung von Projektanforderungen mit verfügbaren Technologien sein. Laut *Ak 4* entscheidet die *TCM*-Gruppe, wo die neue Technologie angewendet werden soll, indem sie den Standard-Software-Prozess der Organisation systematisch betrachtet. Die Analyse der Gruppen umfasst die wirtschaftli-

---

[4] Vgl. *Vo 2* unter *Ability 2*, 93-TR-25.

TCM: Betrachtung der Zielaktivitäten

Ziel 1: Die Integration der Technologieänderungen wird geplant.

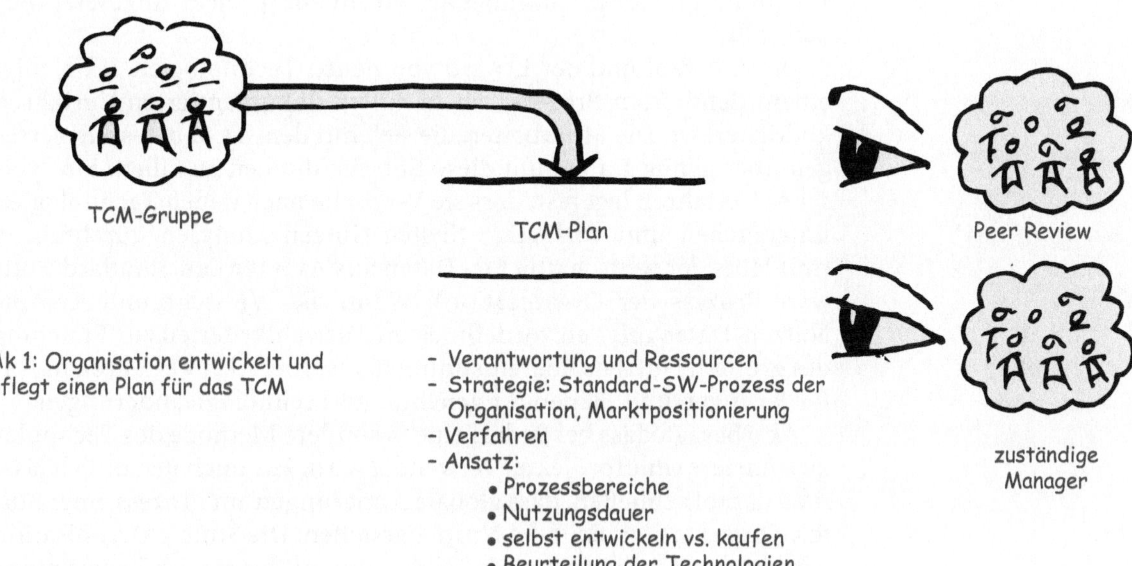

Ak 1: Organisation entwickelt und
pflegt einen Plan für das TCM

- Verantwortung und Ressourcen
- Strategie: Standard-SW-Prozess der
  Organisation, Marktpositionierung
- Verfahren
- Ansatz:
  - Prozessbereiche
  - Nutzungsdauer
  - selbst entwickeln vs. kaufen
  - Beurteilung der Technologien

chen Faktoren,[5] welche Prozessbereiche einbezogen werden, die erwarteten Ergebnisse für den Prozess und die Einstufung der möglichen Änderungen nach Wichtigkeit. Die quantitativen Daten, die aus Stufe 4 verfügbar sind, dienen dieser Analyse. Die Gruppe gibt zudem Empfehlungen darüber ab, wo ein Pilotprojekt eingesetzt werden sollte.

Die Auswahl und der Erwerb von neuen Technologien, *Ak 5*, folgt einem definierten Prozess, der in einem dokumentierten Verfahren kodifiziert ist. Die Mitarbeiter, die sich mit dem *TCM* befassen, verfügen über genug Daten, um diese Entscheidungen zu fällen. Ein typisches Verfahren legt fest, dass sie Wünsche nach neuen Technologien untersuchen und vorläufige Kosten-Nutzen-Analysen durchführen (mit Hilfe der wirtschaftlichen Daten aus *Ak 4* für den Standard-Software-Prozess der Organisation). Wenn die Wünsche und Kosten-Nutzen-Daten mit den vordefinierten Auswahlkriterien zur Erzielung des größten Nutzens übereinstimmen, resultiert das Verfahren in Anforderungen und Plänen für genehmigte Technologieänderungen.

Ak 6 besagt, dass bei Bedarf eine besondere Methode des Technologietransfers (Pilotprojekte) verwendet wird. Für mich persönlich lässt *Ak 6* darauf schließen, dass globale Änderungen am Prozess einer Stufe 5-Organisation nicht die Norm darstellen. Die Stufe 5-Organisation wird in der Regel, wie bereits bei der Durchführung der Experimente zur *Fehlervermeidung*, Änderungen im kleinen Maßstab, gelenkt von einem Pilotplan, vornehmen. Das Piktogramm zeigt die Pilotänderung in einer Phase eines Projekts. Das CMM erwähnt in der Unterpraktik 5: „Das Pilotprojekt wird in einer Umgebung eingesetzt, die für die Entwicklungs- oder Wartungsumgebungen relevant ist." Meiner Ansicht nach deckt diese Definition sowohl die wirkliche als auch die Testumgebung für den Piloten ab (obgleich sich wahrscheinlich nicht allzu viele Organisationen, auch wenn sie sich auf Stufe 5 befinden, den Luxus leisten, eine eigene Testumgebung für einen Produktionsprozess zu haben).

Jedenfalls wird der Pilotplan von den Managern aller beteiligten Gruppen bewertet und die *TCM*-Gruppe leistet ihren Beitrag durch Unterstützung und Beratung des Pilotprojekts. Die Ergebnisse des Piloten werden zusammen mit den Erfahrungen und einer Historie der Probleme, auf die man gestoßen ist, dokumentiert, und die Vorteile einer stärkeren Verbreitung der Technologie in der Organisation werden geschätzt – einschließlich der Ungewissheit der Schätzungen! Die Ergebnisse sollten die Entscheidung enthalten, ob das Pilotprojekt beendet, neu geplant und wiederholt wird oder ob fortgefahren wird und die Technologie in der Organisation vermehrt eingesetzt wird.

---

[5] Vgl. Ziel 1: Technologien selbst entwickeln oder kaufen und geschätzte Lebensspanne einer Technologie.

TCM: Betrachtung der Zielaktivitäten

Ziel 2: Neue Technologien werden beurteilt, um ihre Auswirkungen auf Qualität und Produktivität zu bestimmen.

Ak 2:   TCM-Gruppe arbeitet mit SW-Projekten, um Bereiche zu ermitteln, in denen
        Technologieänderungen von Vorteil sein könnten

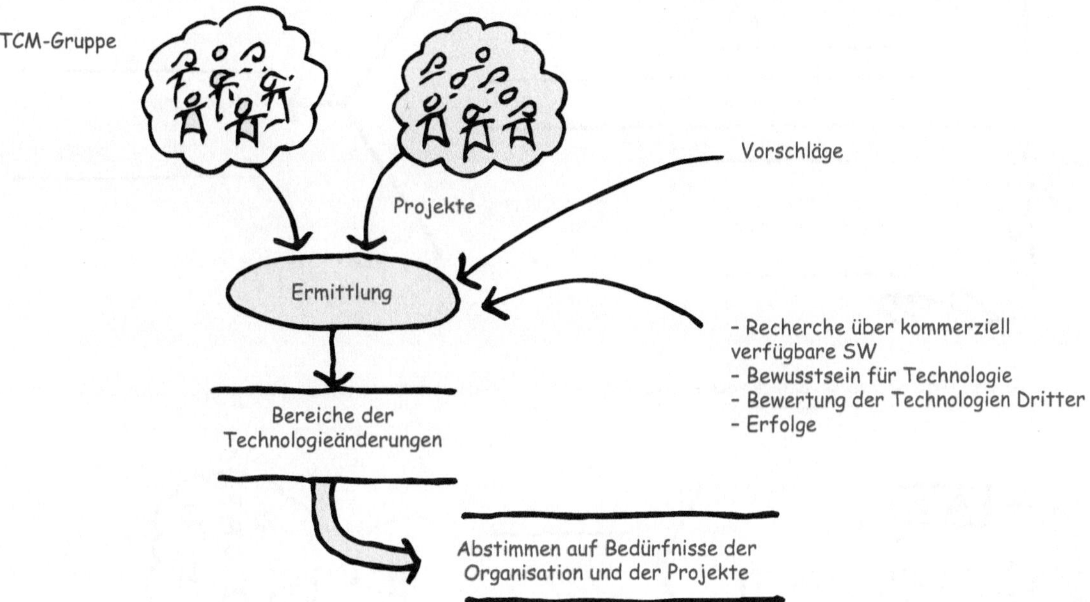

Ak 4: TCM-Gruppe analysiert Standard-SW-Prozess der Organisation systematisch auf
      Einsatzmöglichkeiten von neuen Technologien

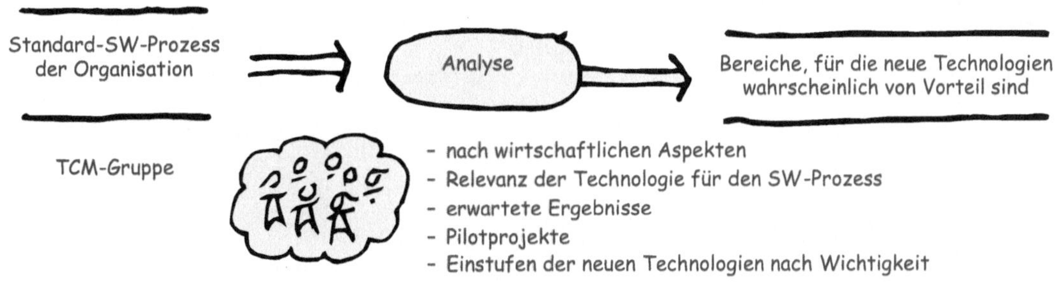

TCM: Betrachtung der Zielaktivitäten von Ziel 2 (Teil 2)

Ak 5: Technologien werden nach einem dokumentierten Verfahren für die Organisation und die Projekte ausgewählt und gekauft.

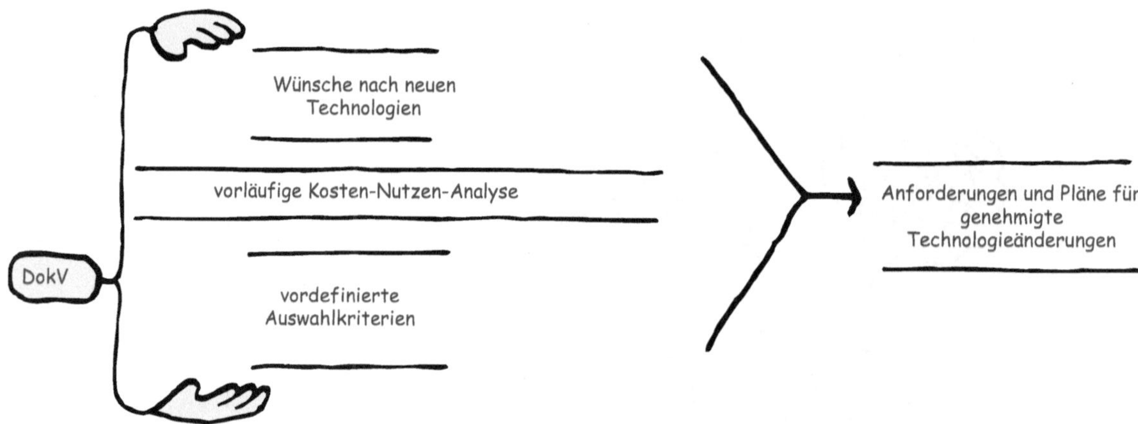

Ak 6: Geeignete Pilotprojekte werden mit zur Auswahl stehender Technologie durchgeführt, bevor neue Technologien als normale Praktik eingeführt werden.

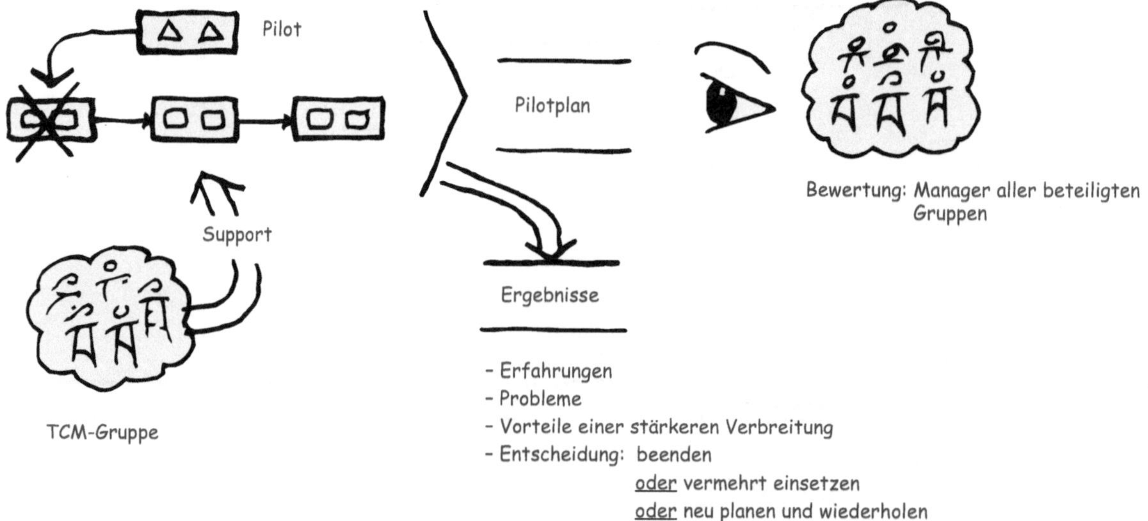

Die Stufe 5-Organisation verfügt über die Zeit, die für all diese Schritte notwendig ist, da es schon Routine ist, dass ihre Prozessfähigkeit sich der Qualität, der Produktivität und dem Time-to-Market annimmt. Die Organisation kann sich jetzt darauf konzentrieren, diese Wettbewerbsfaktoren zu verbessern.

Betrachtung der Zielaktivitäten: Ziel 3

Drei *Durchzuführende Aktivitäten* implementieren das letzte Ziel des *Technologie-Change-Managements*. Da Stufe 5-Organisationen über einen Prozess für die Optimierung von Prozessen verfügen, sind sie in der Lage, die Schritte, die für die Integration von neuen Technologien notwendig sind, nach einem Verfahren durchzuführen. *Ak 7* und *Ak 8* führen den Übergang zu neuen Technologien für den Standard-Software-Prozess der Organisation und den projektdefinierten Software-Prozess durch. Änderungen an diesen beiden Arten von definierten Prozessen erfolgen über den SPB *Prozess-Change-Management* auf Stufe 5 und den SPB *Organisationsweite Prozessdefinition* auf Stufe 3. Anpassungen des projektdefinierten Software-Prozesses erfolgen zudem über den SPB *Integriertes Software-Management* auf Stufe 3 (für die Anpassungsrichtlinien).

Ak 3 sorgt schließlich dafür, dass die Manager und das technische Team über neue Technologien, die bereits verwendet oder erst in der Organisation eingeführt werden, informiert werden. Selbstverständlich erfolgt die Information über neue Technologien mit *Ak 2*.

Ziel 3: Geeignete neue Technologien werden als normale Praktik in der gesamten Organisation eingesetzt.

Prozess-Change-Management (PCM)

(PCM)

Betrachtung der Ziele

Wenn die Mathematik die Königin der Wissenschaften ist, dann ist der SPB *Prozess-Change-Management* der König der SPBs. Die Durchführung von Änderungen an einem Prozess ist genau das, worum es im CMM geht. Das bedeutet, dass die Organisationen, die dem CMM folgen, ganz gleich, ob sie sich auf Stufe 1 oder auf Stufe 5 befinden, zumindest diese eine Gemeinsamkeit haben: Sie alle leiten Prozessänderungen. Durch die Leitung der Fortentwicklung Ihres Prozesses steigt die Organisation von Stufe 1 auf Stufe 2, von da auf Stufe 3 etc. Wenn also alle Reifegrade diesen SPB praktizieren, was ist dann die Besonderheit auf Stufe 5? Meiner Ansicht nach haben Stufe 5-Organisationen das zentrale Problem aus Dr. Demings Zitat[6] gemeistert: Wie

---

[6] Vgl. S. 181.

TCM: Betrachtung der Zielaktivitäten

Ziel 3: Geeignete neue Technologien werden als normale Praktik in der gesamten Organisation eingesetzt.

Ak 3: SW-Manager und technische Teams werden über neue Technologien
informiert

Ak 7: Geeignete neue Technologien werden nach einem Verfahren in den Standard-SW-Prozess der
Organisation und in die projektdefinierte SW-Prozesse integriert.

Ak 8:

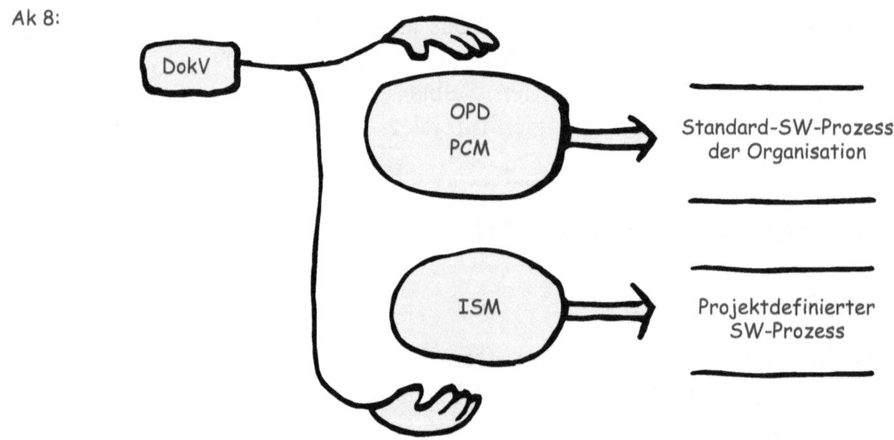

PCM: Betrachtung der Ziele

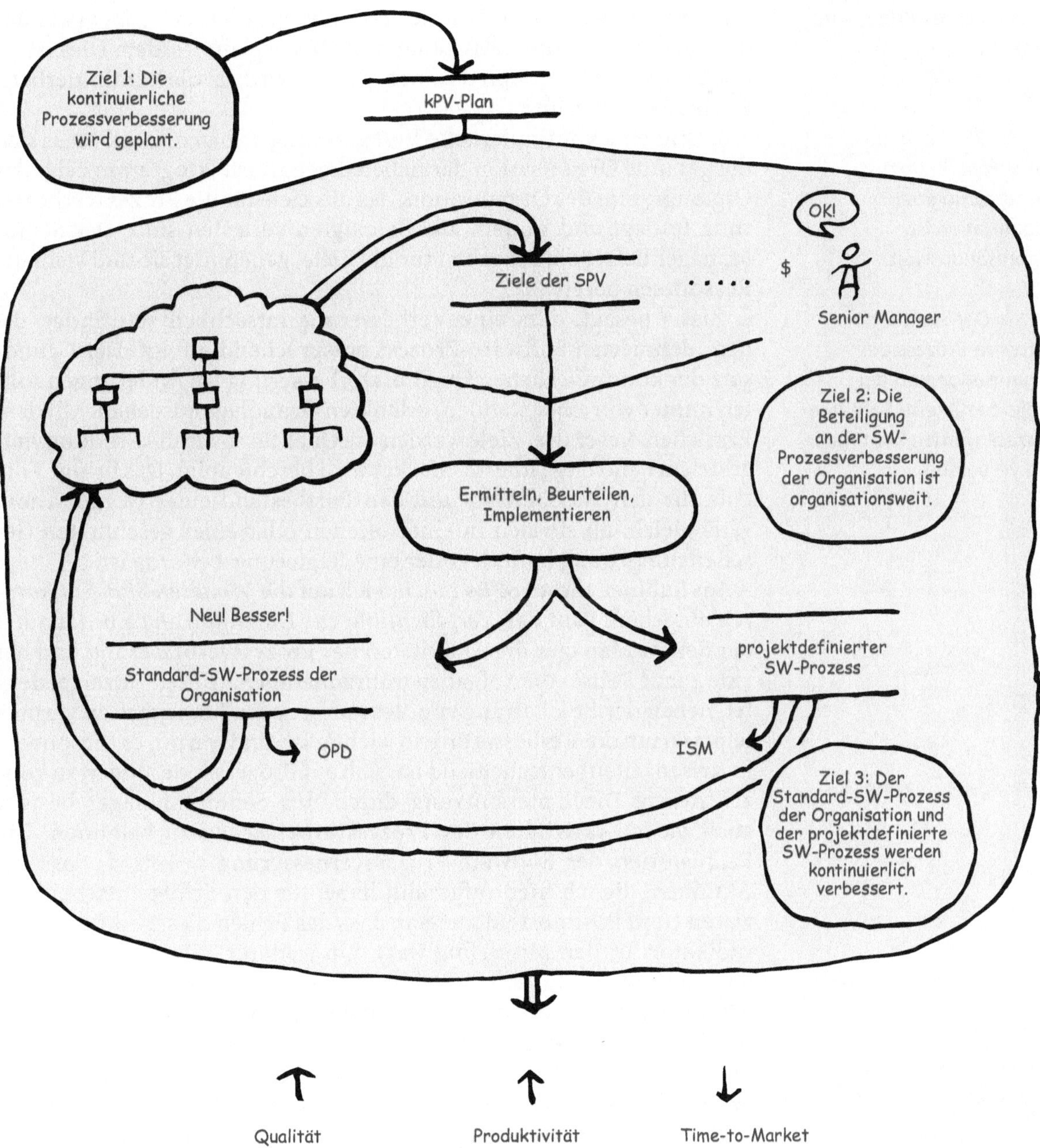

Ziel 1: Die kontinuierliche Prozessverbesserung wird geplant.

Ziel 2: Die Beteiligung an der Software-Prozessverbesserung der Organisation ist organisationsweit.

Ziel 3: Der Standard-Software-Prozess der Organisation und der projektdefinierte Software-Prozess werden kontinuierlich verbessert.

führt man Änderungen durch? Im CMM ist der reifste Prozess jener, in dem die Fortentwicklung selbst ein Prozess ist.

Die Ziele des SPBs *PCM* und das Piktogramm verdeutlichen, wie dies erreicht wird. Man könnte erwarten, dass das erste Ziel (wie üblich) besagt, dass die Aktivitäten des SPBs geplant werden. Dies ist jedoch nicht der Fall, denn das, was geplant wird, ist die kontinuierliche Prozessverbesserung.

Damit eine kontinuierliche Verbesserung erfolgen kann, muss sich die gesamte Organisation daran beteiligen. Das Piktogramm zeigt das Organigramm der Organisation, das die Ziele für die Prozessverbesserung festlegt und in dem alle Beteiligten vertreten sind. Der Senior Manager liefert die Eingaben für die Ziele, genehmigt sie und stellt die Ressourcen bereit.

Ziel 3 besagt, dass eine Verbesserung tatsächlich stattfindet, die dem definierten Software-Prozess entsprechend erfolgt. Der Grundsatz der kontinuierlichen Qualitätsverbesserung ist: Änderungen sollten immer von einer stabilen, gelenkten Grundlage ausgehen. Mit dem Erreichen dieser drei Ziele werden die Qualität sowie die Produktivität gesteigert und das Time-to-Market wird beschleunigt. Das bringt Vorteile für den Wettbewerb und den Fortbestand einer Organisation, ganz gleich, ob sie sich in einer offenen oder einer geschützten Geschäftsumgebung befindet oder eine Regierungsbehörde ist.

Im Rahmen dieses SPBs möchte ich auf die *Weiteren SPB-Indikatoren* eingehen. Laut der *Verpflichtung zur Durchführung 2* unterstützt der Senior Manager die Aktivitäten der Prozessverbesserung und hat eine ganze Reihe von Aufgaben wahrzunehmen.[7] Unterstützen bedeutet, neben der Beschaffung von Ressourcen, den Managern zu vermitteln, warum die Verbesserung so wichtig ist, und warum es (besonders in Krisenzeiten) entscheidend ist, sich auf Prozessänderungen zu konzentrieren. Die Unterstützung durch den Senior Manager besteht auch darin, Aktivitäten der Prozessverbesserung zu belohnen. Die Fallhistorien der Software-Prozessverbesserung beweisen, dass die Aktionen, die ich hier aufgezählt habe, für den Erfolg entscheidend waren (und Postmortems zeigen, dass das Fehlen dieser Aktionen ein Indikator für den Misserfolg war). Ein weiterer TQM-Grundsatz ist, dass die Bedeutung der Qualität vom Topmanagement nahezu täglich demonstriert werden muss, andernfalls wird die Schlussfolgerung der restlichen Organisation sein, dass die Verbesserung nicht höchste Priorität genießt. (Experten für Organisationsentwicklung sagen, das Senior Management müsse auf seine Worte auch Taten folgen lassen.)

Beachten Sie außerdem die *Voraussetzung zur Durchführung 4*, die besagt, dass der Senior Manager für seine Rolle in der Prozessverbesserung geschult wurde.[8] Es kommt selten vor, dass sich der Wille zur

---

[7] Vgl. *Commitment 2*, 93-TR-25, S. L5-33.

Prozessverbesserung in einer Organisation der Spitzentechnologie, in der man ständig unter Zeitdruck steht, automatisch entwickelt. Die Teilnahme des Senior Managers an einem Training für die Rolle des unterstützenden Managers trägt nicht nur dazu bei, das richtige Verhalten und die Fähigkeiten zu erlernen. Es zeigt der gesamten Organisation auch, dass der Senior Manager voll hinter der Prozessverbesserung steht.

Betrachtung der Zielaktivitäten: Ziel 1

Die Planung der kontinuierlichen Prozessverbesserung (kPV) wird mit den *Durchzuführenden Aktivitäten Ak 2*, *Ak 3* und *Ak 4* implementiert. Mit *Ak 2* koordiniert eine Gruppe, die für die Software-Prozessverbesserung zuständig ist, die Arbeit. Die Beschreibung von *Ak 2* lässt vermuten, dass diese Gruppe möglicherweise die SEPG ist, die über Schnittstellen mit der gesamten Organisation verfügt.[9] (Beachten Sie, dass es keine Praktik der *Voraussetzung zur Durchführung* gibt, die besagt, dass eine solche Gruppe etabliert werden sollte. Das liegt daran, dass ihre Existenz vorausgesetzt wird, und an der Tatsache, dass sogar den Stufe 1-Organisationen empfohlen wird, eine solche Gruppe zu etablieren.) Das Piktogramm zeigt, welche Aktivitäten die Gruppe organisationsweit koordiniert. Sie bewertet Vorschläge für die Software-Prozessverbesserung (SPV) und definiert Verfahren, wie mit ihnen umzugehen ist. Zusammen mit dem Senior Management bewertet die Gruppe Prozessverbesserungsziele und die Art und Weise, wie Veränderungen der Software-Fähigkeit gemessen werden. Außerdem koordiniert sie das Training, das für die Prozessverbesserung notwendig ist. Die Gruppe verfolgt die Verbesserungsaktivitäten und informiert das Senior Management regelmäßig über deren Status. Und sie pflegt die Aufzeichnungen der Organisation über die Verbesserungsaktivitäten.

Mit *Ak 3* verwendet die Organisation einen Standardsatz an Schritten (also einen Prozess), der in einem Verfahren kodifiziert ist, um den Plan für die Software-Prozessverbesserungen zu entwickeln und zu pflegen. Der Plan ist organisationsweit, wie das Diagramm der Organisationsstruktur zeigt, und basiert auf den Geschäftsplänen und der Strategie der Organisation sowie auf Messungen der Kundenzufriedenheit. (Hiermit schließt sich der Kreis zum Kunden: Die SPV sollte in Ihrem Marktsegment von entscheidender Bedeutung sein.) Der Plan wird von Partnern und zuständigen Managern bewertet. Und er untersteht einer angemessenen Konfigurationslenkung für Pläne („k. v.").

Ziel 1: Die kontinuierliche Prozessverbesserung wird geplant.

---

[8] Vgl. *Ability 4*, 93-TR-25, S. L5-35.

[9] Vgl. im Glossar des CMMs die Definition von *software engineering process group*.

PCM: Betrachtung der Zielaktivitäten

Ziel 1: Die kontinuierliche Prozessverbesserung wird geplant.

Ak 2: Die Gruppe, die für die SPV-Aktivitäten verantwortlich ist, koordiniert die Arbeit

Ak 3: Die Organisation entwickelt und pflegt einen SPV-Plan nach einem dokumentierten Verfahren.

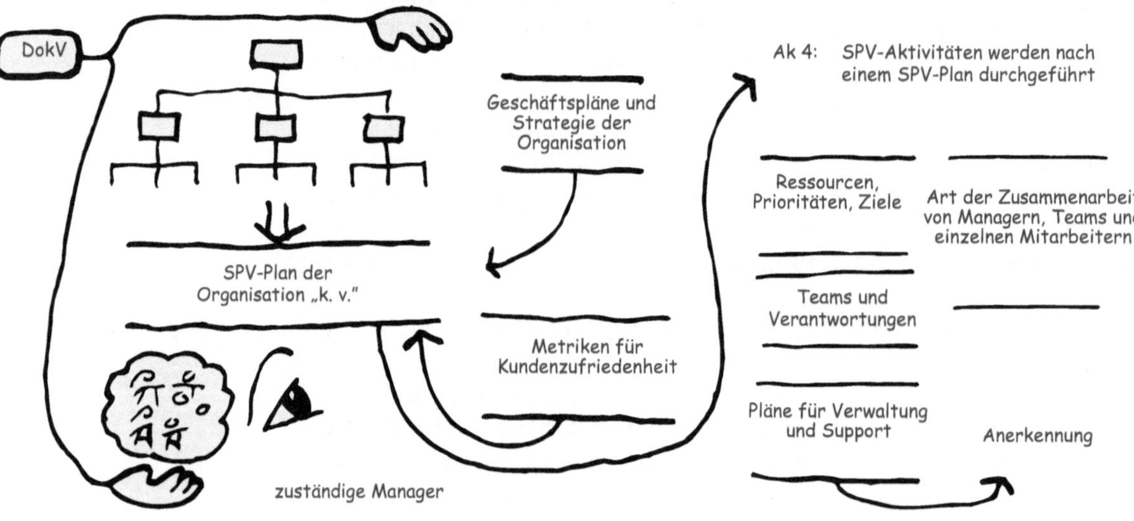

Mit *Ak 4* werden die Prozessverbesserungsaktivitäten nach dem Plan durchgeführt. Das CMM zählt die Bestandteile eines typischen Plans auf.[10] Einige davon sind im Piktogramm hervorgehoben. Ziele, Zielprioritäten und Ressourcen werden festgelegt. Verantwortungen für die Aktivitäten werden übertragen, insbesondere an Teams (SPV sollte eine Teamleistung sein). Es wird beschrieben, wie Manager, Teams und einzelne Mitarbeiter zusammen arbeiten (der allgemeine Ansatz zur SPV). Außerdem werden auch die Aktivitäten der Verwaltung und des Supports aufgeführt. Im Piktogramm wird auch betont, dass die Anerkennung und Förderung von Mitarbeitern und Teams, die zur SPV beitragen, ein etablierter Bestandteil dieser Aktivitäten ist.

Betrachtung der Zielaktivitäten: Ziel 2

Kapitel 1 weist darauf hin, dass das CMM für Software, wenn man es als Leitfaden für die Prozessverbesserung verwendet, von einem Kontext wie dem Total Quality Management abhängt. Im Rahmen von TQM und vergleichbaren Programmen konzentriert sich bereits jeder Mitarbeiter in der Organisation auf die Qualität und hat die Möglichkeit, sich zu beteiligen. Ziel 2 stellt die Methode des CMMs dar, die Mitarbeiter auf Stufe 5 zu motivieren, sich selbst aktiv zu beteiligen.

Ak 1 besagt lediglich, dass ein Programm für die Software-Prozessverbesserung etabliert wird und dass die Mitarbeiter die Möglichkeit haben, sich daran zu beteiligen. Weitere Details gibt das CMM nicht! Das Piktogramm zeigt einige Elemente, um eine ganze Organisation zu autorisieren, sich an der SPV zu beteiligen. Jeder Mitarbeiter hat diverse Möglichkeiten, Verbesserungen vorzuschlagen und Vorschläge auf allen Stufen und für alle Funktionen in Aktionen umzuwandeln.

Laut *Ak 6* arbeiten die Mitarbeiter in Teams zusammen, um Prozessverbesserungen zu entwickeln. Somit ist *Ak 6* letzten Endes eine Planungspraktik. Verbesserungsziele sind, quantitativ ausgedrückt, Teil des Plans, neben den Finanzierungsverpflichtungen und der Genehmigung der zuständigen Manager und der Gruppe, die die Beschreibungen des definierten Software-Prozesses pflegt. (In der Betrachtung der Ziele haben Sie erfahren, dass diese Prozessbeschreibungen der Baseline dazu dienen, die Verbesserungen zu implementieren.)

Mit *Ak 10* erhalten die Mitarbeiter, die autorisiert wurden, Software-Prozessverbesserungen vorzunehmen (Manager, technische Teams, im Grunde eigentlich jeder), Feedback zu den Bemühungen zur Prozessverbesserung. Laut dem CMM erfolgt das Feedback auf einer ereignisbezogenen Grundlage; manche dieser Ereignisse sind vermut-

Ziel 2: Die Beteiligung an der Software-Prozessverbesserung der Organisation ist organisationsweit.

---

[10] Vgl. 93-TR 25, S. L5-38.

PCM: Betrachtung der Zielaktivitäten

Ziel 2: Die Beteiligung an der Software-Prozessverbesserung der Organisation ist organisationsweit.

Ak 1: Programm für Software-Prozessverbesserung wird eingerichtet und Mitarbeiter werden autorisiert, sich daran zu beteiligen

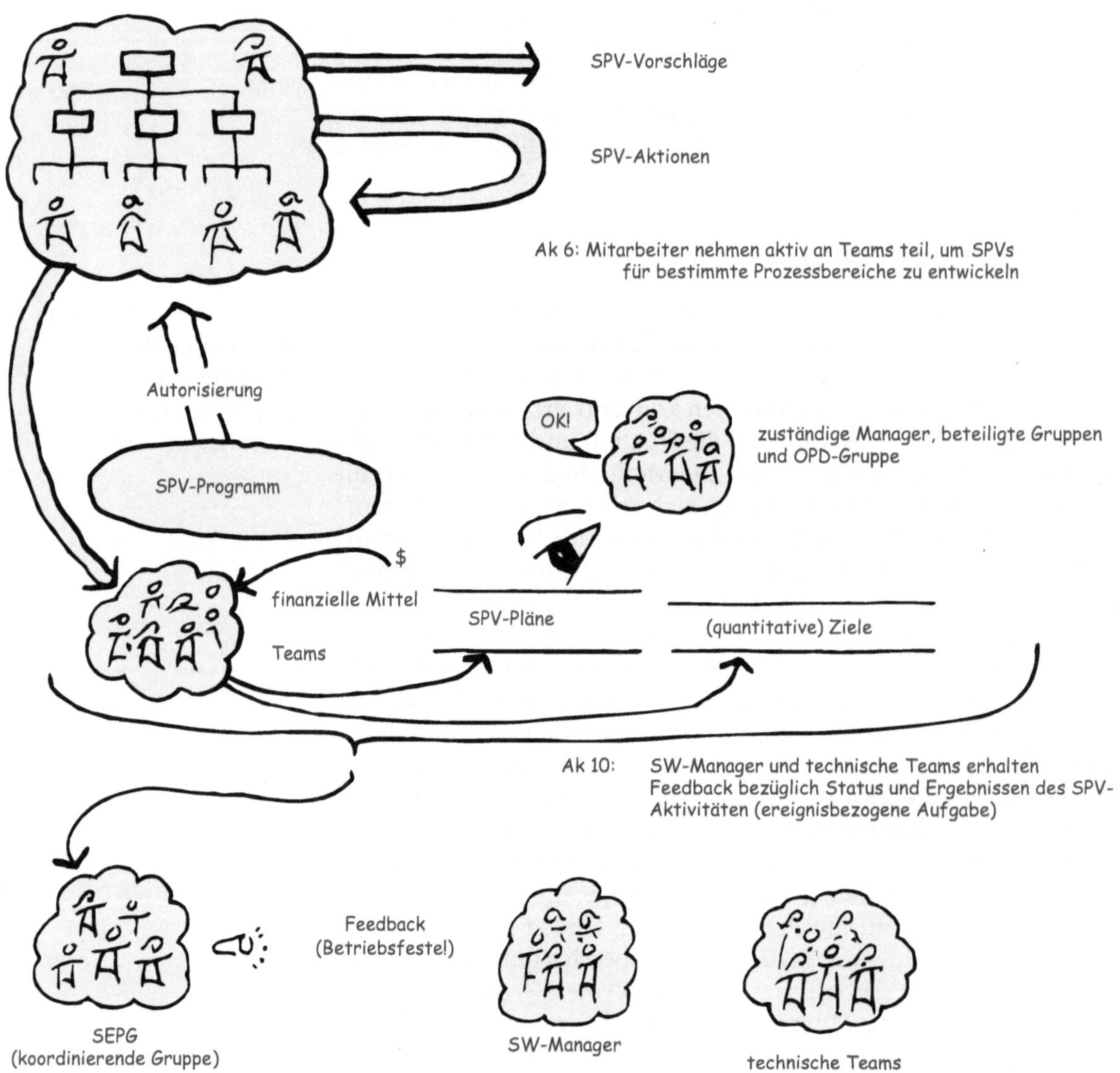

lich Betriebsfeste auf Grund von erfolgreichen Verbesserungen. Das Piktogramm zeigt, wie die SEPG diese Betriebsfeste koordiniert, eine Selbstverständlichkeit für diese Gruppe.

Betrachtung der Zielaktivitäten: Ziel 3

Ziel 3 wird erfüllt, indem Änderungsvorschläge gehandhabt, Pilotprojekte geleitet und Verbesserungen implementiert werden. All diese Schritte werden aufgezeichnet. *Ak 5* zeigt ein Verfahren, nach dem Prozessverbesserungsvorschläge gehandhabt werden, ein wertvolles Asset für jede Organisation. Das Piktogramm zeigt Vorschläge, die der Software-Prozessdatenbank entnommen werden und sich aus den Erkenntnissen der Assessments ergeben;[11] außerdem zeigt es Prozessverbesserungsziele, Kundendaten, Fehlerdaten, Messungen der Prozessleistung und Erfahrungen, die die Organisation mit der Verbesserung gemacht hat. Das Verfahren legt fest, wie die Vorschläge kommuniziert werden, dass jeder Vorschlag beurteilt und dass über jeden Vorschlag entschieden wird.

Vorschläge, die ohne ein Pilotprojekt implementiert werden, werden in den Prozessverbesserungsplan aufgenommen (wie Sie bereits im Rahmen von Ziel 2 sehen konnten) und Verbesserungsteams werden beauftragt, sie zu implementieren. Der Status von Verbesserungen, die gerade implementiert werden, wird verfolgt, die Ergebnisse werden aufgezeichnet und den Mitarbeitern mitgeteilt, die die Vorschläge eingereicht haben. (Es ist wichtig, diese Ergebnisse an die Mitarbeiter weiterzuleiten, die die ursprüngliche Idee hatten, denn so betrachtet jeder Mitarbeiter die Verbesserungen als Teil der Ergebnisse seiner eigenen Arbeit.) Andere Vorschläge – für die Pilotprojekte gestartet werden – werden mit *Ak 7* gehandhabt. Das Pilotprojekt wird ebenso wie eine Verbesserung im Rahmen von *Ak 5* behandelt: Die Verbesserung wird Tests unterzogen, ihr Status wird verfolgt und die Ergebnisse werden aufgezeichnet. Der letzte Schritt ist nicht zwangsläufig die Implementierung, sondern die Beurteilung der Ergebnisse und die Entscheidung darüber, ob die Änderungen in der gesamten Organisation implementiert werden, ob das Pilotprojekt beendet wird oder ob es überarbeitet und neu geplant wird.

Die Ergebnisse dieses SPBs sind in *Ak 8* wiederzufinden: ein Prozess zur Implementierung von Verbesserungen, widergespiegelt in einem Verfahren. Die Hauptelemente dieses Verfahrens sind: Schätzung und Sicherung der Ressourcen, Festlegung der Art und Weise, wie die sich ergebende Änderung in der Prozessleistung gemessen und verfolgt wird, und Entscheidung darüber, wann und wie die notwendige Beratung und der Support zur Verfügung gestellt werden. Schließlich wird

> Ziel 3: Der Standard-Software-Prozess der Organisation und der projektdefinierte Software-Prozess werden kontinuierlich verbessert.

---

[11] Vgl. *OPF* auf Stufe 3.

PCM: Betrachtung der Zielaktivitäten

Ziel 3: Der Standard-Software-Prozess der Organisation und der projektdefinierte Software-Prozess werden kontinuierlich verbessert.

Ak 5: SPV-Vorschläge werden nach einem dokumentierten Verfahren gehandhabt

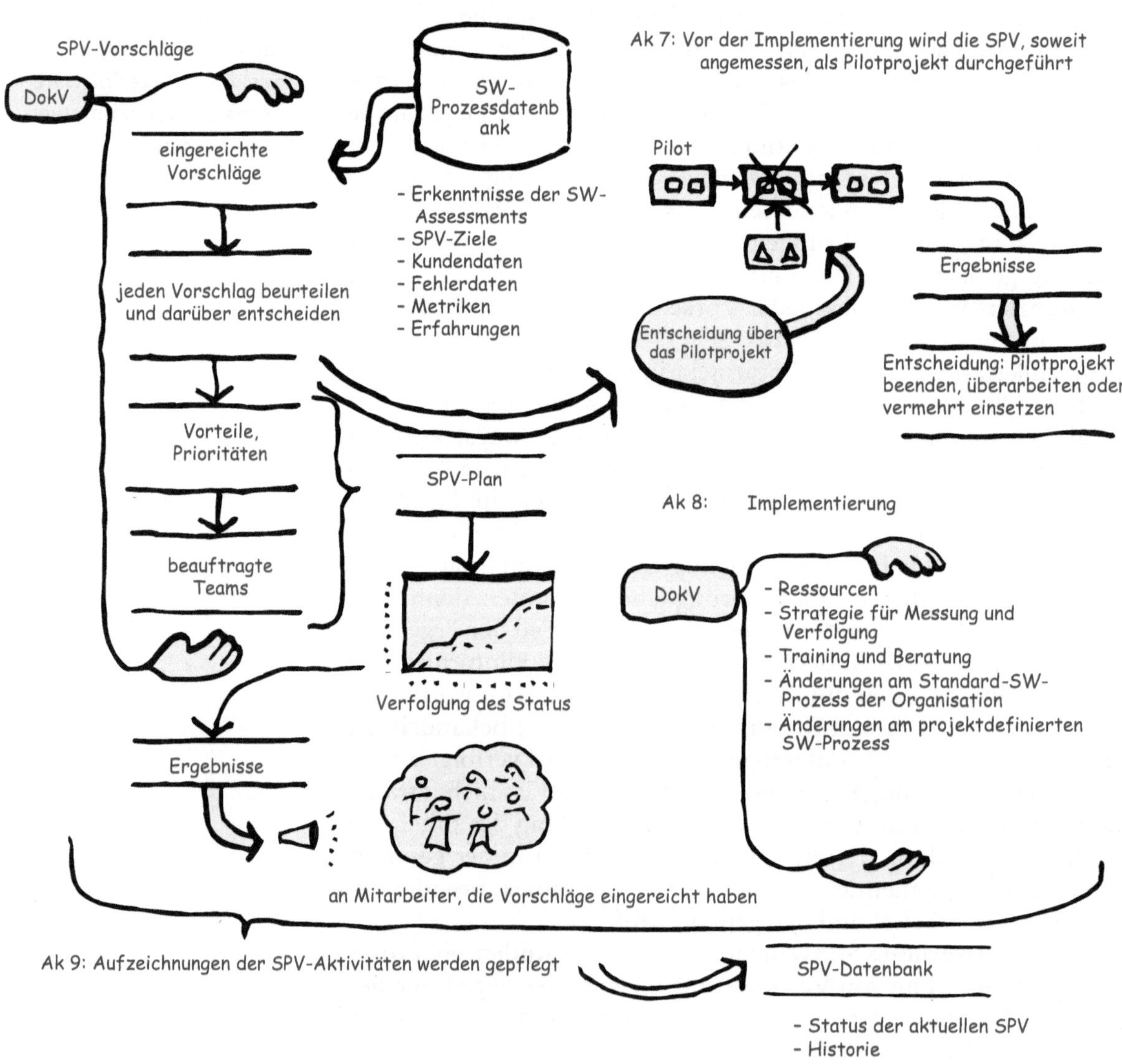

die Beschreibung der definierten Software-Prozesse (Standard-Software-Prozess der Organisation und projektdefinierte Software-Prozesse) entsprechend der Verbesserungen nach den Schlüsselprozessbereichen *OPD* und *ISM* aus Stufe 3 aktualisiert.

Und die letzte *Durchzuführende Aktivität, Ak 9*, legt fest, dass Aufzeichnungen von Prozessverbesserungsaktivitäten gepflegt werden. Das verwendete Repository enthält sowohl den Status der gegenwärtigen als auch Chroniken der früheren Bemühungen zur Prozessverbesserung. Diese Aufzeichnungen spiegeln die Prozessänderungsfähigkeit der Organisation und die Dauer ihres Prozessänderungszyklus wider.

Zusammenfassung: Prozess-Assets auf Stufe 5   (Zusammenfassung)

Auf Stufe 5 enthalten die Prozess-Assets der Organisation Daten über Prozesse zweiter Ordnung, d. h. über Prozesse, deren Durchführung auf anderen Prozessen basiert. Beispielsweise beschreiben Fehlerdaten einen Prozess erster Ordnung, der u. a. Fehler erzeugen kann. Auf Stufe 5 werden alle verfügbaren Daten über den Prozess der *Fehlervermeidung* gesammelt und verwendet: Fehlerursachen, präventive Maßnahmen, Experimente zur *Fehlervermeidung* und deren Ergebnisse, Projektdaten zur *Fehlervermeidung* und Meetings der Teams, die für die *Fehlervermeidung* zuständig sind. Für Technologie- und Prozessänderungen gibt es zusätzlich Pilotprojektpläne und Ergebnisse. Technologie-Assessments und Begründungen für die Auswahl von Technologien sind Bestandteile der Assets. Für Prozessänderungen gibt es außerdem Verbesserungsvorschläge und Aktionen. Und selbstverständlich dürfen die Ergebnisse der *Messung und Analyse*-Praktik der drei SPBs dieser Stufe nicht fehlen. Schließlich, da der Effekt der SPBs sein soll, die Wettbewerbsfaktoren der Organisation zu verbessern, wird es Aufzeichnungen der gesteigerten Qualität und Produktivität und des beschleunigten Time-to-Markets geben.

Prozess-Assets auf Stufe 5

SW-Prozessdatenbank der Organisation

Fehlerursachen

Pläne für Pilotprojekte

Ergebnisse der Pilotprojekte

Experimente zur FV und deren Ergebnisse

präventive Maßnahmen

Technologie-Assessments

Auswahlkriterien für Technologien

Pläne für Technologieänderungen

Aufzeichnungen der Sitzungen der FV-Aufgabenteams

FV-Daten des Projekts

Aktionselemente der FV

Kosten-Nutzen-Analyse der Technologieänderungen

Daten über Verfolgung von Qualität, Produktivität, Time-to-Market

SPV-Pläne der Organisation

SPV-Vorschläge

SPV-Aktionen

Status: FV, TCM, SPV, (PCM)

Zusammenfassung: Beziehungen zwischen den SPBs der Stufe 5

(Zusammenfassung)

Wenn man eine übergeordnete Betrachtung der Beziehungen zwischen den SPBs der Stufe 5 vornimmt, dann kann man meiner Meinung nach für das zentrale Platzieren jedes der drei SPBs gute Argumente anführen. Ich jedoch entscheide mich für das *Prozess-Change-Management* als Kernstück-SPB und meine Begründung ist folgende:

Ich denke, dass die Entwicklung Ihrer Organisation über die fünf Reifegrade dazu führt, dass Ihnen die Änderung Ihres Prozesses, ob radikal oder schrittweise, in Fleisch und Blut übergeht. Noch nicht wirklich als Routine, aber nichtsdestotrotz auf der Grundlage eines Prozesses.

Der Stufe 5-Prozess sollte Weltklasse sein, wie die Teilnehmer einer Olympiade. In meiner bevorzugten Parallele aus dem Sport, der Rudermannschaft, qualifiziert sich das Stufe 5-Team für internationale Sportereignisse – alle vier Jahre für die Olympischen Spiele und in den anderen Jahren für internationale Wettbewerbe. Stufe 5-Teams gewinnen nicht automatisch, doch sie messen sich mit den Besten. Und sie verfügen über eine Strategie und einen Prozess, um jedes Rennen, zu dem sie antreten, zu gewinnen. Sie wissen, was sie dafür an ihrem Prozess ändern müssen, teils weil sie Fehlerursachen für schlechte Leistungen analysieren, teils weil sie den Wettbewerb strategisch analysieren und teils weil sie einen strategischen Vorteil aus der neuesten Technologie ziehen können, wie das neueste Design der Riemenblätter oder die neueste Erfindung, das leichteste Karbon-Ruderboot.

Jedes Team, das über genug Geld verfügt, kann sich die neuesten Techno-Gimmicks kaufen. Stufe 5-Teams wissen allerdings, wie sie den Effekt einer neuen Technologie schätzen und messen können und sie wissen, wie sie das Team trainieren müssen, um einen Vorteil daraus zu ziehen. Die Stufe 5-Teams verfolgen die früheren Fehler, trainieren das Team, um diese zu beseitigen und verfügen über Echtzeitstrategien, um diese Fehler trotz der Anspannung bei einem Rennen zu vermeiden. Außerdem haben nur die Stufe 5-Teams eine Standardmethode, um ihre Renn- und Trainingsmethoden zu verändern, einschließlich der Pilotversuche, der gemessenen Ziele und der Institutionalisierung der erfolgreichen Änderungen, ob für das anstehende Rennen (projektdefinierter Software-Prozess) oder als Standardpraktik für die Zukunft (Standard-Software-Prozess der Organisation).

Untersuchen Sie das Piktogramm und finden Sie heraus, ob sich die SPBs auf Stufe 5 nicht sowohl auf Software als auch auf die Besten einer Sportart anwenden lassen.

Beziehungen zwischen den SPBs der Stufe 5

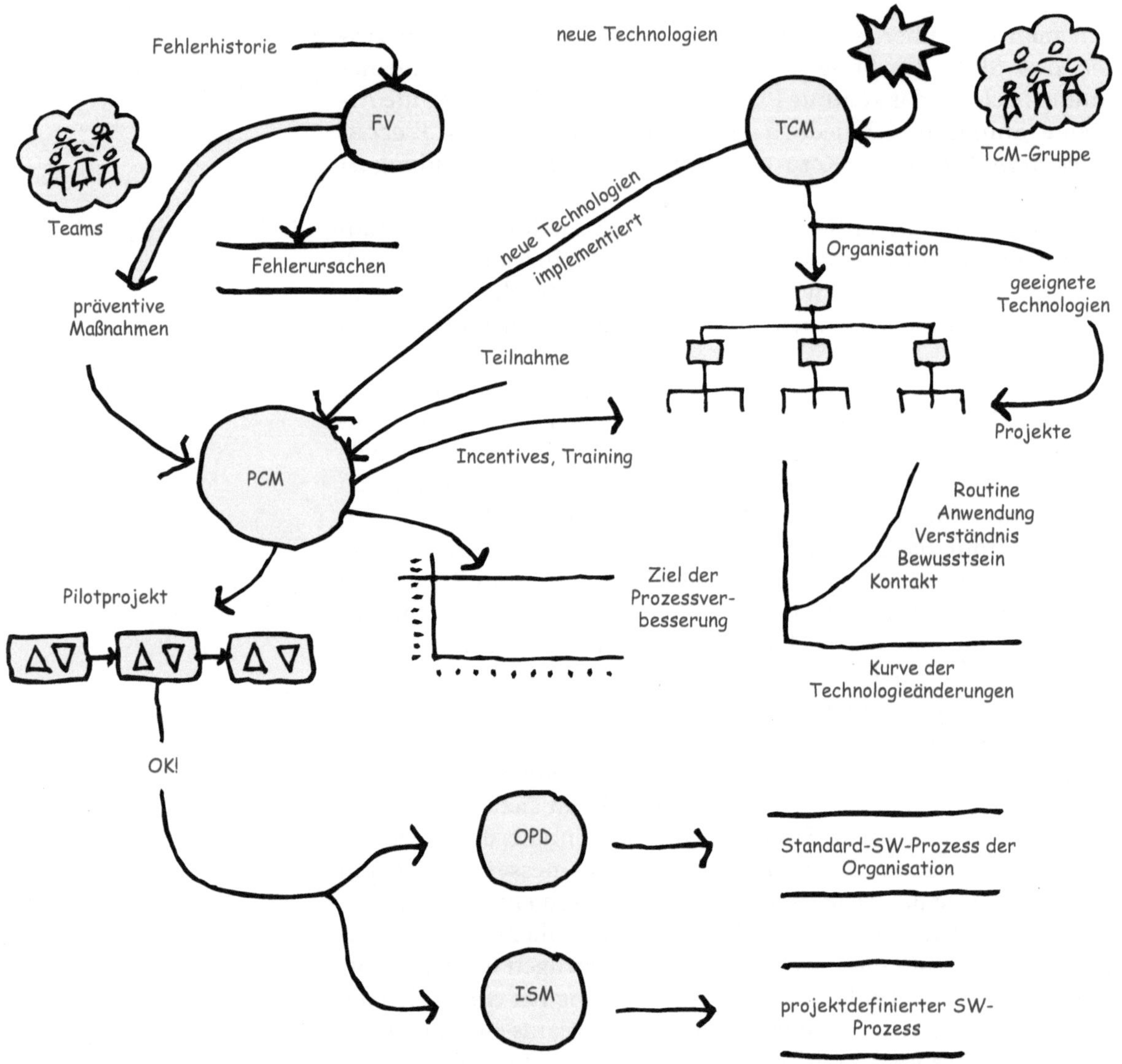

Übungen: Stufe 5   (Übungen)

Übung 5.1 (Experten):
Voraussetzungen für das Technologie-Change-Management

Zeigen Sie auf, beginnend mit dem SPB *Technologie-Change-Management*, was auf Stufe 2, Stufe 3 und Stufe 4 gegeben sein muss, damit dieser SPB auf Stufe 5 zu 100 % befolgt wird. Ein Tipp: Diese Übung erfordert möglicherweise ein vielschichtiges Diagramm, das die vertikalen Beziehungen zwischen den SPBs auf den verschiedenen Stufen darstellt.

Eine Variation dieser Übung könnte sein, sich vorzustellen, wie das *Technologie-Change-Management* auf einem niedrigeren Reifegrad erfolgen würde, beispielsweise auf Stufe 3. Die Stufe 3-Organisation wird sicherlich auch Technologien einführen. Welcher Art von Problemen würde eine Stufe 3-Organisation bei der Einführung neuer Technologien höchstwahrscheinlich begegnen, nicht aber ein Stufe 5-Olympiasieger?

Übung 5.2 (Experten):
Was vermissen Sie im CMM?

Jetzt, da Sie sich mit dem CMM vertraut gemacht haben, fallen Ihnen Bereiche in der Praxis des Engineerings, des Managements oder in anderen Aufgabengebieten ein, die für Software-Organisationen unbedingt notwendig sind, im CMM allerdings fehlen? Dies sind Bereiche, die von einem Kompendium der besten Praktiken des Software-Engineerings abgedeckt werden sollten. Bereiten Sie eine fünf- bis zehnminütige Präsentation vor, um Ihre Wahl zu begründen.

Ein Tipp: Bedenken Sie die Vorschläge für Ergänzungen des CMMs (Risikomanagement, System-Engineering), weitere Benchmarks (Trillium, Bootstrap, SPICE, ISO 9001) ebenso wie andere vorgeschlagene Reifegradmodelle mit fünf Stufen (Trustworthy Systems, Human Resources).

Übung 5.3 (Philosophisch):
SPBs, die zu einer anderen Stufe gehören

Die Inspiration für diese Übung stammt vom Trillium-Modell aus Kanada, das über SPBs verfügt, die über die Reifegrade hinausgehen. Die metaphysische Frage, die sich denen stellt, die sich ausgiebig mit dem CMM beschäftigen, ist, ob SPBs ausschließlich auf einer Stufe zu finden sein sollten oder ob sich eine Praktik wie die Projektplanung mit steigenden Reifegraden weiterentwickeln kann.

Die Frage ist einfach: Gibt es SPBs, die sich auf einer anderen Stufe befinden sollten? Diskutieren Sie diese Frage einige Minuten mit Ihrem Team, entscheiden Sie sich für eine Antwort, und teilen Sie Ihren Workshop-Kollegen das Ergebnis mit. Notieren Sie sich Ihre Ergebnisse, denn Sie könnten sie anlässlich eines Vortrags bei einer internationalen Konferenz in Bezug auf die Aktualisierung des CMMs wiederverwenden.

Übung 5.4 (Philosophisch): Entwicklung von fehlenden SPBs

Diskutieren Sie in Bezug auf den SPB oder den Satz an Praktiken, der Ihrer Ansicht nach im CMM fehlt,[12] wie sich der fehlende Prozessbereich entwickeln würde:

- Zu welcher Stufe passt der SPB am besten, d. h. auf welchem Reifegrad sollte von einer Organisation erwartet werden können, dass sie diesen SPB zur Routine gemacht hat?
- Welche Infrastruktur sollte auf den niedrigeren Stufen vorhanden sein (davon ausgehend, der SPB ist oberhalb von Stufe 2)?
- Was würde sich verändern, wenn dieser Prozessbereich implementiert würde, d. h. welche Probleme löst er für die Organisation?

Übung 5.5 (Experten): SQS auf den höheren Stufen

Manche CMM-Experten behaupten, dass die *SQS* auf den höheren Reifegraden verschwinden würde, wahrscheinlich auf Stufe 4 und ganz sicher auf Stufe 5. Denn, so sagen Sie, die Mitarbeiter sorgen dafür, dass der Prozess auf Stufe 5 wie ein Uhrwerk läuft. Sogar die *Fehlervermeidung* sei in einem Routinevorgang kodifiziert. Der Prozess würde durch Innovationen verbessert. Sie bräuchten niemanden wie die *SQS*-Gruppe, um ihnen dabei zu helfen, den Prozess zu befolgen, da der Prozess eine Selbstverständlichkeit geworden ist.

Das ist ein gutes Diskussionsthema: In einem Workshop kann ein Team die Pro- und ein anderes die Kontra-Position beziehen, ein Szenario entwickeln, um seine Position zu begründen und dieses im Workshop vorstellen.

Übung 5.6 (Fortgeschrittene): Prozess-Change-Management

Stellen Sie sich vor, Sie sind Mitarbeiter in einer Stufe 5-Organisation. (Stellen Sie es sich einfach nur vor!) Ihre Organisation steht vor der Entscheidung, das Outsourcing einer Funktion vorzunehmen (z. B. Datenverarbeitung). Beschreiben Sie das Szenario für das Fällen die-

---

[12] Vgl. Übung 5.2.

ser Entscheidung in einer Stufe 5-Organisation. Vergessen Sie nicht, die Vorteile der bereits vorhandenen SPBs auf Stufe 2, Stufe 3 und Stufe 4 zu berücksichtigen.

Übung 5.7 (Experten):
Worin besteht der Unterschied zwischen dem Quantitativen Prozess-Management und der Fehlervermeidung?

Ein Zweck des *Quantitativen Prozess-Managements* auf Stufe 4 ist „das Erkennen von besonderen Ursachen für Abweichungen innerhalb eines messbar stabilen Prozesses und die Korrektur ... der Umstände, die zur vorübergehenden Abweichung führten".[13] Worin besteht der Unterschied zwischen den Aktivitäten dieses SPBs auf Stufe 4 und der *Fehlervermeidung* auf Stufe 5, deren Zweck es ist, „die Ursachen von Fehlern zu erkennen und das Wiederauftreten dieser zu vermeiden"?[14] Beschreiben Sie, wenn möglich, die Unterschiede zwischen den Aktivitäten und präsentieren Sie im Workshop Ihre Ergebnisse.

Übung 5.8 (Experten):
Präventive Wartung

Gibt es im CMM *vor* Stufe 5 eine präventive Wartung (*Fehlervermeidung*)? Beispielsweise wird durch die *SQS* die Anzahl von Fehlern in ausgelieferten Produkten und damit auch die notwendige Nacharbeit reduziert. Aber ist das präventive Wartung? Entscheiden Sie sich für eine Position, erstellen Sie ein Konzept, und stellen Sie es Ihren Workshop-Kollegen vor.

---

[13] Vgl. 93-TR-25, S. O-23.
[14] Vgl. 93-TR-25, S. O-24.

Anhang A
Erklärung der Symbole
(in der Reihenfolge des Vorkommens)

unter Lenkung von, nach

Daten, Dokumente

Archiv, Datei

Quellen der Änderungen oder Störfaktoren

Bewertung

Messung

Mitarbeiter

geschulte Mitarbeiter

DokV — dokumentiertes Verfahren

DokV — das Verfahren umfasst

Gruppe, Team

Risiko (Damokles-Schwert)

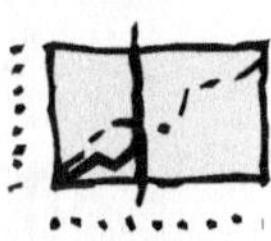

Diagramm (Vergleich der aktuellen Zahlen mit den geschätzten Zahlen)

Erhöhung, Änderung

en — Änderungen

Kommunikation (Strichmännchen mit Megafon)

Entscheidung, Vergleich

k. v. — kontrolliert verwaltet

zur Lieferung bestimmtes Produkt (Resultat eines Projekts, das der Kunde oder Anwender erhält)

Datenbank, Repository

Zwischenprodukt einer Software-Komponente (auf Datenträger)

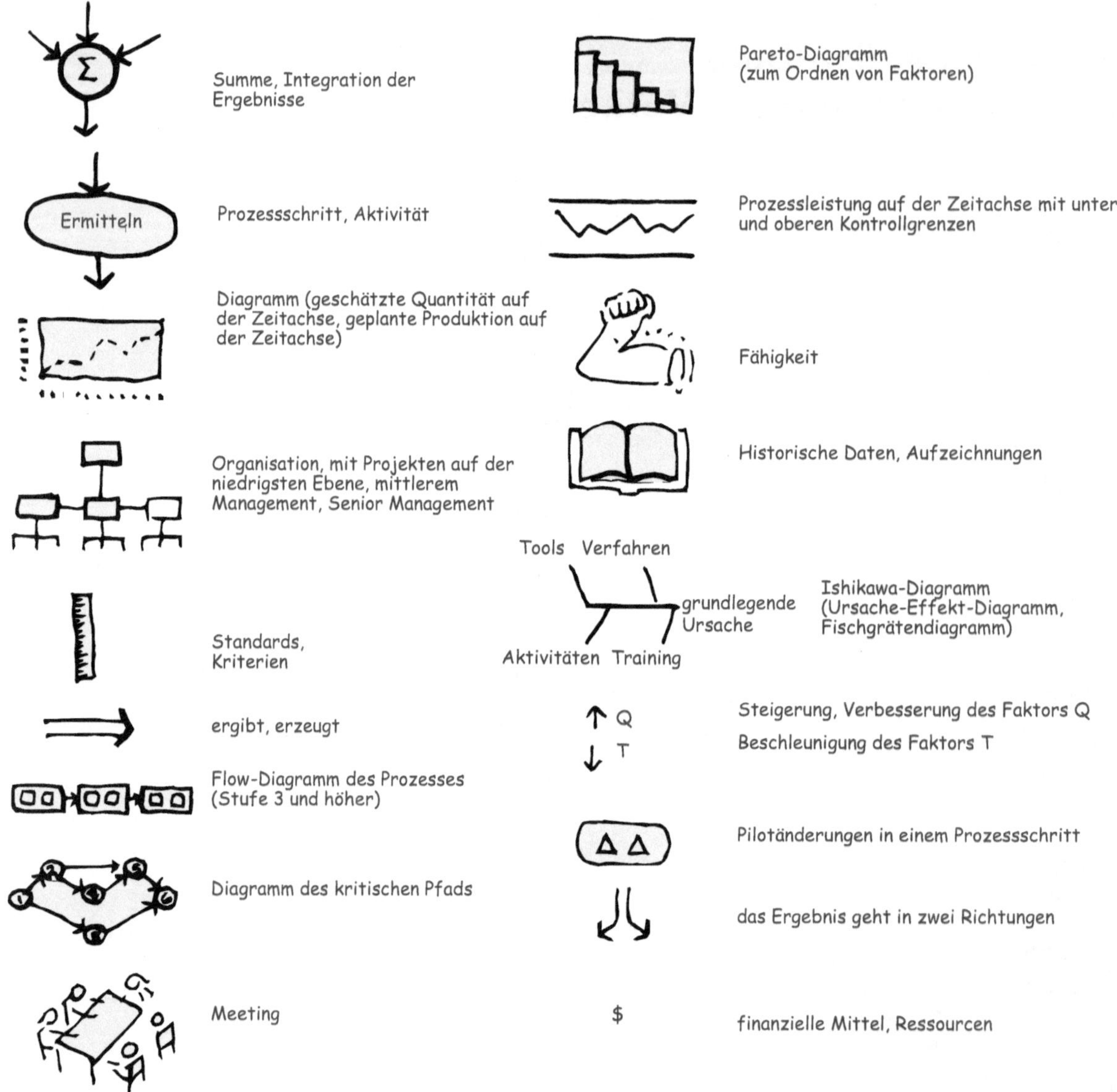
Summe, Integration der Ergebnisse
Prozessschritt, Aktivität
Ermitteln
Diagramm (geschätzte Quantität auf der Zeitachse, geplante Produktion auf der Zeitachse)
Organisation, mit Projekten auf der niedrigsten Ebene, mittlerem Management, Senior Management
Standards, Kriterien
ergibt, erzeugt
Flow-Diagramm des Prozesses (Stufe 3 und höher)
Diagramm des kritischen Pfads
Meeting
Pareto-Diagramm (zum Ordnen von Faktoren)
Prozessleistung auf der Zeitachse mit unteren und oberen Kontrollgrenzen
Fähigkeit
Historische Daten, Aufzeichnungen
Tools   Verfahren
grundlegende Ursache
Aktivitäten   Training
Ishikawa-Diagramm (Ursache-Effekt-Diagramm, Fischgrätendiagramm)
Q   Steigerung, Verbesserung des Faktors Q
T   Beschleunigung des Faktors T
Pilotänderungen in einem Prozessschritt
das Ergebnis geht in zwei Richtungen
$ finanzielle Mittel, Ressourcen

Anhang B
Bibliografie

John H. Baumert und Mark S. McWhinney, „Software Measures and the Capability Maturity Model", Software Engineering Institute, CMU/SEI-92-TR-25, Pittsburgh, Pennsylvania, USA, September 1992.

Barry W. Boehm, *Software Engineering Economics*, Prentice-Hall, Inc., Englewood Cliffs, New Jersey, USA, 1981.

Peter Checkland and Jim Scholes, *Soft Systems Methodology in Action*, John Wiley & Sons, West Sussex, England, 1990.

W. Edwards Deming, *Quality, Productivity, and Competitive Position*, Massachusetts Institute of Technology, Cambridge, Massachusetts, USA, 1982.

W. Edwards Deming, *Out of the Crisis*, Massachusetts Institute of Technology, Cambridge, Massachusetts, USA, 1989.

Jean-Claude Derian, *America's Struggle for Leadership in Technology*, MIT Press, Cambridge, Massachusetts, USA, 1990.

Daniel D. Freedman und Gerald M. Weinberg, *Handbook of Walkthroughs, Inspections, and Technical Reviews*, 3. Auflage, Little, Brown and Company, Boston, Massachusetts, USA, 1982.

Pricilla Fowler und Stan Rifkin, „Software Engineering Process Group Guide", Software Engineering Institute, CMU/SEI-90-TR-24, Pittsburgh, Pennsylvania, USA, September 1990.

GOAL/QPC Research Committee, „Quality Function Deployment: A Process for Translating Customers' Needs into a Better Product and Profit", Research Report No. 89-10-02, Methuen, Massachusetts, USA, 1989.

Watts S. Humphrey, *Managing the Software Process*, Addison-Wesley, Reading, Massachusetts, USA, 1989.

Watts S. Humphrey, „Characterizing the Software Process", IEEE *Software*, März 1988, S. 73-79.

Watts S. Humphrey und W. L. Sweet, „A Method for Assessing the Software Engineering Capability of Contractors", Software Engineering Institute, CMU/SEI-87-TR-23, Pittsburgh, Pennsylvania, USA, September 1987.

International Organization for Standardization, „Quality Systems – Model for Quality Assurance in Design/Development, Production, Installation and Servicing", ISO 9001:1987-03-15.

T. W. Keller, „Software Process for Space Shuttle Primary Avionics Software System and Support Software", IBM Systems Integration Division, Houston, Texas, USA, [ohne Datum].

Mark C. Paulk, Bill Curtis, Mary Beth Chrissis, und Charles V. Weber, „Capability Maturity Model for Software, Version 1.1", Software Engineering Institute, CMU/SEI-93-TR-24, Pittsburgh, Pennsylvania, USA, Februar 1993.
Dieser Technical Report des Software Engineering Institute bildet zusammen mit dem 93-TR-25 (s. u.) das CMM in der Version 1.1. Das 93-TR-24 ist ein „technischer Überblick", in dem die fünf Stufen der Prozessreife, die Struktur des CMMs und seine Verwendung bei Assessments und Beurteilungen beschrieben werden.

Mark C. Paulk, Charles V. Weber, Susan Garcia, Mary Beth Chrissis und Marilyn Bush, „Key Practices of the Capability Maturity Model, Version 1.1", Software Engineering Institute, CMU/SEI-93-TR-25, Pittsburgh, Pennsylvania, USA, Februar 1993.
Dies ist das begleitende Dokument zum oben erwähnten 93-TR-24. Es beschreibt die Schlüsselpraktiken, die die Prozessreife auf jeder Stufe beispielhaft darstellen. Es soll ein Handbuch für die Software-Prozessverbesserung sein und dazu dienen, Prozessreife im Rahmen von Assessments oder Beurteilungen zu charakterisieren.

Mark C. Paulk, Bill Curtis, Mary Beth Chrissis und Charles V. Weber, „Capability Maturity Model for Software, Version 1.1", IEEE *Software*, Juli 1993, S. 18-27.

Sam Redwine und William Riddle, „Software Technology Maturation", *Proceedings of the 8th International Conference on Software Engineering*, IEEE Computer Society, 1985, S. 189-200.

Peter R. Scholtes et al., *The Team Handbook*, Joiner Associates, Inc., Madison, Wisconsin, USA, 1988.

Anhang C
Glossar

σ	Standardabweichung
$\cong$	Rückverfolgbarkeit
Abhängigkeitsvoraussetzung	dependency item
Abnahmekriterien	acceptance criteria
Abnahmetest	acceptance testing
AM (Anforderungs-Management)	*RM (Requirements Management)*
Änderungslenkung	change control
Anforderungs-Management (AM)	*Requirements Management (RM)*
Arbeitsprodukt	work product
Baseline-Konfigurations-Management	baseline configuration management
Betrachtung der Zielaktivitäten	Goal-Activities-View
Betrachtung der Ziele	Goals View
CBA-IPI (CMM-basierte Bewertung für Interne Prozessverbesserung)	CBA-IPI (CMM-Based Appraisal for Internal Process Improvement)
COTS-Software	Commercial-Off-The-Shelf Software
Du (Verpflichtung zur Durchführung)	*Co (Commitment to perform)*
Durchzuführende Aktivitäten (Ak)	*Activities performed (Ac)*
Eingangskriterien	readiness criteria
Engineering-Gruppe	engineering group
Fehlerdichte	defect density
Fehlerursache	defect root cause
Fehlervermeidung (FV)	*Defect Prevention (DP)*
Fischgräten-Diagramm	fishbone diagram
FV (Fehlervermeidung)	*DP (Defect Prevention)*
GK (Gruppen-Koordination)	*IC (Intergroup Coordination)*
Gruppen-Koordination (GK)	*Intergroup Coordination (IC)*
Hauptauftragnehmer	prime contractor
Integriertes Software-Management (ISM)	*Integrated Software Management (ISM)*
ISM (Integriertes Software-Management)	*ISM (Integrated Software Management)*
Ist-Werte	Actuals
k. v. (kontrolliert verwaltet)	m & c (managed and controlled)
Konfigurationslenkung	configuration control
KM	Konfigurations-Management
kontrolliert verwaltet (k. v.)	managed and controlled (m & c)
kPV	kontinuierliche Prozessverbesserung
kritischer Pfad	critical path
Me (Messung und Analyse)	*Me (Measurement and Analysis)*
Messung und Analyse (Me)	*Measurement and Analysis (Me)*
OPD	*OPD (Organization Process Definition)*
OPF	*OPF (Organization Process Focus)*
Organisationsweite Prozessdefinition (OPD)	*Organization Process Definition (OPD)*
Organisationsweiter Prozessfokus (OPF)	*Organization Process Focus (OPF)*

organisatorische Richtlinien	policy
PCM (Prozess-Change-Management)	*PCM (Process Change Management)*
Peer-Reviews (PR)	*Peer Reviews (PR)*
PR (Peer-Reviews)	*PR (Peer Reviews)*
Prozess-Change-Management (PCM)	*Process Change Management (PCM)*
QPM (Quantitatives Prozess-Management)	*QPM (Quantitative Process Management)*
Quantitatives Prozess-Management (QPM)	*Quantitative Process Management (QPM)*
Schlüsselpraktiken	key practices
Schlüsselprozessbereich (SPB)	Key Process Area (KPA)
SEP	Software-Entwicklungsplan
SEPG (Software-Engineering-Prozessgruppe)	SEPG (Software Engineering Process Group)
SKLG (Software-Konfigurations-Lenkungs-Gremium)	SCCB (Software Configuration Control Board)
SKM (Software-Konfigurations-Management)	*SCM (Software Configuration Management)*
SLOC	Source Lines Of Code
Software-Engineering-Prozessgruppe (SEPG)	Software Engineering Process Group (SEPG)
Software-Entwicklungsplan (SEP)	software development plan (SDP)
Software-Konfigurations-Lenkungs-Gremium (SKLG)	Software Configuration Control Board (SCCB)
Software-Konfigurations-Management (SKM)	*Software Configuration Management (SCM)*
Software-Produkt-Engineering (SPE)	*Software Product Engineering (SPE)*
Software-Projektlenkung und -verfolgung (SPLV)	*Project Tracking and Oversight (PTO)*
Software-Projektplanung (SPP)	*Software Project Planning (SPP)*
Software-Qualitäts-Management (SQM)	*Software Quality Management (SQM)*
Software-Qualitätssicherung (SQS)	*Software Quality Assurance (SQA)*
Software-Unterauftragnehmer-Management (SUM)	*Software Subcontract Management (SSM)*
SPB	KPA (Key Process Area)
SPB-Indikatoren	common features
SPE (Software-Produkt-Engineering)	*SPE (Software Product Engineering)*
SPLV (Software-Projektlenkung und -verfolgung)	*PTO (Project Tracking and Oversight)*
SPP (Software-Projektplanung)	*SPP (Software Project Planning)*
SPV	Software-Prozessverbesserung
SQS (Software-Qualitätssicherung)	*SQA (Software Quality Assurance)*
Stufe 1: Initial	Level 1: Initial
Stufe 2: Wiederholbar	Level 2: Repeatable
Stufe 3: Definiert	Level 3: Defined
Stufe 4: Geleitet	Level 4: Managed
Stufe 5: Optimierend	Level 5: Optimizing
SUM (Software-Unterauftragnehmer-Management)	*SSM (Software Subcontract Management)*
SW	Software
SWE	Software-Engineering
TCM (Technologie-Change-Management)	*TCM (Technology Change Management)*
Technologie-Change-Management (TCM)	*Technology Change Management (TCM)*
TP (Trainingsprogramm)	*TP (Training Program)*
TQM	Total Quality Management
Trainingsprogramm (TP)	*Training Program (TP)*

Unterauftragnehmer	subcontractor
Ve (Verifizierung der Implementierung)	*Ve (Verifying implementation)*
Verbesserungszyklus	improvement cycle
Verfahren bei Abweichungen	non-compliance procedures
Verifizierung der Implementierung (Ve)	*Verifying implementation (Ve)*
Verpflichtung zur Durchführung (Du)	*Commitment to perform (Co)*
Voraussetzung zur Durchführung (Vo)	*Ability to perform (Ab)*
zugewiesene Anforderungen	allocated requirements

Druck: Strauss GmbH, Mörlenbach
Verarbeitung: Schäffer, Grünstadt